신주 사마천 사기 16

봉선서

하거서

평준서

이 책은 롯데장학재단의 지원을 받아 번역, 출간되었습니다.

신주 사마천 사기 16 / 봉선서 · 하거서 · 평준서

초판 1쇄 인쇄 2021년 4월 15일
초판 1쇄 발행 2021년 4월 30일

지은이 (본문) 사마천
(삼가주석) 배인 · 사마정 · 장수절
번역 및 신주 한가람역사문화연구소 사기연구실

펴낸이 이덕일
펴낸곳 한가람역사문화연구소

등록번호 제2019-000147호
주소 서울특별시 종로구 김상옥로17 대호빌딩 신관 305호
전화 02) 711-1379
팩스 02) 704-1390
이메일 hgr4012@naver.com

ISBN 979-11-90777-23-0 94910

세계 최초
삼가주석
완역

신주
사마천
사기

⑯

봉선서
하거서
평준서

지은이
본문_ 사마천
삼가주석_ 배인·사마정·장수절

번역 및 신주
한가람역사문화연구소 사기연구실

한가람역사문화연구소

차례

사기 제28권 史記卷二十八
봉선서 封禪書

사기 제29권 史記卷二十九
하거서 河渠書

新註史記

사기 제30권 史記卷三十
평준서 平準書

원 사료는 중화서국中華書局 발행의 《사기》와 영인본 《백납본사기百衲本史記》를 기본으로 삼고, 인터넷 사료로는 대만 중앙연구원 역사어언연구소歷史語言研究所에서 제공하는 한적전자문헌 자료고漢籍電子文獻資料庫의 《사기》를 참조했다.

일러두기

❶ 네모 상자 안의 글은 사기 본문 및 삼가주석 서문의 글이다.
❷ 한글 번역문 바로 아래 한문 원문을 실어 쉽게 대조할 수 있게 했다.
❸ 삼가주석 아래 신주를 실어 우리 연구진의 새로운 해석을 달았다.
❹ 사기 분문뿐만 아니라 삼가주석도 필요할 경우 신주를 달았다.
❺ 직역을 원칙으로 삼고 의역은 최대한 피했다.
❻ 한문 원문의 ( )는 빠져야 할 글자를, 〔 〕는 추가해야 할 글자를 나타낸다.

《사기》 〈서〉에 관하여

〈서書〉는 다른 말로 〈팔서八書〉라고도 한다. 〈예서禮書〉, 〈악서樂書〉, 〈율서律書〉, 〈역서曆書〉, 〈천관서天官書〉, 〈봉선서封禪書〉, 〈하거서河渠書〉, 〈평준서平準書〉의 여덟 편으로 구성되어 있기 때문이다. 각 편의 제목에서 알 수 있듯이 〈서〉는 문화, 정치제도, 역법, 천문, 수리, 경제 등 각 방면에 대한 전문서들로서 역사와 사회를 바라보는 사마천의 전문적 시각과 경륜이 담겨 있다. 〈서〉는 오제부터 한나라 무제 때까지 정치, 경제, 사회, 문화 등의 각 분야를 전문적으로 기록한 것으로 그 시대를 살았던 사람들의 생각과 생활양식, 사회제도, 문화수준, 세계관 등을 알 수 있게 해준다.

사마천은 《사기》의 마지막 130권 〈태사공 자서〉에서 "예禮와 악樂을 덜어내고 보태었으며 율력律曆을 바꾸고 병권兵權, 산천山川, 귀신鬼神, 천인天人의 관계에서 피폐한 국가를 떠맡고 변화를 통하게 해서 〈팔서八書〉를 지었다."라고 말했다. 이 구절에 대해서 사마정은 《사기색은》에서 이런 주석을 달았다.

"상고해 보니 병권兵權은 곧 〈율서律書〉이다. 사마천이 죽은 뒤에 없어졌다. 저소손이 〈율서律書〉로써 보충했는데 지금의 〈율서〉는 또한 대략 군사를 말한 것이다. 산천山川은 곧 〈하거서河渠書〉이다. 귀신鬼神은 〈봉선서封禪書〉이다. 그러므로 '산천귀신山川鬼神'이라고 일렀다."

《사기》 〈표表〉와 달리 〈서書〉는 그 이전에 여러 전범典範들이 존재했다는 견해들이 적지 않았다. 〈서〉의 첫머리인 〈예서〉에서 사마정은, "서書란 오경육적五經六籍의 총명總名이다. 이것이 팔서八書인데, 국가의 대체를 기록했다. 반씨는 이것을 지志라고 말했는데, 지志는 기록하는 것이다.(《사기색은》)"라고 주석했다. 오경五經과 육적六籍은 대부분 유학 경전들인데, 사마천의 〈서〉가 오경육적의 총명이라는 것이다. 사마천이 유학 경전에 많은 영향을 받은 것은 사실이지만 〈팔서〉가 오경육적과 같지는 않다.

그러나 사마천이 〈팔서〉를 작성할 때 바탕이 되는 저본底本이 있었다는 견해는 계속 있어 왔다. 청나라의 역사학자였던 왕명성王鳴盛(1722~1797)이 《십칠사각十七史榷》 〈팔서소본八書所本〉에서 "《사기》 〈팔서〉는 《예기禮記》, 《대대례大戴禮》, 《순자荀子》와 가의賈誼의 《신서新書》 등에서 채록해 〈서〉를 완성했다.[史記八書 采禮記大戴禮荀子賈誼新書等 書而成]"라고 쓴 것이 이를 말해준다.

또한 사마천의 저술에 후대인들이 가필했다는 설도 제기되었다. 청대清代의 학자 방포方苞(1668~1749)는 《독사기팔서讀史記八書》에서 "이 〈서〉의 대부분은 사마천이 지은 것이고, 소부분은 저소손이 보속한 것이다.[以此書大部分為史公所作 少部分為褚少孫補續]"라고 말했다. 저소손은 《사기》를 가필한 것 때문에 칭찬과 비난을 동시에 들었는데, 청나라의 왕원계王元啟(1714~1786)는 《사기삼서정위史記三書正譌》에서 "이 〈서〉의 소부분은 사마천이 지은 것이고, 대부분은 후인들이 망령되이 가필한 것이다.[以此書小部分為史公所作 大部分為後人妄加]"라고 말했다. 〈서〉의 일부는 후대 학자들이 사마천의 이름에 위탁해 지어 넣었거나 가필되었다는 것이다.

《사기지의史記志疑》로 《사기》 연구사의 한 획을 그은 청대의 양옥승梁玉繩(1744~1819)도 〈예서〉는 《순자荀子》의 10권 〈의병義兵〉과 13권 〈예론禮

論〉의 내용을 참조해 작성했고, 〈악서〉는 《예기》의 〈악기樂記〉를 참조해 후대에 가필한 것으로 보았다.

〈천관서天官書〉도 마찬가지로 여러 견해가 있는데, 왕명성王鳴盛은 이렇게 말했다.

"천관서 1편에 이르러서는 '소첨少詹 전대흔錢大昕(1728~1804)이 마땅히 《감석성경甘石星經》에서 취해서 지었다고 여겼다.[至天官書一篇 錢少詹大昕 以爲當是取甘石星經爲之]'라고 했는데, 내가 이 책을 살펴보니 《한서漢書》의 〈예문지藝文志〉에 실리지 않았고, 명대明代 앞의 속각본俗刻本에 그것이 있으니 당송唐宋 때 사람이 위탁한 것으로 의심된다.[愚考此書 漢藝文志已不載 而前明俗刻有之 疑唐宋人僞託也]"

청나라 전대흔은 《사기》 〈천관서〉는 고대 천문학 서적인 《감석성경》을 보고 썼다고 분석했지만 왕명성은 당송 때 사람이 위탁한 것으로 생각한다는 뜻이다. 어느 쪽이든 《사기》 〈천관서〉는 저본이 있었거나 후대의 저작으로 본다는 뜻이다. 양옥승도 〈천관서〉는 많은 부분이 가필되었다고 보고 있다.

물론 이에 대한 반박도 있다. 근세의 사학자 최적崔適(1852~1924)은 《사기탐원史記探源》에서 왕명성이 〈천관서〉가 《한서》 〈예문지〉에 실리지 않았다고 한 것에 대해 "이 〈천관서〉를 후인이 《한서》 〈천문지天文志〉에 모두 기록하고 있다.[以此書為後人全錄自漢書天文志]"라고 하면서 왕명성王鳴盛의 주장에 오류가 있다고 지적했다.

〈서〉에 대한 견해가 이처럼 갈리는 것은 《사기史記》의 정본正本이 현존하지 않기 때문이다. 《사기》는 이미 전한前漢 후기에 가면 어느 것이 정본

인지 알 수 없을 정도로 여러 필사본이 유통되었다. 또한 〈경제기〉, 〈예서〉, 〈악서〉, 〈율서〉, 〈일자열전日者列傳〉 등 10여 편은 이미 잃어버린 상태였는데 사마천보다 후대인 전한 중기의 학자 저소손褚少孫이 다른 자료들을 참조해서 보충했기 때문에 그 정당성을 두고 오랫동안 논란이 일었다. 또한 후대에 필사되는 과정에서 가필한 흔적이 여러 판본에서 보이는 것도 사실이다.

〈팔서〉 중의 마지막 세 편인 〈봉선서〉, 〈하거서〉, 〈평준서〉는 사마천의 손때와 시각이 분명히 드러나는 부분이다. 〈봉선서〉는 무제가 하늘과 땅에 행했던 제사 등을 주로 수록했는데 사마천의 부친 사마담이 무제의 태산 봉선을 수행하지 못한 것을 천추의 한으로 삼았기 때문에 사마천은 봉선서에 대해서 크게 신경을 쓸 수밖에 없었다. 또한 〈봉선서〉의 주석에는 중원을 통일한 진秦 왕실이 동이족임을 말해주는 주석도 있다. 사마정은 〈봉선서〉에 대한 《색은》 주석에서 "진나라 임금은 서쪽에서 소호少昊에게 제사지내는데 희생은 흰색을 숭상한다.[秦君西祀少昊時牲尚白]"라고 써서 동이족 소호를 제사 지내면서 흰색을 숭상하는 진 왕실이 동이족이라는 사실도 시사하고 있다.

사마천은 〈하거서〉에서 무제 때 황하의 호자瓠子가 터져 크게 고생한 사실을 적었는데, 그 끝에 "나는 천자를 따라 나무 섶을 지고 선방에서 막았는데, 천자께서 호자에서 지은 시가 비통해서 이에 〈하거서〉를 지었다."라고 말하고 있다. 사마천도 직접 무제를 따라 황하가 범람한 곳에 가서 황하가 농지를 휩쓰는 현실을 목도했다. 이때 무제는 "호자의 물이 터지니 장차 이를 어찌 하리. 큰 물이 불어 마을 모두 하수가 되었구나."라고 읊었는데, 이를 직접 들은 사마천은 〈하거서〉를 지을 때 더욱 고심할 수밖에 없었다.

황하의 범람과 함께 백성들의 삶도 휩쓸려가는 현상을 목도하고 〈하거서〉를 지은 사마천은 경제 정책에 관한 보고서라고 할 수 있는 〈평준서〉를 지어 국부國富와 백성들의 경제 생활에 대한 견해를 서술했다. 〈평준서〉에는 한무제 때 시행했던 평준균수平准均輸 정책과 억상책인 고민령告緡令 등에 대해서 설명했다. 또한 국가의 강성과 쇠약이 모두 경제에 있다고 보아서 '태사공은 말한다'에서 "강성한 국가는 작은 여러 나라를 겸병해 제후를 신하로 삼고 허약한 국가는 조상의 제사가 끊기거나 세상에서 없어졌다."라고 말했다.

《한서漢書》를 편찬한 후한後漢의 반고班固는 〈서〉 대신에 〈지志〉를 편찬했는데, 예를 들면 《사기》 〈평준서〉 대신 반고는 《한서》 〈식화지食貨志〉를 편찬했다. 이후 여러 정사들이 대부분 《한서》의 체제를 따랐다. 《한서》의 〈지〉가 어떤 부분에서는 《사기》 〈서〉보다 더 정교한 것은 사실이지만 전범이 있는 상황에서 개선하는 것은 창작하는 것보다 훨씬 쉬운 일이다. 게다가 후한 때에 이르면 유학이 지배적 사상이 되면서 사마천이 《사기》에서 보여주었던 여러 서술들이 유가 전통의 틀에 갇히면서 형식에 치우치는 흐름이 나타난다는 점에서도 〈서〉의 가치는 격하될 수 없을 것이다.

사기 제28권 史記卷二十八

봉선서 封禪書

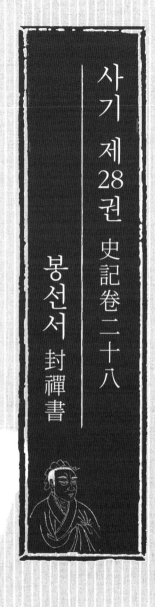

사기 제28권 봉선서 제6
史記卷二十八　封禪書第六

정의 이는 태산 위에 흙을 쌓고 단壇을 만들어 하늘에 제사를 지냄으로써 하늘의 공에 보답한 것이다. 그러므로 봉封이라고 한다. 이는 태산 아래 작은 산 위에서 불제祓除하여 땅의 공에 보답한 것이다. 그러므로 선禪이라고 한다. 선禪이라 말한 것은 신神으로 여긴 것이다. 《백호통》에 "어떤 이는 봉封이란 금니은승金泥銀繩이라고 하고 어떤 이는 석니금승石泥金繩이라고도 하는데 옥새로 봉封한다."라고 했다. 《오경통의》에 "성씨를 바꾸어 왕이 되어 태평을 이루면 반드시 태산에서 봉封을 하고 양보梁父에서 선禪을 하니, 이는 어째서인가? 하늘이 명命해 왕王이 된 자는 모든 생명체를 잘 다스리게 됨에 태평성대를 하늘에 고하고 모든 신의 공덕에 보답하는 것이다."라고 했다.

此泰山上築土爲壇以祭天 報天之功 故曰封 此泰山下小山上除地 報地之功 故曰禪 言禪者 神之也 白虎通云 或曰封者 金泥銀繩 或曰石泥金繩 封之印璽也 五經通義云 易姓而王 致太平 必封泰山 禪梁父 (荷)〔何〕 天命以爲王 使理群生 告太平於天 報群神之功

신주 〈봉선서〉는 상고시대부터 역대 제왕들이 천지와 귀신에 대해 제사를 지낸 기록이다. 사마천은 〈태사공자서〉에서 〈봉선서〉에 관해 이렇게 기술했다.

"천명을 받아 왕이 된 자가 지내는 봉제와 선제는 하늘이 내린 상서로운 조짐과 사람의 일이 서로 응할 때 지내는 제사라서 드물게 거행한다. 봉선을 거행하면 모든 신령이 인사禋祀(정결히 하고 지내는 제사)를 받지 않는 신이 없었다. 그래서 본래의 여러 신에게 명산대천에서 지낸 의례를 구했다. 이로써 6장에 〈봉선서〉를 기술한다.[受命而王 封禪之符罕用 用則萬靈罔不禋祀 追本諸神名山大川禮 作封禪書第六]"

봉선封禪이란 제왕이 하늘의 명을 받아 임금이 되었음을 선언하는 제사인데, 태산泰山 정상에서 하늘에 지내는 제사를 봉封이라고 했고, 태산 아래 낮은 산에서 땅에 지내는 제사를 선禪이라고 했다. 봉선을 올린 것에 대하여 관중은 환공이 태산에서 봉제를 올리려고 하자 "봉제와 선제를 지낸 제왕은 72가라고 했으나 제가 기록한 바로는 무회씨, 복희씨, 신농씨, 염제, 황제, 전욱, 제곡, 요임금, 순임금, 우왕, 탕왕, 주나라의 성왕인 12가일 뿐입니다."라면서 지금은 천명을 받았다는 증거인 풍성한 수확과 봉황, 기린 등과 같은 상서로운 징조가 없으니 봉선할 때가 아니라고 설득하여 중지시켰다. 또 공자는 육예六藝를 논술論述하면서 성씨를 바꾸어 왕이 된 후 태산에서 봉제封祭를 지내고 양보梁父에서 선제禪祭를 지낸 왕이 70여 명이라고 하면서도 그 제사에 대해 서술하지 못했다. 오래 된 때의 일이고 관련 기록이 없었기 때문일 것이다.

봉선의 구체적인 기록은 진시황제가 올린 봉선부터이다. 진시황제는 전국을 통일(서기전 221)한 후 봉선을 행하고자 유학자들에게 자문을 구했으나, 봉선이 폐지된 지 이미 상당한 시간이 흘러 유학자들 사이에서도 서로 견해가 엇갈려 시행하기 어려웠다. 이에 이들을 물리치고 옛날부터 있었던 진의 상제에게 올리던 예제例祭를 따라 서기전 219년에 봉선을 거행했고, 진 이세황제도 원년(서기전 209)에 봉선을 거행했다. 전한 효무제도 원봉 원년(서기전 110)에 태산에서 봉을 거행했는데, 사마천은 〈태사공자서〉에서 "선고先考(부친) 사마담이 효무제를 호종하지 못한 것에 대한 불만 때문에 울화병으로 죽었다."라고 적고 있다. 효무제 이후 후한 광무제, 수隋 문제, 당唐 고종과 현종 등 왕조가 바뀔 때마다 봉선을 거행했다.

제一장

고대의 제사

자고로 천명을 받아 제왕이 된 자가 어찌 일찍이 봉선하지 않았겠는가. 대개 응험함이 없는데도 봉선제를 올린 자는 있었으나 길조吉兆가 나타난 것을 보고도 태산에 이르지 않는 자는 없었다. 그러나 비록 천명을 받았다 하더라도 천하를 다스리는 공적이 충분하지 않았고, 양보①에 이르렀다 하더라도 덕이 두루 미치지 못했으며, 덕이 두루 미쳤다고 하더라도 날마다 눈코 뜰 새 없이 바빴기 때문에 곧 봉선하는 일이 뜸했던 것이다.

전傳에 이르기를② "3년 동안 예를 행하지 않으면 예는 반드시 사라지고, 3년 동안 음악을 하지 않으면 음악도 반드시 무너진다."라고 했다. 매양 세상이 융성해지면 봉선으로 보답하고 쇠약함에 이르면 그치게 되는데, 그것이 오래되기가 멀게는 천여 년, 가깝게는 수백 년이다. 그러므로 그 의식이 끊기고 묻혀 없어져 그 자세한 것은 얻을 수 없어서 들은 것으로 기록해 둔다.

自古受命帝王 曷嘗不封禪 蓋有無其應而用事者矣 未有睹符瑞見而不臻乎泰山者也 雖受命而功不至 至梁父①矣而德不洽 洽矣而日有不暇給 是以即事用希 傳曰② 三年不爲禮 禮必廢 三年不爲樂 樂必壞 每世之隆 則封禪答焉 及衰而息 厥曠遠者千有餘載 近者數百載 故其儀闕然堙滅 其詳不可得而記聞云

① 梁父양보

신주 父는 '보甫'로 발음한다. 그래서 양보梁甫라고도 한다. 양보는 태산 아래에 있는 작은 산과 그 일대의 지명이다. 하늘에 보답하는 봉제를 태산에서 지내고 내려와 이곳에서 지신地神을 위한 선제를 지냈다.

② 傳曰전왈

신주 《논어》 〈양화〉의 문장이다.

《상서》에서 다음과 같이 말한다.[①]

"순임금이 선기璇璣와 옥형玉衡[②]으로 (천체의 운행을) 살펴서 칠정七政[③]이 갖추어져 있음을 확인했다. 마침내 상제에게 유제類祭를 지내고, 여섯 신[④]에게 인제禋祭를 지내며, 산천에 망제望祭를 지내고, 여러 신에게도 두루 제사 지냈다. 그리고 제후들의 다섯 가지 홀笏[⑤]을 거두어서 길한 달과 길한 날을 가려 지방 제후를 통솔하는 사악四嶽과 여러 제후를 접견하고 홀을 나누어 주었다.[⑥]

尚書曰[①] 舜在璇璣玉衡[②] 以齊七政[③] 遂類于上帝 禋于六宗[④] 望山川 徧群神 輯五瑞[⑤] 擇吉月日 見四嶽諸牧 還[⑥]瑞

---

① 尙書曰상서왈

신주 《서경》 〈우서 순전舜典〉의 문장이다.

② 璇璣玉衡선기옥형

신주 천체의 위치와 운행을 관측하는 데 쓰던 기구로 혼의기渾儀器나 혼의渾儀 등으로도 불린다. 북두칠성에서 자루 형태인 제1성에서 제4성까지를 선기璿璣라 하고 함지 형태인 제5성에서 제7성까지를 옥형玉衡이라고 하는데, 북두칠성을 기준으로 관측함으로써 이것이 천체관측 기구의 명칭이 된 것이다. 순임금이 제위에 오른 뒤 제일 먼저 선기옥형을 정비하였다고 전해진다.

③ 七政칠정

신주 해와 달과 오성五星을 가리킨다.

④ 六宗육종

신주 중국 고대에 제사를 받든 여섯 신을 가리킨다. 육종六宗은 천지天地와 사계四季, 또는 물, 불, 천둥, 바람, 산, 못 등의 설이 있는데, 문맥으로 보아 천지와 사계의 신을 지칭하는 듯하다.

⑤ 五瑞오서

신주 다섯 가지 등급의 홀을 말한다. 공公은 환규桓圭, 후侯는 신규信圭, 백伯은 궁규躬圭, 자子는 곡벽穀璧, 남男은 포벽蒲璧이다.

⑥ 還환

집해 서광이 말했다. "환還은 다른 판본에는 '반班'으로 되어 있다."
徐廣曰 還 一作班

그해 2월에는 동쪽으로 순행해 대종岱宗에 이르렀다. 대종은 태산이다.① 시제柴祭②를 지내고 차례로 산천에 망제를 지내고 마침내 동후東后들을 접견했다. 동후는 제후들이다. 계절과 달을 맞추고 날짜를 바로잡았다. 음률과 도량형을 통일하고③ 오례五禮와 오옥五玉과 삼백三帛과 두 가지 산 동물과 한 가지 죽은 예물의 폐백을 바로잡았다.④ 5월에는 순수하여 남악南嶽에 이르렀다. 남악은 형산衡山이다.⑤ 8월에는 순수하여 서악西嶽에 이르렀다. 서악은 화산華山이다.⑥ 11월에는 순수하여 북악北嶽에 이르렀다. 북악은 항산恆山이다.⑦ 모두 대종에서 한 예와 같이 행했다. 중악中嶽은 숭고산嵩高山이다.⑧ 5년마다 한 번씩 순수했다."

歲二月 東巡狩 至于岱宗 岱宗 泰山也① 柴② 望秩于山川 遂覲東后 東后者 諸侯也 合時月正日 同律度量衡③ 修五禮五玉三帛二生一死贄④ 五月 巡狩至南嶽 南嶽 衡山也⑤ 八月 巡狩至西嶽 西嶽 華山也⑥ 十一月 巡狩至北嶽 北嶽 恆山也⑦ 皆如岱宗之禮 中嶽 嵩高也⑧ 五載一巡狩

① 泰山 태산

정의 《괄지지》에서 말한다. "태산은 일명 대종岱宗이며 동악이다. 연주 박성현 서북쪽 30리에 있다. 《주례》에서 '연주의 진산鎭山을 대종이라 한다.'라고 했다."

括地志云 泰山 一曰岱宗 東岳也 在兗州博城縣西北三十里 周禮云 兗州鎮曰岱宗

② 柴시

신주 고대 제사 중의 하나인 시제柴祭를 말한다. 섶과 나뭇가지를 태워 하늘에 지내는 제사다.

③ 同律度量衡동률도량형

신주 도度는 잣대이고, 량量은 부피를 재는 말과 되이고, 형衡은 무게를 재는 저울을 말한다.

④ 修五禮～一死贄수오례～일사지

신주 오례五禮는 길례吉禮, 흉례凶禮, 군례軍禮, 빈례賓禮, 가례嘉禮를 뜻한다. 오옥五玉은 앞서 인용한 오서五瑞를 뜻한다. 삼백三帛은 제후나 군신들이 천자를 배알할 때 폐백으로 바치던 세 가지 색깔의 비단이다. 《서경》〈우서 순전〉에 대한 공영달孔穎達의 주석에는 "제후나 세자는 분홍 비단을 폐백으로 삼고, 공公의 고경孤卿은 검은 비단을, 부용국의 군주는 누런 비단을 폐백으로 삼는다.[三帛 諸侯世子執纁 公之孤執玄 附庸之君執黃]"라고 하였다. 고경은 삼공三公 밑의 소사少師, 소부少傅, 소보少保를 이른다. 두 가지 산 동물은 경대부卿大夫들이 임금을 배알할 때 경은 어린 양을 바치고, 대부는 기러기를 바치는 것을 뜻하며, 한 가지 죽은 예물은 사인士人이 꿩을 가지고 가는 것을 뜻한다.

⑤ 衡山형산

정의 《괄지지》에서 말한다. "형산은 일명 구루산岣嶁山이라고 한다. 형주 상담현 서쪽 40리에 있다."

括地志云 衡山 一名岣嶁山 在衡州湘潭縣西四十里

⑥ 華山화산

정의 《괄지지》에서 말한다. "화산은 화주 화음현 남쪽 8리에 있다. 옛 글에는 돈물敦物로 되어 있다. 《주례》에서 '예주의 진산을 화산이라 한다.'라고 했다."

括地志云 華山在華州華陰縣南八里 古文以爲敦物 周禮云 豫州鎮曰華山

⑦ 恒山항산

정의 《괄지지》에서 말한다. "항산은 정주 항양현 서북쪽 140리에 있다. 《주례》에서 '병주의 진산을 항산이라 한다.'라고 했다."

括地志云 恒山在定州恒陽縣西北百四十里 周禮云 并州鎮曰恒山

⑧ 嵩高숭고

색은 유독 숭고산에만 '이르렀다.'라고 하지 않은 것은 천자의 도읍이기 때문이다.

獨不言至者 蓋以天子所都也

정의 《괄지지》에서 말한다. "숭산은 또한 태실太室이라고 이름하며 또한 외방이라고도 한다. 낙주 양성현 서북쪽 23리에 있다."

括地志云 嵩山 亦名曰太室 亦名曰外方也 在洛州陽城縣西北二十三里

우임금이 이 방식을 따랐다. 그 후 14세 제공갑帝孔甲①에 이르러서 덕을 미혹시키고 귀신으로 행세하는 것을 좋아해서② 신을 욕되게 하자 두 마리의 용이 떠나갔다.③ 그런 뒤 3세에 이르러 탕임금이 걸桀을 정벌하고 하나라의 사직을 옮기고자 했다. 그러나 옮기는 것이 불가했으므로 〈하사〉를 지었다.

그 뒤 탕임금의 8세손인 제태무帝太戊④에 이르러 조정에 뽕나무와 닥나무가 나서 하루 저녁에 두 팔로 안을 만큼 자라자 두려워했다. 이척伊陟⑤이 말하기를 "요망한 것은 덕을 이기지 못합니다."라고 했다. 이에 태무가 덕을 닦으니 뽕나무와 닥나무가 죽었다. 이척이 무함巫咸⑥을 칭찬하자 무함의 일어남이 이로부터 시작되었다.

禹遵之 後十四世 至帝孔甲① 淫德好神② 神瀆 二龍去之③ 其後三世 湯伐桀 欲遷夏社 不可 作夏社 後八世 至帝太戊④ 有桑穀生於廷 一暮大拱 懼 伊陟⑤曰 妖不勝德 太戊修德 桑穀死 伊陟贊巫咸⑥ 巫咸之興自此始

① 帝孔甲 제공갑

신주 제공갑은 하나라의 제14대 왕으로 불강不降의 아들이다. 공갑은 왕이 된 후 귀신 행세를 하며 음란함을 일삼았다고 한다. 하늘이 암수 두 마리 용을 주었는데 암컷 용이 죽었다. 용을 기르던 어룡씨御龍氏는 죽은 용으로 젓갈을 담아 제공갑에게 주었는데 제공갑이 다 먹고 나서 더 요구하자 어룡씨가 도망갔다. 제후들도 제공갑을 버리고 떠났다.

② 二龍去之이룡거지

색은 여순이 살펴보니 《국어》에서 “두 마리의 용龍이 하나라 조정에서 거품을 내뿜었다.”라고 한 것이 이것이다.

如淳按 國語二龍漦于夏庭 是也

③ 好神호신

신주 신神은 ‘귀신으로 행세하다’의 의미이다.

④ 帝太戊제태무

신주 제태무는 상나라의 제9대 왕으로 성은 자子이다. 시호가 중종中宗으로 이척伊陟을 재상으로 삼았다.

⑤ 伊陟이척

집해 서광이 말했다. “척陟은 옛날에는 칙敕으로 썼다.”

徐廣曰 陟 古作敕

신주 이척은 이윤伊尹의 아들인데, 이윤은 이름이 이伊고, 윤尹은 관직 이름이다. 일명 지摯라고도 한다. 노예였다가 유신씨有莘氏의 딸이 시집갈 때 잉신媵臣으로 따라갔는데, 탕왕에게 등용되어 하나라를 멸망시키고 은나라가 중원을 차지하는데 큰 공을 세웠다. 고대의 명재상으로 전해진다.

⑥ 巫咸무함

색은 살펴보니 《상서》에서 무함巫咸은 은나라 신하 이름이라고 했다. 이척伊陟이 무함을 칭찬해서 고했다. 지금 이 문장에서 “무함의 일어남이 이로부터 시작되었다.”라고 했는데 무함은 무격巫覡이다. 그리하여 《초사》

에 또한 무함巫咸이 신神을 주관했다고 썼다. 아마 태사공은 무함이 은나라의 신하인데 무巫로써 신神에 접하여 섬겼다고 본 것이다. 태무太戊가 그로 하여금 뽕나무와 닥나무의 재앙을 빌게 해서 이척이 무함을 칭찬하게 한 것으로 여긴 것이다. 그러므로 "무함의 일어남이 이로부터 시작되었다."라고 이른 것이다.

案尚書 巫咸殷臣名 伊陟贊告巫咸 今此云 巫咸之興自此始 則以巫咸爲巫覡 然楚詞亦以巫咸主神 蓋太史公以巫咸是殷臣 以巫接神事 太戊使禳桑穀之災 所以伊陟贊巫咸 故云巫咸之興自此始也

그 후 14대인 제무정帝武丁이 부열傅說[①]을 얻어 재상으로 삼으니 은나라가 부흥하여 고종高宗이라고 칭했다. 꿩이 날아와 구정九鼎의 귀에 앉아서 울자[②] 무정이 두려워했다. 조기祖己가 말하기를 "덕을 닦으십시오."[③]라고 했다. 무정이 그의 말을 따르니 제왕의 지위가 길이 편안했다.

그 후 5대인 제무을帝武乙이 신을 업신여기다 벼락을 맞아 죽었다.[④] 그 후의 3대인 제주帝紂[⑤]가 음란하자 주 무왕이 그를 정벌했다. 이로 말미암아 살펴보면 처음에는 엄숙하게 공경하지 않음이 없었는데 뒤에는 점점 태만해진 것이다.

後十四世 帝武丁得傅說[①]爲相 殷復興焉 稱高宗 有雉登鼎耳雊[②] 武丁懼 祖己曰 修德[③] 武丁從之 位以永寧 後五世 帝武乙慢神而震死[④] 後三世 帝紂[⑤]淫亂 武王伐之 由此觀之 始未嘗不肅祗 後稍怠慢也

① 傅說부열

신주 상나라 제무정帝武丁 중흥 시기의 재상이다.《사기》〈은본기〉의 기록에는 원래 죄수였다. 무정이 나라를 중흥하고자 고심할 때 꿈속에서 성인을 보았는데, 이름이 열說이라고 했다고 한다. 그 후 부암傅巖 들판에서 제방을 쌓고 있던 부열을 만나보고 재상으로 발탁해 국력을 증강시켰다.

② 有雉登鼎耳雊유치등정이구

집해 서광이 말했다. "다른 판본에는 치雉가 '교鷮'로 되어 있다. '교嬌'로 발음한다."

徐廣曰 一作鷮 音嬌

신주 구정九鼎은 하나라 우왕이 구주九州에서 거둔 금으로 만든 큰 솥으로 하, 은나라 이래로 천자에게 전해져 온 귀중한 보물이었다고 한다.

③ 祖己曰修德조기왈수덕

신주 꿩이 날아와 솥의 귀에 앉아 우는 것을 보고 무정이 두려워하자 조기祖己가 덕을 닦으라고 한 것은 백성들을 위해 일하라는 뜻이다. 제무정이 스스로 반성하면서 왕도를 고민하자 3년 후에는 이족夷族 가운데 여섯 나라에서 조회를 왔다.

④ 震死진사

색은 무을武乙이 하늘을 향해 활을 쏘고 뒤에 하수와 위수渭水에서 사냥을 하다가 벼락을 맞아 죽은 것을 이른다.

謂武乙射天 後獵於河渭而震死也

⑤ 紂주

신주 상나라의 마지막 임금 제신帝辛이다. 성은 자子, 이름은 수受인데 주紂라고 부른다. 제신은 제을帝乙의 막내아들로, 즉위 후 왕성 조가朝歌를 지으면서 많은 세금을 거두어 원성을 샀다. 그는 같은 계통인 동이 여러 민족과의 불화로 인해 지배 계급 내에 모순이 생겨 통치 기반이 약해졌다. 신하였던 주무왕이 여러 제후와 연합해 쳐들어왔는데 목야지전牧野之戰에서 패배하면서 제신도 죽고 상나라도 멸망했다. 하나라 걸왕과 함께 폭군의 대명사로 불리면서 주지육림酒池肉林과 포락지형砲烙之刑 등의 여러 고사성어를 만들었다. 그러나 실제로 이런 일화가 있었는가에 대한 논쟁이 지금껏 계속되는 것처럼, 주무왕의 찬탈을 정당화하는 과정에서 만들어진 역사일 가능성도 있다.

《주관》에서 이르기를 "동지에 이르면 남쪽 교외에서 천신에게 제사를 올리고, 낮이 길어지는 하지를 기다린다. 하지에 이르면 지신에게 제사 지낸다. 모두 음악과 춤을 베풀어 신령이 비로소 이르면 제사의 예를 갖춘다. 천자는 천하의 명산과 대천에 제사를 지내는데, 오악五嶽은 삼공의 예에 견주고,① 사독四瀆은 제후의 예에 견주어 희생을 진설한다. 제후들은 각자 국경 안의 명산과 대천에 제사 지낸다. 사독四瀆은 강수, 하수, 회수, 제수이다. 천자가 제사를 지내는 궁전은 명당明堂이나 벽옹辟雍(태학)②이라고 하고 제후가 제사를 지내는 궁전은 반궁泮宮(국학)③이라고 한다."라고 했다.

周官曰 冬日至 祀天於南郊 迎長日之至 夏日至 祭地祇 皆用樂舞 而神乃可得而禮也 天子祭天下名山大川 五嶽視[①]三公 四瀆視諸侯 諸侯祭其疆內名山大川 四瀆者 江河淮濟也 天子曰明堂辟雍[②] 諸侯曰泮宮[③]

① 視시

신주 여기서 시視는 比(비: 견주다)의 의미로 해석된다. 《예기주소禮記註疏》〈왕제王制〉에서 정현鄭玄은 경문 "오악시삼공 사독시제후五嶽視三公四瀆視諸侯"에 대해 "시視는 그 희생물과 기물의 숫자를 견주는 것이다.[視其牲器之數]"라고 주석했다. 오악에 제사를 지낼 때에는 삼공을 대우하는 예에 견주어 희생의 수를 진설하고 사독에 제사를 지낼 때에는 제후를 대우하는 예에 견주어 희생의 수를 진설한다는 의미이다.

② 明堂辟雍명당벽옹

집해 위소가 말했다. "물 밖에 사방으로 둥글게 감싸 있는 것이 벽옹辟雍과 같다. 아마 절제해서 관찰하는 곳일 것이다."라고 했다.

韋昭曰 水外四周圓如辟雍 蓋以節觀者也

신주 명당明堂은 천자가 제사를 지내는 궁전이나 집무하는 곳을 뜻하고, 벽옹辟雍은 학교이다.

③ 泮宮반궁

집해 장안이 말했다. "제도의 절반은 천자의 벽옹에서 나온다."

張晏曰 制度半於天子之辟雍

색은 살펴보니 복건은 "천자는 물로 사방을 둘러서 벽옹을 만든다. 제후는 물로 전체를 두르지 않고 절반만 두르게 만들어서 반궁泮宮(제후의 국학)을 만든다."라고 했는데, 《예통》에서 또 "절반은 물이 있고 절반은 궁宮이 있다."라고 한 것이 이것이다.

按 服虔云 天子水帀 爲辟雍 諸侯水不帀 至半 爲泮宮 禮統又云 半有水 半有宮 是也

> 주공이 성왕을 보좌하고 나서 교사郊祀(교외에서 천지에 드리는 제사)에서는 후직后稷을 배위하여 하늘에 제사를 지내고,[①] 종사宗祀(조상에게 드리는 제사)에서는 명당에서 문왕을 배위하여 상제에게 제사 지냈다.[②] 우임금이 일어나서부터 사사社祀(토지신에게 드리는 제사)의 예를 갖추었고, 후직이 곡식을 재배했기 때문에 직신稷神(곡식의 신)의 사당이 있게 되었다. 이에 동지 때 지내는 교사郊祀와 하지 때 지내는 사사社祀가 전래한 지 오래되었다.
>
> 周公既相成王 郊祀后稷以配天[①] 宗祀文王於明堂以配上帝[②] 自禹興而修社祀 后稷稼穡 故有稷祠 郊社所從來尚矣

① 配天배천

집해 왕숙이 말했다. "배천은 남교에서 제사 지내는 것이다."

王肅曰 配天 於南郊祀之

② 配上帝배상제

집해 정현이 말했다. "상제란 하늘의 별명이다. 신은 두 주인이 없으므로 그 처하는 곳을 다르게 해 후직后稷을 피한 것이다."

鄭玄曰 上帝者 天之別名也 神無二主 故異其處 避后稷也

주나라가 은나라를 이긴 뒤부터 14세에[①] 세상이 더욱 쇠약해졌다. 예악이 무너지고 제후들은 제멋대로 행동했다. 그리하여 유왕幽王이 견융犬戎[②]에게 패배를 당하자 주나라는 동쪽의 낙읍雒邑으로 천도했다.[③] 진秦나라 양공襄公이 견융을 공격해 주나라를 구원하고 처음으로 제후의 대열에 올랐다.[④] 진나라 양공이 이윽고 제후가 되어 서쪽의 변방[⑤]에 거처하며 스스로 소호小皞의 신을 주관해야 한다고 생각하고 서치西畤(서쪽의 제사터)를 만들어 백제白帝에게 제사 지냈다. 그 희생으로는 검은 갈기의 붉은 말[⑥]과 누런 소와 숫양[⑦]을 각 한 마리씩 사용했다고 한다.

自周克殷後十四世[①] 世益衰 禮樂廢 諸侯恣行 而幽王爲犬戎[②]所敗 周東徙雒邑[③] 秦襄公攻戎救周 始列爲諸侯[④] 秦襄公既侯 居西垂[⑤] 自以爲主少皞之神 作西畤 祠白帝 其牲用駵駒[⑥]黃牛羝羊[⑦]各一云

① 自周克殷後十四世자주극은후십사세

신주 주나라 태왕 고공단보古公亶父부터 14세 후인 유왕幽王을 가리킨다. 무왕이 은나라 주왕을 무너뜨린 후 왕위를 계승한 것으로 따지면 11세

후에 해당되나, 무왕의 증조부 고공단보와 조부 계력季歷, 그리고 부친 문왕 창昌을 더하면 유왕이 15대가 되어, 14대 후 군주가 된다.

② 犬戎견융

집해 서광이 말했다. "견犬은 다른 판본에는 '견畎'으로 되어 있다."

徐廣曰 犬 一作畎

③ 周東徙雒邑주동사락읍

신주 유왕(서기전 781~서기전 771)은 주나라를 쇠퇴시킨 서주시대 마지막 왕이다. 유학적 관점을 가진 역사가들은 왕조의 멸망을 여성과 결부시켜서 포褒나라 출신의 포사褒姒를 주나라를 망친 여인으로 기록했다. 유왕은 왕비인 신후申后와 그가 낳은 태자 의구宜臼를 폐하고 포사를 왕후로 백복을 태자로 세웠으며, 괵석보虢石父를 재상으로 세워 국정을 맡겼다. 신후申后의 아버지 신후申侯가 견융과 함께 유왕을 공격해서 유왕은 여산驪山에서 살해당했다. 그 후 제후들과 신후는 의구를 주나라 평왕平王으로 즉위시키고 호경鎬京에서 동쪽의 낙읍洛邑으로 천도해 동주시대(춘추시대)가 시작되었다.

④ 始列爲諸侯시열위제후

정의 진양공은 주평왕 원년(서기전 770)에 봉해졌다.(실제로는 평왕이 유왕의 뒤를 이은 서기전 771)

秦襄公 周平王元年封也

신주 진양공(서기전 777~서기전 766)은 진장공秦莊公의 둘째 아들이었는데, 장자 세보世父가 서융을 정벌하면서 왕위를 양보해 즉위했다. 신후申

后가 증국繒國과 견융 등을 이끌고 서주를 공격하자 주유왕이 봉화를 올려 제후들을 소집했으나 제후들이 불응하는 가운데 진양공만 군사를 파견해 주나라를 도움으로써 처음으로 제후의 반열에 오른 것이다.

⑤ 西垂서수

정의 한나라 농서군 서현이다. 지금 진주 상규현 서남쪽 90리에 있다.

漢隴西郡西縣也 今在秦州上邽縣西南九十里也

⑥ 騮駒유구

색은 검은 갈기를 가진 붉은 말을 유騮라 한다.

赤馬黑鬣曰騮也

⑦ 羝羊저양

색은 《시전》에서 말한다. "저羝는 숫양이다."

詩傳云 羝 牡羊

그 후 16년이 지나[1] 진나라 문공文公이 동쪽의 견수汧水와 위수渭水[2]의 사이에서 사냥하다가 거처할 곳을 점치자 길하다고 했다. 그리고 문공은 누런 뱀이 하늘에서 내려와 땅까지 이어진 꿈을 꾸었는데, 그 주둥이가 부鄜 땅의 산비탈[3]에 멈춰 있었다. 문공이 사돈史敦에게 묻자 그가 대답했다.

"이것은 상제의 징조이니 군주께서는 이곳에 제사 지내십시오."

이에 부치鄜畤를 짓고 세 가지의 희생을 써 백제白帝에게 교제郊祭를 지냈다.
부치가 세워지기 전부터 옹雍 땅의 근처에 오래된 오양吳陽의 무치武畤[④]가 있었고 옹 땅의 동쪽에 호치好畤가 있었지만 모두 버려져 제사가 없었다. 어떤 이가 말했다.
"예로부터 옹주는 지세가 높아 신명神明이 거처하는 땅이다. 이런 까닭으로 제사 터를 세워서 상제에게 교제를 지냈으며, 이곳에 여러 신령의 사당이 모두 갖추어졌다고 한다."
대략 일찍이 황제 때 제사를 거행하여 비록 주나라 말엽까지 또한 교제를 지냈지만 그 말이 경서에도 보이지 않고, 높은 관리들[⑤]도 말하지 않았다.
其後十六年[①] 秦文公東獵汧渭[②]之間 卜居之而吉 文公夢黃蛇自天下屬地 其口止於鄜衍[③] 文公問史敦 敦曰 此上帝之徵 君其祠之 於是作鄜畤 用三牲郊祭白帝焉 自未作鄜畤也 而雍旁故有吳陽武畤[④] 雍東有好畤 皆廢無祠 或曰 自古以雍州積高 神明之隩 故立畤郊上帝 諸神祠皆聚云 蓋黃帝時嘗用事 雖晩周亦郊焉 其語不經見 縉紳者[⑤]不道

① 其後十六年기후십육년

신주 진나라 문공 10년(서기전 756)이다.

② 汧渭견위

색은 살펴보니 《한서》 〈지리지〉에서 "견수는 견현 서북쪽에서 나와 위수로 들어간다."라고 했다. 황보밀은 "문공이 도읍을 견汧으로 옮긴 것이다."라고 했다.

按 地理志 汧水出汧縣西北入渭 皇甫謐云 文公徙都汧者也

| 정의 | 《괄지지》에서 말한다. "미현의 옛 성이 기주岐州 미현 동북쪽 15리에 있는데 곧 이 성이다."

括地志云 郿縣故城在岐州郿縣東北十五里 即此城也

③ 鄜衍부연

| 집해 | 이기가 말했다. "鄜는 '부孚'로 발음한다. 산비탈을 연衍이라고 한다."

李奇曰 鄜音孚 山阪曰衍

| 색은 | 부鄜는 땅 이름이다. 뒤에 현이 되었고 풍익에 속했다. 연衍이란 정중의 《주례》 주석에서 "아래가 평평한 것을 연衍이라 한다."라고 했고, 또 이기의 《삼보기》에서 "삼보 지방에서는 산과 비탈 사이를 연衍이라 한다."라고 했다.

鄜 地名 後爲縣 屬馮翊 衍者 鄭衆注周禮云 下平曰衍 又李奇三輔記云 三輔謂山阪間爲衍也

④ 武畤무치

| 집해 | 이기가 말했다. "옆에 오양 땅이 있다."

李奇曰 於旁有吳陽地

⑤ 縉紳者진신자

| 집해 | 이기가 말했다. "진縉은 '꽂다'이다. 홀笏을 신紳에 꽂는 것이다. 신紳은 (남자의 심의深衣나 여자의 원삼圓衫에 두르는) 넓은 띠이다."

李奇曰 縉 插也 插笏於紳 紳 大帶

색은 요씨는 "진縉은 '진搢' 자가 되어야 마땅하다."라고 했다. 정중의 《주례》 주석에서 "진縉은 '천薦'으로 풀이하고, 허리띠의 사이에 꽂는 것을 이른다."라고 했다. 지금 살펴보니 정중의 뜻은 진縉을 천薦으로 여겼는데, 천은 또한 진進이니 나아가서 허리띠의 사이에 둔 것이다. 그러므로 《사기》에 또한 여러 군데 '천薦' 자로 되어 있다.

姚氏云 縉 當作搢 鄭衆注周禮云 縉讀爲薦 謂薦之於紳帶之間 今按 鄭意以縉爲薦 則薦亦是進 進而置於紳帶之間 故史記亦多作薦字也

부치鄜畤를 지은 지 9년 후에 문공이 약석若石①을 얻어서 진창陳倉 북쪽 판성阪城에서 제사 지냈다고 한다.② 그 신령은 어떤 경우에는 한 해 동안 오지 않기도 하고 어떤 때에는 한 해 동안 여러 번 오기도 했는데, 올 때는 항상 밤에 왔으며 광채가 유성流星과 같았다. 동남쪽에서 와서 사당의 성에 모이는데 수탉처럼 생겼고 그 소리는 은은하게 웅웅대며 꿩들이 밤늦도록 울어대는 것 같았다.③ 한 마리의 희생으로 제사를 지냈으며 '진보陳寶(보물을 진열함)'④라고 명명했다.

부치를 지은 후 78년에 진나라 덕공德公이 이윽고 제후가 되자 옹雍 땅에 복거하면 후손들이 하수에서 말에게 물을 마시게 할 것이라면서 마침내 옹을 도읍으로 삼았다. 이에 옹雍 땅의 모든 제사가 이때부터 시작되었다. 부치에서 제사 지낼 때에 300의 희생⑤을 썼다. 또 복사伏祠(복날의 제사)⑥가 생겨나 읍邑의 사방에 있는 성문에 개를 찢어서 걸고 제사를 지내서 악귀의 재앙⑦을 막았다.

作鄜畤後九年 文公獲若石[①]云 于陳倉北阪城祠之[②] 其神或歲不至 或歲數來 來也常以夜 光輝若流星 從東南來集于祠城 則若雄雞 其聲殷云 野雞[③]夜雊 以一牢祠 命曰陳寶[④] 作鄜畤後七十八年 秦德公既立 卜居雍 後子孫飲馬於河 遂都雍 雍之諸祠自此興 用三百牢[⑤]於鄜畤 作伏祠[⑥] 磔狗邑四門 以禦蠱菑[⑦]

① 若石약석

집해 소림이 말했다. "재질은 돌과 같다." 복건이 말했다. "북쪽에 있는데 어떤 이는 진창陳倉의 북쪽에 있다고 한다."

蘇林曰 質如石也 服虔曰 在北 或曰在陳倉北

색은 소림이 말했다. "재질은 돌과 같은데 폐肺처럼 생겼다."

蘇林云 質如石 似肺

② 陳倉北阪城祠之진창북판성사지

정의 《삼진기》에서 말한다. "태백산 서쪽에 진창산이 있는데 산에는 석계石雞(닭 모양의 돌)가 있어 산닭과 구별하지 못했다. 조고趙高가 산을 불사르자, 산닭은 날아갔으나 석계는 떠나지 않았으며 새벽마다 산꼭대기에서 울어 소리가 3리까지 들렸다. 어떤 이는 이것을 옥계玉雞라고 말한다." 《괄지지》에서 말한다. "진창산은 지금 기주岐州 진창현의 남쪽에 있다." 또 "보계신사寶雞神祠는 한나라 진창현의 옛 성 안에 있으며 지금 진창현 동쪽이다. 석계石雞는 진창산 위에 있다."라고 한다. 사당은 진창성에 있다. 그러므로 약석을 진창 북쪽 판성阪城에서 얻어서 제사 지냈다는 말이다.

三秦記云 太白山西有陳倉山 山有石雞 與山雞不別 趙高燒山 山雞飛去 而石

雞不去 晨鳴山頭 聲聞三里 或言是玉雞 括地志云 陳倉山在今岐州陳倉縣南 又云 寶雞神祠在漢陳倉縣故城中 今陳倉縣東 石雞在陳倉山上 祠在陳倉城 故言獲若石于陳倉北阪城祠之

③ 殷云野雞은운야계

집해 여순이 말했다. "야계野雞는 꿩이다. 한나라 여후呂后의 이름이 치雉이기 때문에 야계라고 한 것이다." 신찬이 말했다. "은殷은 소리이다. 운云은 구절을 충족시키는 말이다."

如淳曰 野雞 雉也 呂后名雉 故曰野雞 瓚曰 殷 聲也 云 足句之詞

④ 陳寶진보

집해 신찬이 말했다. "진창현에 보부인사寶夫人祠가 있는데 혹 1~2년마다 섭군葉君과 합한다. 섭군의 신이 올 때에는 하늘에서 은은하게 우레가 치고 꿩이 울었다. 장안의 정서쪽 500리에 있다." 위소가 말했다. "진창현에 있다. 보배로 여겨 제사 지낸다. 그러므로 진보陳寶라고 한다."

瓚曰 陳倉縣有寶夫人祠 或一歲二歲與葉君合 葉君神來時 天爲之殷殷雷鳴 雉爲之雊也 在長安正西五百里 韋昭曰 在陳倉縣 寶而祠之 故曰陳寶

색은 살펴보니《열이전》에서 말한다. "진창 사람이 기이한 물건을 얻어 헌납하러 가다가 길에서 두 명의 동자를 만났다. 이들이 이르기를 '이것의 이름은 위媦라고 하는데 지하에 있으면서 죽은 사람의 뇌를 먹는다.'라고 했다. 위媦가 이에 말하기를 '저 두 동자의 이름은 진보陳寶인데, 수컷을 얻으면 왕이 되고 암컷을 얻으면 패자覇者가 된다.'라고 했다. 이에 동자들을 쫓자 변화해 꿩이 되었다. 진목공이 사냥을 할 때 과연 그 암컷을 얻어 사당을 세우고 제사를 지내는데, 번개가 치고 우레 소리가 들렸다.

수컷은 남양南陽에 머물렀는데, 붉은 광채가 10여 장丈이나 뻗쳤고 와서 진창사陳倉祠 안으로 들어갔다."

대代 땅의 풍속에 '보부인사寶夫人祠'라고 이른 것은 또한 그럴만한 이유가 있다. 섭葉은 현 이름으로 남양에 있다. 섭군은 곧 장끼(수꿩)의 신이므로 때때로 보부인신寶夫人神과 합방한다.

案 列異傳云 陳倉人得異物以獻之 道遇二童子云 此名爲媦 在地下食死人腦 媦乃言云 彼二童子名陳寶 得雄者王 得雌者伯 乃逐童子 化爲雉 秦穆公大獵 果獲其雌 爲立祠 祭 有光 雷電之聲 雄止南陽 有赤光長十餘丈 來入陳倉祠中 所以代俗謂之寶夫人祠 抑有由也 葉 縣名 在南陽 葉君即雄雉之神 故時與寶夫人神合也

⑤ 三百牢삼백뢰

색은 〈진본기〉를 살펴보니 덕공 원년에 희생 300으로 부치에서 제사 지낸 것이다. 지금 살펴보니 백百은 '백白'이 되어야 마땅하다. 진의 군주가 서쪽에서 소호에게 제사 지내는데 흰색의 희생을 숭상했다. 진은 제후의 나라로 비록 사치하더라도 교郊에서 제사할 때 특생을 근본으로 했으나 가히 300의 희생을 사용해 하늘에 제사하지 않았다. 아마 글자가 잘못된 것이다.

案秦本紀 德公元年以犧三百祠鄜畤 今案 百當爲白 秦君西祀少昊時牲尚白 秦諸侯也 雖奢侈 祭郊本特牲 不可用三百牢以祭天 蓋字誤耳

신주 진나라는 소호를 높여 제사했다. 그들이 소호의 후손이기 때문이다. 따라서 〈진본기〉에서 사마천이 그들을 백예의 후손으로 그린 것은 다분히 작위적이다.

⑥ 伏祠복사

색은 살펴보니 복건이 말했다. "주나라 때는 복날이 없었는데 개를 찢어서 재액을 막는 것이 진나라 때에 시작되었다."《한구의》에서 복날은 온갖 귀신이 활동하는 날이므로 문을 닫고 끼어들기를 구하지 않는다고 하였다. 그러므로《동관한기》에서 화제和帝가 처음으로 복날에는 낮에 문을 닫도록 명했다고 한 것이 이것이다.

또《역기석》에서 말한다. "복伏이란 무엇인가? 금기金氣가 엎드려 숨는 것을 이름한 것으로 네 계절이 대신하여 양보하면서 모두 상생한다. 이에 봄의 목木은 수水를 대신하고 수는 목을 낳는다. 여름의 화火는 목을 대신하고 목은 화를 낳는다. 겨울의 수水는 금金을 대신하고 금은 수를 낳는다. 가을에 이르면 금金이 화火를 대신하기 때문에 금이 화를 두려워한다. 그래서 경일庚日에 이르면 반드시 숨는다. 경庚이란 금金의 날이다."

案 服虔云 周時無伏 磔犬以禦災 秦始作之 漢舊儀云 伏者 萬鬼行日 故閉不干求也 故東觀漢記 和帝初令伏閉晝日 是也 又曆忌釋曰 伏者何 金氣伏藏之名 四時代謝 皆以相生 而春木代水 水生木也 夏火代木 木生火也 冬水代金 金生水也 至秋 則以金代火 金畏於火 故至庚日必伏 庚者 金日也

⑦ 蠱菑고재

색은 살펴보니《좌전》에서 명충皿蟲이 고蠱(곡식벌레)가 된다고 한다. 목을 매달거나 찢어 죽인 귀신이 또한 고蠱이다. 그래서《예기》〈월령〉에서 대나大儺와 방책旁磔이라 하고 그 주석에서 "책磔(찢음)은 양禳(제사 이름)이다. 악귀惡鬼가 퍼져 고蠱가 되어 장차 나가서 사람을 해치므로 사방의 문에 찢어서 걸었다."라고 한다. 그래서 이 역시 개를 찢어서 읍의 사방 문에 건 것이며,《풍속통》에서 개를 죽여 사지를 찢어 제사 지낸다고 한다.

案 左傳云 皿蟲爲蠱 梟磔之鬼亦爲蠱 故月令云 大儺 旁磔 注云 磔 禳也 厲鬼爲蠱 將出害人 旁磔於四方之門 故此亦磔狗邑四門也 風俗通云 殺犬磔禳也

덕공이 즉위 2년 만에 죽었다. 그 뒤 4년에 진나라 선공宣公[①]이 밀치密畤를 위수渭水 남쪽에 짓고 청제靑帝[②]에게 제사 지냈다. 그 후 14년 만에 진목공秦繆公이 제후에 올랐는데 병으로 누워 5일 동안 깨어나지 못하다가 깨어나서 곧 말하기를, 꿈에서 상제를 보았는데 상제께서 자기에게 진晉나라의 난을 평정할 것을 명했다고 했다. 이를 사서에 기록해서 창고에 보관해 두었는데 후세 사람들은 모두 진목공이 하늘로 올라갔다고 말했다.

진목공 즉위 9년, 제환공齊桓公이 이미 패자가 되어 제후들을 규구葵丘[③]에서 만나 봉선封禪하려고 했다.

德公立二年卒 其後(六)〔四〕年 秦宣公作密畤於渭南[①] 祭靑帝[②] 其後十四年 秦繆公立 病臥五日不寤 寤 乃言夢見上帝 上帝命繆公平晉亂 史書而記藏之府 而後世皆曰秦繆公上天 秦繆公即位九年 齊桓公既霸 會諸侯於葵丘[③] 而欲封禪

① 秦宣公作密畤於渭南진선공작밀치어위남

신주 선공(서기전 675~서기전 664)은 덕공德公의 장자이며, 성공과 목공의 형이다. 12년 간 재위했다. 위남渭南은 지금의 섬서성陝西省 위남시 일대이다.

② 靑帝청제

신주 오방신五方神 중 동쪽의 신으로 태호 복희씨를 가리키기도 한다. 참고로 북쪽의 신은 흑제 전욱 고양씨이고, 남쪽의 신은 적제 염제 신농씨, 서쪽의 신은 백제 소호 금천씨, 중앙의 신은 황제 헌원씨이다. 모두 동이 지역 군주들이다.

③ 葵丘규구

정의 《괄지지》에서 말한다. "규구는 조주曹州 고성현 동남쪽 1리 50보의 성곽 안에 있고 곧 제환공이 회합한 곳이다."

括地志云 葵丘在曹州考城縣東南一里五十步郭內 即桓公所會處也

> 그러자 관중이 말했다.①
>
> "옛날에 태산에서 봉제封祭를 지내고 양보梁父②에서 선제禪祭를 지낸 이들이 72가③라고 했으나 제가 기록한 바로는 12가일 뿐입니다. 옛날 무회씨無懷氏④는 태산에서 봉제를 지내고 운운산云云山에서 선제를 지냈습니다.⑤ 복희씨는 태산에서 봉제를 지내고 운운산에서 선제를 지냈습니다. 신농씨는 태산에서 봉제를 지내고 운운산에서 선제를 지냈습니다. 염제씨炎帝氏⑥는 태산에서 봉제를 지내고 운운산에서 선제를 지냈습니다. 황제는 태산에서 봉제를 지내고 정정산亭亭山⑦에서 선제를 지냈습니다. 전욱은 태산에서 봉제를 지내고 운운산에서 선제를 지냈습니다. 제곡은 태산에서 봉제를 지내고 운운산에서 선제를 지냈습니다. 요임금은 태산에서

봉제를 지내고 운운산에서 선제를 지냈습니다. 순임금은 태산에서 봉제를 지내고 운운산에서 선제를 지냈습니다. 우임금은 태산에서 봉제를 지내고 회계산[8]에서 선제를 지냈습니다. 탕왕은 태산에서 봉제를 지내고 운운산에서 선제를 지냈습니다. 주나라 성왕成王은 태산에서 봉제를 지내고 사수산社首山[9]에서 선제를 지냈습니다. 모두 천명을 받은 연후에 봉선을 지냈습니다."

管仲曰[1] 古者封泰山禪梁父者[2]七十二家[3] 而夷吾所記者十有二焉 昔無懷氏[4]封泰山 禪云云[5] 虙羲封泰山 禪云云 神農封泰山 禪云云 炎帝[6]封泰山 禪云云 黃帝封泰山 禪亭亭[7] 顓頊封泰山 禪云云 帝俈封泰山 禪云云 堯封泰山 禪云云 舜封泰山 禪云云 禹封泰山 禪會稽[8] 湯封泰山 禪云云 周成王封泰山 禪社首[9] 皆受命然後得封禪

① 管仲曰관중왈

색은 살펴보니 지금《관자》의 글에는 봉선편이 없어졌다.

案 今管子書其封禪篇亡

신주 관중은 춘추시대 제나라 사람으로 성은 희嬉, 씨는 관管, 이름은 이오夷吾, 자字는 중仲이다. 법가法家에 가까운 인물이다. 처음에 희공僖公의 아들 공자 규糾를 보좌하면서 공자 소백小白을 죽이려 했으나 실패했고, 소백이 즉위해 제환공齊桓公이 되자, 관중은 친구 포숙아鮑叔牙의 천거로 환공을 도와 제나라의 부국강병을 추구해 겉으로는 존왕양이를 내세우면서 각국의 제후들을 아홉 번 회맹시키는 구합제후九合諸侯로 환공을 패자로 만들었다. 저서로《관자》가 있는데 관중의 저서라기보다는 춘추시대부터 전국시대까지 여러 제가들의 학술을 집대성하여 관중의 이름을 빌린 것이라고 볼 수 있다.

② 梁父者양보자

정의 《괄지지》에서 말한다. "양보산은 연주 사수현 북쪽 80리에 있다."

括地志云 梁父山在兗州泗水縣北八十里

③ 七十二家칠십이가

정의 《한시외전》에서 말한다. "공자가 태산에 올라 성씨를 바꾸어 왕이 된 자를 살펴보니 70여 명이었고 되지 못한 자는 만을 헤아렸다고 한다." 살펴보니 관중이 무회씨無懷氏 이하로부터 12가를 기록하였으나 60가는 기록이 없다.

韓詩外傳云 孔子升泰山 觀易姓而王可得而數者七十餘人 不得而數者萬數也 案 管仲所記自無懷氏以下十二家 其六十家無紀錄也

④ 昔無懷氏석무회씨

집해 복건이 말했다. "옛날의 왕으로 복희씨의 앞대에 있었다는 것이 《장자》에 보인다."

服虔曰 古之王者 在伏羲前 見莊子

신주 당나라 때 정치가이자 학자였던 윤지장尹知章(약 669~718)은 주석에서, 무회씨는 옛 임금으로써 복희씨보다 앞에 있었다고 말했다.

⑤ 禪云云선운운

집해 이기가 말했다. "운운산은 양보 동쪽에 있다."

李奇曰 云云山在梁父東

색은 진작이 말했다. "운운산은 몽음현 옛 성의 동북쪽에 있고 아래에 운운정이 있다."

晉灼云 山在蒙陰縣故城東北 下有云云亭也

정의 《괄지지》에서 말한다. "운운산은 연주 박성현 서남쪽 30리에 있다."

括地志云 云云山在兗州博城縣西南三十里也

⑥ 炎帝염제

색은 《등전》은 신농의 후대 자손이 또한 염제炎帝라고 칭하고 산에 올라서 봉제를 지냈다고 하였다. 《한서》〈율력지〉에서 황제와 염제는 판천阪泉에서 싸웠다고 했으나, 어찌 황제가 신농과 몸소 싸웠겠는가? 황보밀은 염제가 제위 8대를 전했다고 하였다.

鄧展云 神農後子孫亦稱炎帝而登封者 律曆志 黃帝與炎帝戰於阪泉 豈黃帝與神農身戰乎 皇甫謐云 炎帝傳位八代也

신주 위 색은 에서 염제를 신농의 후손이라고 설명하고 있다. 그러나 염제의 호를 신농씨라고 보는 시각도 있다. 염제는 강성姜城 겨레의 임금인데, 또 다른 호가 괴외魁隗, 연산連山, 열산列山이다.

⑦ 亭亭정정

집해 서광이 말했다. "거평鉅平에 있다." 살펴보니 복건은 "정정산은 모음에 있다."라고 했다.

徐廣曰 在鉅平 駰案 服虔曰 亭亭山在牟陰

색은 응소가 말했다. "거평의 북쪽 10여 리에 있다." 복건이 모음에 있다고 한 것은 잘못이다.

應劭云 在鉅平北十餘里 服虔云 在牟陰 非也

정의 《괄지지》에서 말한다. "정정산은 연주 박성현 서남쪽 30리에 있다."

括地志云 亭亭山在兗州博城縣西南三十里也

⑧ 會稽회계

색은 진작이 말했다. "본래의 이름은 모산茅山이다." 《오월춘추》에서 "우禹가 천하를 순시하고 모산에 올라, 모든 신하와 크게 논공행상을 하고 모산의 이름을 고쳐서 회계라고 했다."라고 하는데, 또한 묘산苗山이라고도 한다.

晉灼云 本名茅山 吳越春秋云 禹巡天下 登茅山 群臣乃大會計 更名茅山爲會稽 亦曰苗山也

정의 《괄지지》에서 말한다. "회계산은 일명 형산衡山이라고 하고 월주越州 회계현 동남쪽 12리에 있다."

括地志云 會稽山一名衡山 在越州會稽縣東南一十二里也

신주 어찌 상고시대 황하 유역에 있던 하나라가 장강을 넘어 월나라 민족의 지역까지 갔겠는가? 후대에 중국 강역이 확장되고 월나라를 하나라 후손에 갖다 붙이면서 발생한 현상이다. 그리하여 지금의 회계산이 마치 우임금의 회계산인 것처럼 되었다. 수많은 고증과 자료로 보아, 당시 회계산은 옛 춘추시대 송宋나라 강역에 있던 도산塗山일 것이다. 이곳에 오태백吳太伯이 자리 잡았고 그들의 후손이 훗날 우虞나라에 봉해졌다가, 진晉나라 헌공에게 멸망당한다.

⑨ 社首사수

집해 응소가 말했다. "산 이름이고 박현에 있다." 진작이 말했다. "거평의 남쪽 13리에 있다."

應劭曰 山名 在博縣 晉灼曰 在鉅平南十三里

환공이 말했다.

"과인은 북쪽으로 산융山戎①을 정벌하고 고죽국孤竹國②에 다다랐으며, 서쪽으로 대하大夏를 정벌했고 사막을 건너 몹시 험한 길을 지나 비이산卑耳山③에 올랐소. 남쪽을 정벌해 소릉召陵④에 이르러서 웅이산熊耳山⑤에 올라 양자강과 한수漢水를 바라보았소. 병거로 회맹한 것이 세 번이었고⑥ 승거로 회맹한 것이 여섯 번으로,⑦ 아홉 번이나 제후들을 규합하여 한번 천하를 바로잡으니 제후들 중 나를 배반한 자가 없었소. 옛날 하, 은, 주 3대에 천명을 받은 것과 또한 어찌 다르겠소?"

桓公曰 寡人北伐山戎① 過孤竹② 西伐大夏 涉流沙 束馬懸車 上卑耳之山③ 南伐至召陵④ 登熊耳山⑤以望江漢 兵車之會三⑥ 而乘車之會六⑦ 九合諸侯 一匡天下 諸侯莫違我 昔三代受命 亦何以異乎

① 山戎산융

색은 복건이 말했다. "아마 지금의 선비鮮卑가 이들이었을 것이다."

服虔云 蓋今鮮卑是

신주 산융에 대해 중국 학계에서는 상주商周시대 북방에서 활동하던 북방 기마민족이라고 설명하고 있다. 현재 중국은 동북공정을 진행하면서 비파형 동검 같은 고조선 유물이 나오면 산융과 동호의 것이라고 주장하고 있다. 현재 내몽골 적봉시 하가점夏家店문화가 중요하다. 하가점 문화는 먼저 형성된 하층문화下層文化와 그 뒤에 형성된 상층문화上層文化로 분류하는데, 중국에서는 산융을 '하가점夏家店 상층문화유형上層文化類型'으로 분류한다. 하가점 하층문화는 중국학계에서 대략 서기전 20세기~서기전 14세기경으로 비정하는 청동문화다. 하가점 하층문화는 단군 조선의 시기와 겹치는데, 그 문화 분포는 요하 상류 일대를 중심으로 서쪽으로는 몽골고원과 북쪽으로는 내몽골 시라무렌강, 동쪽으로는 요녕성 의무려산醫巫閭山, 남쪽으로는 대릉하 및 소릉하까지 이르며, 또한 연산燕山산맥 일대와 거마하拒馬河 북쪽에서 발해까지 이르고, 요하 및 북경 부근의 영정하까지 이른다. 대략 단군 조선의 강역과 일치한다고 볼 수 있다.

하가점 상층문화는 중국학계에서는 대략 서기전 8세기~서기전 3세기라고 보고 있는데, 하가점 상층문화가 고조선 문화라는 것에 대해서는 많은 고고학자들도 인정하고 있다. 따라서 산융을 '하가점 상층문화유형'으로 분류하는 것은, 오히려 산융이 고조선의 한 부분임을 인정하는 것이다. 사마천은 〈흉노열전〉에 동호에 대해서 삽입했는데, 단재 신채호가 동호는 곧 고조선이라고 갈파한 것처럼 고조선의 한 지류이다. 중국 동북공정에서 고조선의 유적, 유물에 대해서 산융, 동호라고 설명하는 것은 '고조선'이라는 국명을 쓰지 않기 위한 고육책이다.

② 孤竹고죽

정의 《괄지지》에서 말한다. "고죽 옛 성은 평주 노룡현 남쪽 10리에 있고 은나라 때의 고죽국이다."

括地志云 孤竹故城在平州盧龍縣南一十里 殷時孤竹國也

신주 고죽국은 중국 상나라 때 출현하는데 그 왕족은 자성子姓으로 상나라 왕실과 뿌리가 같다. 이른 시기의 왕성은 지금의 당산시唐山市 부근이었는데, 중국 학계는 그 강역에 대해 서쪽으로는 지금의 당산시, 천서현遷西縣 홍성진興城鎭, 북쪽으로는 능원凌源, 조양朝陽, 서요하西遼河에 이르고, 동쪽으로는 호로도葫蘆島, 서남쪽으로는 낙정樂亭, 난남灤南, 조비전曹妃甸 등지까지 이른다고 보았다. 동쪽으로는 발해에 임하고 서쪽 국경은 연燕나라, 남쪽 국경은 제齊나라에 이르렀던 강국이었다. 상나라 수도였던 은허殷墟에서 출토된 갑골문에 '죽후竹侯'라는 기록이 나온다.

고죽국 왕자 백이, 숙제가 주 무왕이 은나라를 정벌하려는 것을 막으려다 실패해서 수양산에 들어가 고사리만 캐어 먹다가 굶어 죽은 일화가 유명하다. 이에 따르면 고죽국은 오히려 산서성이나 태행산맥 남부일 가능성이 더 짙다. 중국학계는 고죽국의 중심지를 현재의 하북성 노룡현으로 보는데, 이곳을 또 기자箕子가 와서 도읍한 곳으로 본다. 그렇다면 기자의 도읍지가 평양으로서, 이곳에 위만이 도읍했고, 이곳에 낙랑군이 설치되었다는 일제 식민사학의 논리가 사실이 아님을 말해준다.

고죽국 제7대 임금이 보정父丁이고, 그 아들 아징亞微과 아징의 둘째 아들 아빙亞憑 등의 국왕명이 전해질 뿐 보정 이전과 아빙 이후의 국왕명은 전해지지 않는다. 고죽국은 서기전 660년 제환공에 의해서 멸망한 것으로 인식되는데, 이는 제환공이 제후들에게 자신의 전공을 설명하는 과정에서 나온 것으로 과장된 것이라는 비판도 있다. 고죽국과 고조선의 관계를 밝히는 것이 한국 고대사 연구의 과제이다.

③ 束馬縣車 卑耳之山속마현거 비이지산

집해 위소가 말했다. "산에 오르려고 말을 묶고 수레를 갈고리에 달아맨 것이다. 비이卑耳는 곧 《국어》 〈제어〉의 '벽이辟耳'를 이른다."

韋昭曰 將上山 纏束其馬 懸鉤其車也 卑耳即齊語所謂辟耳

색은 살펴보니 산 이름이고 하동군의 대양大陽에 있다. 비卑는 글자대로 '비'로 읽는다. 〈제어〉는 곧 《춘추》 외전인 《국어》의 글이다. 辟는 '벽僻'으로 발음한다. 가규는 "산이 험한 것이다."라고 했다.

案 山名 在河東大陽 卑讀如字也 齊語 即春秋外傳國語之書也 辟音僻 賈逵云山險也

신주 속마束馬는 말발굽을 싸서 말이 미끄러지는 것을 방지하는 것이고, 현거懸車는 수레를 단단히 걸어서 떨어지지 않도록 하고 끌어 올리는 것이다. 그만큼 길이 험해서 오르기 힘든 상황을 형용하는 말이다.

④ 召陵소릉

정의 召는 '소邵'로 발음한다. 《괄지지》에서 말한다. "소릉의 옛 성은 예주 교성현 동쪽 45리에 있다."

召音邵 括地志云 召陵故城在豫州郊城縣東四十五里也

⑤ 熊耳山웅이산

색은 웅이산에 올랐다는 것을 살펴보니, 《형주기》에서 "뇌양耒陽과 익양益陽의 두 현 동북쪽에 웅이산이 있고, 동쪽과 서쪽에 각각 하나의 봉우리가 있어 모양이 곰의 귀와 같아 이름으로 삼았고 제환공이 아울러 올랐다."라고 한다. 어떤 이는 홍농군의 웅이라고 하나, 아래에 장강과 한수를 바라보았다고 했으므로 잘못임을 알 수 있다.

登熊耳 案 荊州記耒陽益陽二縣東北有熊耳 東西各一峯 狀如熊耳 因以爲名 齊桓公並登之 或云弘農熊耳 下云 望江漢 知非也

⑥ 兵車之會三 병거지회삼

색은 《좌전》을 살펴보니 세 번이란 노장공 13년 북행北杏에서 회합하여 송나라의 어지러움을 평정하고, 희공 4년 채나라를 침공하고 드디어 초나라를 정벌했으며, 희공 6년 정나라를 정벌하고 신성新城을 포위한 것이 이것이다.

案左傳 三 謂魯莊十三年會北杏 平宋亂 僖四年侵蔡 遂伐楚 六年伐鄭 圍新城 是也

⑦ 乘車之會六 승거지회육

색은 《좌씨전》에 의거하면 장공 14년 견鄄에서 회합했고 15년 또 견에서 회합했고 16년 유幽에서 맹약했으며, 희공 5년 수지首止에서 회합했고 8년 조洮에서 맹약했고 9년 규구葵丘에서 회합했다.

據左氏傳云 謂莊十四年會于鄄 十五年又會鄄 十六年盟于幽 僖五年會于首止 八年盟于洮 九年會葵丘也

신주 《관자》에서는 "병거兵車로 모인 것이 여섯 번, 승거乘車로 모인 것이 세 번이었다.[兵車之會六 乘車之會三]"라고 기록했다. 병거지회兵車之會는 수레를 몰고 쳐들어가 무력으로 제후를 회합시키는 일이고, 승거지회乘車之會는 평화적인 방법으로 제후들과 만나 회합하는 일을 말한다.

이에 관중은 환공을 논리만으로는 다 설득할 수 없다고 보고 이에 사례를 늘어놓으며 말했다.

"옛날의 봉선에서는 학상鄗上의 기장과 북리北里의 벼①로 제물이 풍성했고, 강수와 회수 사이에서 나는 신령스러운 띠풀②로 만든 자리를 깔았으며, 동해에서는 비목어③가 이르고 서해에서는 비익조比翼鳥④가 이르렀습니다. 그러고도 제물祭物 중 요청하지 않았는데 스스로 이른 것이 15가지나 있었습니다. 지금은 봉황이나 기린도 오지 않으며 좋은 곡식도 자라지 못해 쑥이나 명아주나 강아지풀만 무성하고 올빼미만 자주 이르는데, 봉선을 올리고자 함은 불가하지 않겠습니까?"

이에 환공이 그만두었다. 이 해에 진목공秦繆公이 진晉나라 군주 이오夷吾⑤를 들여보냈다. 그 뒤 세 번 진晉나라의 군주를 세워서⑥ 그 어지러움을 바로잡았다. 목공이 즉위한 지 39년에 죽었다.

於是管仲睹桓公不可窮以辭 因設之以事 曰 古之封禪 鄗上之黍 北里之禾① 所以爲盛 江淮之間 一茅三脊② 所以爲藉也 東海致比目之魚③ 西海致比翼之鳥④ 然後物有不召而自至者十有五焉 今鳳皇麒麟不來 嘉穀不生 而蓬蒿藜莠茂 鴟梟數至 而欲封禪 毋乃不可乎 於是桓公乃止 是歲 秦繆公內晉君夷吾⑤ 其後三置晉國之君⑥ 平其亂 繆公立三十九年而卒

① 鄗上之黍北里之禾학상지서북리지화

집해 응소가 말했다. "학상鄗上은 산이다. 鄗은 '학臛'으로 발음한다." 소림이 말했다. "학상과 북리는 모두 땅 이름이다."

應劭曰 鄗上 山也 鄗音臛 蘇林曰 鄗上北里皆地名

색은 위소가 말했다. "얻지 못할 물건을 나열한 것이다. 鄗은 '곽霍'으로 발음한다." 응소가 말했다. "광무제가 고읍高邑을 고쳐 학鄗이라고 했다." 요씨는 "학현鄗縣은 상산常山에 속한다."라고 했는데, 다른 판본에는 학상은 산 이름이라고 하였다.

韋昭云 設以不可得之物 鄗音霍 應劭云 光武改高邑曰鄗 姚氏云 鄗縣屬常山 一云鄗上 山名

② 茅모

집해 맹강이 말했다. "이른바 신령스런 띠풀이다."

孟康曰 所謂靈茅也

③ 比目之魚비목지어

집해 위소가 말했다. "두 마리가 각각 눈 하나가 있어 나란히 붙지 않으면 가지 못하니, 그 이름을 가자미라 한다."

韋昭曰 各有一目 不比不行 其名曰鰈

색은 鰈은 '답荅'으로 발음한다. 곽박이 말했다. "소의 지라와 같이 몸체가 얇으며 가는 비늘에 붉은 흑색이다. 자못 하나의 눈이 양편에서 합하여 갈 수가 있는데 지금 강동江東에서는 부르기를 왕여王餘라고 하고 또한 판어版魚라고 한다."

鰈音荅 郭璞云 如牛脾 身薄 細鱗 紫黑色 只一眼 兩片合乃得行 今江東呼爲王餘 亦曰版魚

④ 比翼之鳥비익지조

집해 위소가 말했다. "두 마리가 각각 날개 하나가 있어 나란히 붙지 않으면 날지 못하니, 그 이름을 비익조라 한다."

韋昭曰 各有一翼 不比不飛 其名曰鶼鶼

색은 살펴보니 《산해경》에서 "숭오산崇吾山에 새가 있는데 모양이 물오리와 같고 하나의 날개와 하나의 눈이 있어 서로를 얻어야 나는데 이름을 만蠻이라고 이른다."라고 했다. 곽박의 《이아》 주석에는 또한 겸겸鶼鶼이라고 했다.

案 山海經云 崇吾之山有鳥 狀如鳧 一翼一目 相得乃飛 名云蠻 郭璞注爾雅 亦作鶼鶼

신주 비익조는 한쪽 눈과 한쪽 날개만 가지고 태어난다고 하는 전설상의 새로 암수 두 마리가 서로 맞대야 날 수 있다고 하여 금실 좋은 연인이나 부부 사이를 표현하기도 한다.

⑤ 夷吾이오

신주 이오는 진晉나라 혜공을 가리킨다. 당시 진晉나라는 헌공의 후궁 여희의 음모로 인해 태자 신생은 자살하고, 공자 중이重耳와 이오夷吾는 망명해야 했다. 얼마 후 헌공이 죽고 여희의 아들 혜제가 즉위했지만 장수 이극에게 살해당하는 등 몹시 혼란했다. 이에 망명해 있던 이오가 진 목공에게 사람을 보내 귀국할 수 있도록 구원을 요청했다. 이에 목공은 백리해百里奚에게 군사를 주어 이오를 돕게 함으로써 진왕에 즉위할 수 있었다. 그러나 목공과의 약속을 지키지 않아서 목공의 노여움을 사 위기가 있었지만 목공의 부인인 누이의 도움으로 권좌를 지키다가 즉위 14년 만에 병으로 사망했다.

⑥ 三置晉國之君삼치진국지군

색은 세 번 진晉나라 군주를 세웠다고 했는데 살펴보니 혜공, 회공, 문공을 이른 것이다.

三置晉君 案 謂惠公懷公文公也

그 후 백여 년이 지나서 공자가 육예六藝①를 논술했는데, 성씨를 바꾸어 왕이 된 자를 대략 말한 것이 전해진다. 태산에서 봉제封祭를 지내고 양보梁父에서 선제禪祭를 지낸 왕들이 70여 명이라 했으면서도 그 제사에 대한 예도②를 밝히지 않은 것은 아마 말하기 어려워 그랬을 것이다. 어떤 이가 체제禘祭의 내용에 대하여 물으니 공자가 말했다.

"알지 못한다. 체제의 내용을 아는 자는 천하에 대하여 그 손바닥을 보는 것과 같을 것이다."③

《시경》에서 주紂가 왕위에 있을 때 문왕文王은 천명을 받아 정사를 하면서도 태산에 이르지 않았다고 했다. 또 무왕은 은나라를 이긴 지 2년 무렵 천하가 편안해지기 전에 붕어했다. 이리하여 주나라의 덕치가 성왕成王 때에 두루 미치게 되었고, 성왕의 봉선으로 곧 (천신과 지신을) 가까이 했던 것이다. 그 뒤 가까운 신하들이 정사를 잡고 노나라의 계씨季氏가 태산에서 여제旅祭④를 지내자, 공자가 이를 꾸짖었다.

其後百有餘年 而孔子論述六蓺① 傳略言易姓而王 封泰山禪乎梁父者七十餘王矣 其俎豆之禮②不章 蓋難言之 或問禘之說 孔子曰 不知 知

禘之說 其於天下也視其掌[③] 詩云紂在位 文王受命 政不及泰山 武王克殷二年 天下未寧而崩 爰周德之洽維成王 成王之封禪則近之矣 及後陪臣執政 季氏旅[④]於泰山 仲尼譏之

① 六藝육예

신주 육예는 예禮, 악樂, 사射, 어御, 서書, 수數를 가리킨다. 공자는 육예를 강조하여 제자들을 가르쳤는데, 이를 통달한 제자가 72인이나 되었다고 한다.

② 俎豆之禮조두지례

신주 조두俎豆는 중국 고대에 제사를 올릴 때 제물을 담는 제기를 말한다. 그래서 제사를 뜻하고 아울러 숭앙한다는 의미로도 쓰인다.

③ 孔子曰～其於天下也視其掌공자왈～기어천하야시기장

집해 공안국은 "노나라를 위해 숨겼다."라고 했다. 포씨는 "공자께서 이르시기를, 체제禘祭의 내용을 안다고 말하는 자가 있다면 그에게 천하의 일은 손바닥 안의 물건을 가리켜 보이는 것과 같을 것이라고 하였는데, 이는 쉽다는 말이다."라고 했다.

孔安國曰 爲魯諱也 包氏曰 孔子謂或人言知禘之說者 於天下之事如指視以掌中之物 言其易了

신주 체제는 천자가 선조에게 지내는 제사로 주나라에서 지내던 제사이다. 그러나 어떤 이가 공자에게 체제에 대하여 물은 것으로 보아 주공의 봉지인 제후국 노나라에서도 지낸 것으로 추정된다. 이 문장은 《논어》

〈팔일〉에 나온다.

④ 旅려

집해 마융이 말했다. "여旅는 제사 이름이다. 《예기》에 따르면, 제후가 산천에 지내는 제사는 봉해진 나라 안에서만 하게 되어 있으니, 제후인 신하가 태산에 제사를 지내는 것은 예가 아니다."
馬融曰 旅 祭名 禮 諸侯祭山川在封內者 陪臣祭泰山 非禮也

이때 장홍萇弘이 술법으로 주나라 영왕靈王①을 섬겼는데 제후들이 주나라에 조회를 오지 않았으니 주나라의 힘이 미약했기 때문이다. 장홍이 이에 귀신의 일을 밝히고 이수貍首②를 설치하여 활을 쏘았다. 이수貍首란 오지 않은 제후들을 의미하니 괴이한 사물에 의탁하여 제후들을 이르도록 한 것이다. 그러나 제후들이 따르지 않자 진晉나라 사람이 장홍③을 잡아 죽였다. 주나라 사람들이 방술이나 괴이한 것을 말함은 장홍으로부터 시작되었다.
그 후 백여 년이 지나 진秦나라 영공靈公이 오양吳陽에 상치上畤④를 세워서 황제에게 제사 지내고,⑤ 하치下畤를 세워서 염제炎帝에게 제사 지냈다.
是時萇弘以方事周靈王① 諸侯莫朝周 周力少 萇弘乃明鬼神事 設射貍首② 貍首者 諸侯之不來者 依物怪欲以致諸侯 諸侯不從 而晉人執殺萇弘③ 周人之言方怪者自萇弘 其後百餘年 秦靈公作吳陽上畤④ 祭黃帝⑤ 作下畤 祭炎帝

① 靈王영왕

신주 주나라 영왕周靈王(재위 서기전 571~545)은, 이름은 설심泄心이며 간왕簡王의 아들로 동주東周의 11대 임금이다.《열산전》에서 영왕의 장자인 태자 진晉이 천성이 총명하고 생황을 잘 불었는데, 불행히 일찍 죽었다고 한다. 주나라 영왕 21년(서기전 551) 공자가 노魯에서 태어났다.

② 貍首이수

집해 서광이 말했다. "이貍는 일명 '불래不來'이다."

徐廣曰 貍 一名不來

③ 萇弘장홍

집해 《황람》에서 말한다. "장홍의 무덤은 하남 낙양 동북쪽 산 위에 있다."

皇覽曰 萇弘冢在河南洛陽東北山上

④ 吳陽上畤오양상치

색은 오양吳陽은 땅 이름이고 대체로 악岳의 남쪽에 있다. 또 위 문장에서 "옹 땅 옆에 옛 오양의 무치武畤가 있다."라고 이른 것은, 지금 아마 무치武畤를 따라 또 상치上畤와 하치下畤를 지어 황제와 염제에게 제사 지냈을 것이다.

吳陽 地名 蓋在岳之南 又上云 雍旁有故吳陽武畤 今蓋因武畤 又作上下畤 以祭黃帝炎帝

신주 고대 제왕이 천신과 상제에게 제사 지내는 장소를 뜻한다. 황제 헌원이 오양吳陽 무치武畤를 건립했다고 한다.《주관》에서 '교외에 치畤를 세워 상제에게 제사 지낸다. 태산의 아래, 소산의 위에, 중원中園 언덕 위를 택해 세운다.'라고 말하고 있다.

⑤ 祭黃帝제황제

집해 서광이 말했다. "무릇 밀치密畤를 지은 것과는 시간적 차이가 250년이 난다."

徐廣曰 凡距作密畤二百五十年

48년 뒤에 주나라 태사 담儋①이 진나라 헌공을 만나 말했다.
"진나라는 처음에 주나라와 더불어 합했다가 갈라졌는데, 500년이면 마땅히 다시 합할 것이며② 합한 지 17년에 패왕이 나올 것입니다."③
역양櫟陽에서 황금비가 내렸다. 이에 진헌공은 스스로 금의 상서로움을 얻었다고 여겼다. 그러므로 역양에 휴치畦畤를 지어서 백제白帝에게 제사 지냈다.④ 그 후 120년이 지나 진나라가 주나라를 멸하자⑤ 주나라의 9개 정(구정九鼎)⑥이 진秦나라로 들어갔다. 어떤 이는 송나라의 태구사太丘社가 없어질 때⑦ 구정이 팽성의 아래 사수 속으로 가라앉았다고 했다.
後四十八年 周太史儋①見秦獻公曰 秦始與周合 合而離 五百歲當復合② 合十七年而霸王出焉③ 櫟陽雨金 秦獻公自以爲得金瑞 故作畦畤櫟陽而祀白帝④ 其後百二十歲而秦滅周⑤ 周之九鼎⑥入于秦 或曰宋太丘社亡⑦ 而鼎沒于泗水彭城下

① 周太史儋주태사담

색은 儋은 '잠[丁甘反]'으로 발음한다. 맹강은 곧 노자老子라고 했다. 위소가 연표를 살펴보고 "담儋은 공자의 백여 년 뒤에 있었으니 노담老聃이 아니다."라고 했다.

音丁甘反 孟康云 即老子也 韋昭案年表 儋在孔子後百餘年 非老聃也

② 五百歲當復合오백세당부합

색은 살펴보니 대안大顔이 제가諸家를 다 논평해서 이르기를 "주평왕이 진양공을 봉해 제후로 삼고 소왕昭王 52년에 이르러 서주의 군왕이 읍을 바치기까지 총 516년이 되니, 또한 전체의 수를 거론한 것이다."라고 했다.

案 大顔歷評諸家而云 周平王封襄公爲諸侯 至昭王五十二年西周君獻邑 凡五百一十六年爲合 亦擧全數

③ 合十七年而霸王出焉합십칠년이패왕출언

색은 합하여 17년에 패왕이 나온다는 것은, 진소왕이 주나라를 멸한 뒤로부터 진시황 원년 노애를 처단하기까지가 바로 17년이다. 맹강이 말했다. "주나라가 진나라를 봉해 갈라지고 진나라가 주나라를 아울러 합한 것을 이른다. 이것은 진양공이 패자가 되고 시황이 왕이 된 것이다."

合十七年伯王出 自昭王滅周之後至始皇元年誅嫪毐 正一十七年 孟康云 謂周封秦爲別 秦并周爲合 此襄公爲霸 始皇爲王也

정의 王은 '앙[于放反]'으로 발음한다. 진과 주는 함께 황제의 후손이며 비자非子가 말년에 따로 봉해지기에 이르렀는데, 이에 합했다. 합해졌다 갈라진 것은, 비자의 말년에 주나라가 비자를 봉해 부용으로 삼아 진秦의

읍이 되어 갈라졌다. 500년에 마땅히 다시 합한다는 것은, 비자가 진秦에 도읍한 뒤 29명의 군주를 거쳐 진효공 2년에 500년에 이르며, 주현왕周顯王이 문왕과 무왕에게 제사를 지내고 진효공秦孝公에게 제사 고기를 보내 다시 더불어 친해졌는데, 이것이 다시 합친 것이다. 17년에 패왕霸王이 나온다는 것은, 진효공 3년부터 19년에 이른 것으로 주현왕周顯王이 진효공에게 백伯에 이르게 했는데, 이것이 패왕이 나온다는 것이다.

진혜왕秦惠王이 왕을 칭함에 이르러 왕자王者가 나온 것이다. 그리하여 500년이라는 것은 비자非子가 진후秦侯 이하 28명의 군주를 낳고 효공 2년까지 이르면 합해서 486년이니, 비자非子가 진에 도읍한 후 14년까지 합하면 곧 500년이다. 여러 사람의 해설이 모두 잘못이다.

王 于放反 秦周俱黃帝之後 至非子末別封 是合也 合而離者 謂非子末年 周封非子爲附庸 邑之秦 是離也 五百歲當復合者 謂從非子邑秦後二十九君 至秦孝公二年五百歲 周顯王致文武胙於秦孝公 復與之親 是復合也 十七年霸王出焉者 謂從秦孝公三年至十九年 周顯王致伯於秦孝公 是霸出也 至惠王稱王 王者出焉 然五百歲者 非子生秦侯已下二十八君 至孝公二年 合四百八十六年 兼非子邑秦之後十四年 則五百歲矣 諸家解皆非也

신주 비자非子(?~서기전 858)는 진비자秦非子를 뜻한다. 영성嬴姓에 진씨秦氏이며 주나라 때 진국의 처음 군주가 되었다.

④ 畦時櫟陽而祀白帝휴치역양이사백제

집해 진작이 말했다. "휴치는《한서》주석에 농서군 서현 인선사人先祠의 산 아래에 있고 형체는 부추를 심은 밭두둑과 같은데, 휴는 각각 하나의 토봉土封이다."

晉灼曰 漢注在隴西西縣人先祠山下 形如種韭畦 畦各一土封

색은 《한구의》에서 말한다. "제사는 농서군 서현 인선산人先山의 인선사에서 하는데, 산 위에는 모두 흙으로 만든 사람이 있고 산 아래에는 치畤가 있으며, 담장은 나물밭 두둑과 같고 치畤 안에는 각각 하나의 토봉土封이 있다. 그러므로 치畤라고 이른다." 《삼창》에서 "치畤는 담장이나 밭두둑이다."라고 했다.

漢舊儀云 祭人先於隴西西縣人先山 山上皆有土人 山下有畤 埒如菜畦 畤中各有一土封 故云畤 三蒼云 畤 埒也

⑤ 其後百二十歲而秦滅周기후백이십세이진멸주

집해 서광이 말했다. "태사 담이 말했을 때로부터 120년이 지난 것이다."

徐廣曰 去太史儋言時百二十年

⑥ 九鼎구정

신주 하나라 우왕이 구주에서 조공으로 받은 쇠를 녹여서 만든 솥으로 하夏에서 은殷으로, 은나라에서 주周나라로 전해졌다고 한다.

⑦ 宋太丘社亡송태구사망

집해 《이아》에서 말한다. "오른쪽 언덕이 태구太丘이다."

爾雅曰 右陵太丘

색은 응소가 말했다. "망亡은 빠져서 땅 속으로 들어가는 것이다." 살펴보니 망亡은 땅의 주인이 망한 것이다. 《이아》에서 오른쪽 언덕을 태구라고 하는데, 곽박은 송宋나라에 태구가 있다고 했다.

應劭云 亡 淪入地也 案 亡 社主亡也 爾雅云 右陵太丘 郭璞云 宋有太丘

그 후 115년이 지나 진나라가 천하를 병탄했다.① 진시황이 이미 천하를 병탄하고 황제가 되자 어떤 사람이 말했다.

"황제는 토덕을 얻어 황룡黃龍 땅에 지렁이가 나타났습니다.② 하나라는 목덕木德을 얻어 청룡이 성 밖에 머물렀고 풀과 나무가 무성했습니다. 은나라는 금덕을 얻어 은이 저절로 산에서 넘쳐났습니다.③ 주나라는 화덕火德을 얻어 붉은 까마귀의 조짐이 있었습니다.④ 지금 진나라는 주나라를 바꿨으니 수덕의 시대입니다. 예전에 진나라 문공文公이 사냥을 나가서 흑룡을 얻었는데 이것이 그 수덕의 징조입니다."

이에 진나라에서는 하수를 고쳐 덕수德水라고 명명하고 겨울 10월을 한 해의 시작으로 삼았다. 색은 흑색을 높이고 척도는 수水를 끝마치는 숫자 6을 단위로 했다.⑤ 음률은 대려大呂를 숭상하고 정사는 하나로 통괄해서 법치를 숭상했다.⑥

其後百一十五年而秦并天下① 秦始皇既并天下而帝 或曰 黃帝得土德 黃龍地螾見② 夏得木德 青龍止於郊 草木暢茂 殷得金德 銀自山溢③ 周得火德 有赤烏之符④ 今秦變周 水德之時 昔秦文公出獵 獲黑龍 此其水德之瑞 於是秦更命河曰德水 以冬十月爲年首 色上黑 度以六爲名⑤ 音上大呂 事統上法⑥

① 秦并天下진병천하

신주 이때가 서기전 221년이다.

② 黃龍地螾見황룡지인현

집해 응소가 말했다. "인螾은 언덕의 지렁이다. 황제는 토덕土德이다. 그러므로 땅에서 지렁이 신神이 나타났다. 지렁이가 큰 것은 5~6아름이고 길이는 10여 장丈이다." 위소가 말했다. "황黃은 땅의 색이고 지렁이 또한 땅의 생물이므로 상서롭게 여겼다."

應劭曰 螾 丘蚓也 黃帝土德 故地見其神 蚓大五六圍 長十餘丈 韋昭曰 黃者地色 螾亦地物 故以爲瑞

색은 《여씨춘추》에서 나왔다. 螾은 '인引'으로 발음한다.

出呂氏春秋 音引

③ 銀自山溢은자산일

집해 소림이 말했다. "흘러나오는 것이다."

蘇林曰 流出也

④ 有赤烏之符유적오지부

색은 《중후》와 《여씨춘추》에서 모두 이르기를 "화火가 하늘로부터 왕옥王屋에 머물러 있다가 흘러내리니 붉은 까마귀가 되었고 다섯 마리가 이르렀는데, 곡식을 함께 가지고 왔다."라고 했다.

中候及呂氏春秋皆云 有火自天止于王屋 流爲赤烏 五至 以穀俱來

⑤ 度以六爲名도이육위명

집해 장안이 말했다. "수水는 북방이고 흑黑이다. 수水는 수數가 6에서 끝마치므로 사방 6촌으로 부符를 만들고 6척으로 보步를 삼았다."

張晏云 水 北方 黑 水終數六 故以方六寸爲符 六尺爲步

신주 오행설에 따르면 1과 6은 북방이자 수水로 흑색黑色이고, 2와 7은 남방이자 화火로 적색赤色이고, 3과 8은 동방이자 목木으로 청색靑色이고, 4와 9는 서방이자 금金으로 백색白色이고, 5와 10은 중앙이자 토土로 황색黃色이다. 주나라는 화덕이므로 진나라는 물이 불을 이기는 수극화水克火의 원리에 따라 수덕水德으로 하고 흑색을 숭상하며 숫자 역시 6을 따라 인부印符도 모두 여섯 자가 되게 한 것이다. 수水는 1에서 생겨 6에서 완성되므로, 6을 수水의 마침 수라는 뜻에서 수종수육水終數六이라고 한 것이다.

⑥ 事統上法사통상법

집해 복건이 말했다. "정사에서는 법령을 숭상한다." 신찬이 말했다. "수水는 음陰인데 음은 형벌과 살육을 주관한다. 그러므로 법을 숭상한다."
服虔曰 政尚法令也 瓚曰 水陰 陰主刑殺 故尚法

시황 즉위 3년에 동쪽 군현을 순수하고 추역산騶嶧山[①]에서 제사 지내며 진나라 공업을 칭송했다. 이에 제나라와 노나라의 유생 중에서 박사 70명을 징발해 태산 아래에 이르게 했다. 여러 유생 중 어떤 자가 의논해 말했다.

"옛날에 봉선하러 갈 때는 포거蒲車[②]를 만들어서 산의 토석이나 초목이 손상되는 것을 기피했습니다. 또 땅을 청소하고 제사를 지내면서 풀로 자리를 만들어 사용했다 하니,[③] 이를 따르기가 쉽다는 말입니다."

시황제는 이들의 의논을 듣고 각각 괴리가 있어 시행하기 어렵다고 여기고 이로 말미암아 유생들을 내쫓아버렸다.

即帝位三年 東巡郡縣 祠騶嶧山① 頌秦功業 於是徵從齊魯之儒生博士七十人 至乎泰山下 諸儒生或議曰 古者封禪爲蒲車② 惡傷山之土石草木 埽地而祭 席用葅稭③ 言其易遵也 始皇聞此議各乖異 難施用 由此絀儒生

① 騶驛山 추역산

[색은] 추현의 역산이다. 추현은 본래 주邾나라였는데 노목공魯穆公이 추로 고쳤다. 《종정기》에서 북쪽 바위에 진시황이 문자를 새긴 곳이 있다고 했다.

騶縣之嶧山 騶縣本邾國 魯穆公改作鄒 從征記 北巖有秦始皇所勒銘

② 蒲車 포거

[색은] 부들로 수레바퀴를 감싸 초목이 상하는 것을 싫어함을 이른다.

謂蒲裹車輪 惡傷草木

③ 席用葅稭 석용저갈

[집해] 응소가 말했다. "알稭은 볏짚이다. 그 껍질은 버리고 자리를 만든다." 여순이 말했다. "葅는 '조租'로 읽고 稭은 '알戛'로 읽는다." 진작이 말했다. "조葅는 깔개이다."

應劭曰 稭 禾稾也 去其皮以爲席 如淳曰 葅讀曰租 稭讀曰戛 晉灼曰 葅 藉也

[색은] 위는 '조租' 아래는 '알戛'로 발음한다. 《주례》에서 "제사에 띠로 만든 깔개를 장만한다."라고 했다. 《설문》에서 "조葅는 띠로 만든 깔개이

다. 알稭은 볏짚의 껍질을 제거한 것으로 이것을 하늘에 제사 지낼 때 쓴다."라고 했다.

上音租 下音戛 周禮 祭祀供茅葅 說文云 葅 茅藉也 稭 禾稾去其皮 祭天以此

그리고 마침내 수레가 다니는 길을 닦아 열고 위로 태산 남쪽에서 올라 꼭대기에 이르렀다. 이에 비석을 세워 진시황제의 덕을 칭송하고 그것을 밝혀 봉제를 올렸다. 그리고 북쪽 길을 따라 내려와 양보에서 선제를 올렸다. 그 예도禮度는 자못 태축太祝[①]이 옹雍 땅에서 상제에게 제사 지내는 방식을 사용했다. 그러나 봉선한 사실은 감추고 모두 비밀로 해서 세간에서는 기록할 수 없었다.

시황제가 태산에 오를 때, 중간쯤의 기슭에서 폭풍우를 만나 큰 나무 아래에서 쉬었다. 여러 유생은 이미 쫓겨나서 봉선의 예에 참여하지 못했지만, 시황제가 바람과 비를 만났다는 소문을 듣고는 곧 비웃었다.

而遂除車道 上自泰山陽至巓 立石頌秦始皇帝德 明其得封也 從陰道下 禪於梁父 其禮頗采太祝[①]之祀雍上帝所用 而封藏皆祕之 世不得而記也 始皇之上泰山 中阪遇暴風雨 休於大樹下 諸儒生既絀 不得與用於封事之禮 聞始皇遇風雨 則譏之

① 太祝태축

신주 고대 중국의 관명으로 6경六卿 중의 하나였다. 그러나 진한대秦漢

代로 내려오면서 제향과 시호에 관한 일을 맡아보던 태상太常에 속한 관리로 그 지위가 격하되었다. 권한도 축소되어 제사를 관리하는 관원들을 관장하는 일을 담당했다.

이에 시황은 드디어 동쪽 바닷가를 유람하고 명산대천과 팔신八神에게 예로써 제사를 지내고, 선문羨門 등의 신선들에게 복을 구했다. 팔신은 옛날부터 이야기되어 왔는데, 어떤 사람은 태공太公 이래로 나왔다고 하였다. 제齊나라가 제齊라고 불린 것은 하늘에서 그 분야가 가운데①에 해당하기 때문이다. 그 (팔신의) 제사가 단절되어서 시작된 때는 알지 못한다.
팔신 중 첫 번째 신은 천주天主②인데 천제天齊에서 제사 지낸다. 천제의 연못③은 임치의 남쪽 교외 산 아래④에 있다. 두 번째 신은 지주地主인데 태산과 양보에서 제사 지낸다. 대개 하늘은 음陰을 좋아해서 높은 산 아래나 낮은 산 위에서 제사를 지내므로 이를 '치畤'⑤라고 명명命名한다. 땅은 양陽을 귀하게 여기므로 반드시 연못 안 둥근 언덕에서 제사 지낸다고 한다.
於是始皇遂東遊海上 行禮祠名山大川及八神 求僊人羨門之屬 八神將自古而有之 或曰太公以來作之 齊所以爲齊 以天齊①也 其祀絕莫知起時 八神 一曰天主② 祠天齊 天齊淵③水 居臨菑南郊山下④者 二曰地主 祠泰山梁父 蓋天好陰 祠之必於高山之下 小山之上 命曰時⑤ 地貴陽 祭之必於澤中圜丘云

① 天齊천제

집해 소림이 말했다. "하늘의 가운데에 해당한다."

蘇林曰 當天中央齊

② 天主천주

색은 하늘에 지내는 제사를 주관함을 이른다.

謂主祠天

③ 天齊淵천제연

색은 고씨가 살펴보니 해도표의 《제기》에서 "임치성 남쪽에 천제천이 있다. 5개의 샘이 함께 나와 보통과는 다른 것이 있었는데, 하늘의 배꼽과 같았음을 말한 것이다."라고 했다.

顧氏案 解道彪齊記云 臨菑城南有天齊泉 五泉並出 有異於常 言如天之腹齊也

④ 山下者산하자

색은 아래의 아래라는 것이다. 안사고는, 하하下下는 가장 낮은 것을 이른다고 했다.

下下者 小顏云 下下謂最下也

⑤ 畤치

집해 서광이 말했다. "일설一說에는 아래의 제사터를 '치'라고 명명했다고 한다."

徐廣曰 一云之下(上)畤命曰畤

색은 이 일설의 내용은 《한서》 〈교사지〉 문장과 동일하다.

此之一云 與漢書郊祀志文同也

세 번째 신은 병주兵主인데 치우蚩尤에게 제사 지낸다. 치우의 무덤은 동평륙東平陸 감향監鄕①으로 제나라의 서쪽 국경에 위치하고 있다. 네 번째 신은 음주陰主인데 삼산三山②에서 제사 지낸다. 다섯 번째 신은 양주陽主인데 지부산之罘山③에서 제사 지낸다. 여섯 번째 신은 월주月主인데 내산萊山④에서 제사 지낸다. 모두 제나라의 북쪽에 있어서 발해勃海에 연접해 있다.
일곱 번째 신은 일주日主인데 성산成山에서 제사 지낸다. 성산은 돌출해서 바다로 들어가 있다.⑤ 제나라의 가장 동북쪽 모퉁이에 있어 일출을 맞이한다고 한다. 여덟 번째 신은 사시주四時主인데 낭야琅邪⑥에서 제사 지낸다. 낭야는 제나라의 동쪽에 있어 대개 한 해가 시작되는 곳이다. 모두 각각 일뢰(소, 양, 돼지)의 희생을 갖추어 제사를 지내고 무축巫祝⑦은 서옥과 폐백이 서로 같지 않도록 보태거나 덜어냈다.
三曰兵主 祠蚩尤 蚩尤在東平陸監鄕① 齊之西境也 四曰陰主 祠三山② 五曰陽主 祠之罘③ 六曰月主 祠之萊山④ 皆在齊北 並勃海 七曰日主 祠成山 成山斗入海⑤ 最居齊東北隅 以迎日出云 八曰四時主 祠琅邪 琅邪⑥在齊東方 蓋歲之所始 皆各用一牢具祠 而巫祝⑦所損益 珪幣雜異焉

① 東平陸監鄉동평륙감향

집해 서광이 말했다. "동평군에 속한다."

徐廣曰 屬東平郡

색은 監은 '감闞'으로 발음한다. 위소는 현 이름이고 동평군에 속한다고 했다. 《황람》에서 치우의 무덤은 동평군 수장현 감향성 안에 있다고 한다.

監音闞 韋昭云 縣名 屬東平 皇覽云 蚩尤冢在東平郡壽張縣闞鄉城中

신주 중국에 치우총은 여러 군데 있다. 집해에서 말하는 동평군은 산동성 동평현을 뜻하는데, 산동성 문상현汶上縣 남왕진南旺鎭에도 치우총이 있고, 산동성 양곡현陽谷縣 원진園鎭에도 있고, 산동성 양산현梁山縣 동남쪽 개하향開河鄉에도 있다. 《황람》에서 "치우총은 동평군 수장현 감향성 안에 있고, 높이가 7척으로 늘 10월에 제사 지내는데, 분홍색[絳]과 같은 붉은 기운이 나와 민간에서는 이를 치우기라고 이름 붙였다."라고 말하고 있다. 또 치우의 어깨와 넓적다리를 묻은 견비총肩髀冢도 있는데 산동성 거야현 동북쪽 9리에 있다고 한다. 이처럼 치우총이 사방에 산재하고 견비총까지 있으며, 군신軍神이나 병주兵主로 추앙받고 있다는 것은 치우를 사나운 자로 그리고 있는 〈오제본기〉와는 사뭇 다르다. 이는 하화족의 원조로 여기는 황제와 다툰 까닭에 후대가 일부러 폄하했다는 느낌이다.

② 三山삼산

색은 소안(안사고)은 아래에 이른바 삼신산三神山이라고 했다. 고씨가 살펴보니 《한서》 〈지리지〉에서 동래군 곡성현에 삼산參山이 있는데 곧 이 산이 삼산三山이고, 바다 속의 삼신산은 아니라고 했다.

小顔以爲下所謂三神山 顧氏案 地理志東萊曲成有參山 即此三山也 非海中三神山也

③ 之罘지부

정의 《괄지지》에서 말한다. "지부산은 내주 문등현 서북쪽 90리에 있다."
括地志云 之罘山在萊州文登縣西北九十里

④ 萊山내산

집해 위소가 말했다. "동래 장광현에 있다."
韋昭曰 在東萊長廣縣

⑤ 成山斗入海성산두입해

집해 위소가 말했다. "성산은 동래군 불야현에 있는데, 산자락이 돌출해서 바다로 들어가 있다. 불야는 옛 현 이름이다."
韋昭曰 成山在東萊不夜 斗入海 不夜 古縣名

색은 불야는 현 이름이고 동래에 속한다. 살펴보니 해도표의 《제기》에서 "불야성은 아마 옛날에 해가 밤에 나와 강역에 출현했을 것이다. 그러므로 내萊나라의 제후가 성을 세워서 불야로 이름 지었다."라고 한다. 두입해斗入海는 돌출해서 바다로 들어간 것을 이른다.
不夜 縣名 屬東萊 案 解道彪齊記云 不夜城蓋古有日夜出見於境 故萊子立城以不夜爲名 斗入海 謂斗絕曲入海也

⑥ 琅邪낭야

색은 살펴보니 《산해경》에서 "낭야대가 발해 사이에 있다."라고 한다.

살펴보니 이 산은 대臺와 같이 생겼다. 〈지리지〉에서는 낭야현에 사시사四時祠가 있다고 한다.

案 山海經云 琅邪臺在勃海間 案 是山如臺 地理志琅邪縣有四時祠也

⑦ 巫祝무축

신주 신神에게 제사를 지낼 때, 그 제례를 관장하는 사람의 관명이다.

제나라 위왕威王과 선왕宣王① 때부터 추연騶衍의 무리②가 '종시오덕終始五德의 운행'③을 논해서 저술했다. 진秦나라의 시황제 시대가 되어 제나라 사람이 이 이론을 아뢰자 시황이 이를 채용했다. 송무기,④ 정백교,⑤ 충상,⑥ 선문,⑦ 고최후高最後는 모두 연나라 사람이다.⑧ 그들은 선도를 방술로 삼고⑨ 형체가 해체되어 사라지고 변화하는⑩ 귀신의 일에 의지했다. 추연은 '음양주운陰陽主運'⑪의 이론으로 제후들에게 명성이 알려졌다. 그래서 연나라와 제나라의 바닷가 방사들이 그의 이론을 전했으나 통달하지는 못했다. 그리하여 괴이하고 바르지 못하며, 아첨하고 구차하게 영합하는 무리들이 이로부터 일어나니 그 수를 이루 다 헤아릴 수 없었다.

自齊威宣①之時 騶子之徒②論著終始五德之運③ 及秦帝而齊人奏之 故始皇采用之 而宋毋忌④正伯僑⑤充尚⑥羨門⑦ 高最後皆燕人⑧ 爲方僊道⑨ 形解銷化⑩ 依於鬼神之事 騶衍以陰陽主運⑪顯於諸侯 而燕齊海上之方士傳其術不能通 然則怪迂阿諛苟合之徒自此興 不可勝數也

① 齊威宣제위선

색은 위왕과 선왕이다.

威王 宣王也

② 騶子之徒추자지도

집해 위소가 말했다. "추자는 이름이 연衍이다."

韋昭曰 名衍

③ 終始五德之運종시오덕지운

집해 여순이 말했다. "지금 추연의 서적은《오덕종시》가 있다. 오덕은 각각 이기는 바가 있어 운행한다. 진秦나라는 주나라가 화덕火德이 된다고 이르고 화火를 없애는 것이 수水이므로 스스로 수덕이라고 일렀다."

如淳曰 今其書有五德終始 五德各以所勝爲行 秦謂周爲火德 滅火者水 故自謂水德

④ 宋毋忌송무기

색은 살펴보니 악산이《노자계경》을 인용해 이르기를 "달 속의 선인 송무기"라고 했다.《백택도》에서 "불의 정령을 송무기라고 한다."라고 했는데, 아마 그 사람은 화선火仙일 것이다.

案 樂產引老子戒經云 月中仙人宋無忌 白澤圖云 火之精曰宋無忌 蓋其人火仙也

⑤ 正伯僑정백교

색은 악산이 살펴보니 사마상여는 "정백교는 옛날 선인이다."라고 했다.

고씨가 살펴보니 배수의《기주기》에서 "구산緱山의 선인묘에는 옛날 왕교王喬가 있었는데 건위군 무양武陽 사람이며 백인柏人의 현령이 되었고 여기에서 신선을 얻었다. 왕자교王子喬는 아니다."라고 한다.

欒產案 馬相如云 正伯僑 古仙人 顧氏案 裴秀冀州記云 緱山仙人廟者 昔有王喬 犍爲武陽人 爲柏人令 於此得仙 非王子喬也

⑥ 充尙충상

색은 별도로 나타나지 않는다.

無別所見

⑦ 羨門高선문고

색은 살펴보니 진시황이 선문자고를 구했다는 것이 이것이다.

案 秦始皇求羨門子高是也

신주 옛 기록에서 선문자고羨門子高라는 인물을 찾아보면 '선문', '선문자'로 기록되어 있을 뿐 '선문고'로 기록한 경우를 찾기가 어렵다. 다만 선문羨門과 고서高誓가 〈진시황본기〉에 기록되어 있어 선문羨門과 고서高誓가 각각 독립된 인물임을 유추할 수 있다.

⑧ 最後皆燕人최후개연인

색은 살펴보니 최후最後는 오랜 뒤를 말한 것 같다. 복건이 네 사람에서 그친다고 말한 것이 이것이다. 안사고는 송무기宋無忌로부터 최후까지 총 5인에 이른다고 했고 유백장도 또한 동일한데, 이 설은 잘못이다.

案 最後猶言甚後也 服虔說止有四人 是也 小顏云自宋無忌至最後凡五人 劉伯莊亦同 此說非也

신주 선문고최후羨門高最後에 대한 의견이 분분하다. 색은 에서는 안사고와 유백장이 5인으로 본 것에 대하여 잘못된 설로 받아들였다. 그러나 문장의 흐름으로 보면 5인을 거론한 것으로 보인다. 〈진시황본기〉에도 "32년, 시황이 갈석산으로 가서 연나라 사람 노생으로 하여금 선문과 고서를 찾게 했다.[三十二年 始皇之碣石 使燕人盧生求羨門高誓]"라고 한 기록이 있다. 선문고최후는 선문과 고최후, 2인으로 보아야 하고 '고최후'는 고서高誓일 개연성이 매우 높다.

⑨ 爲方僊道위방선도

집해 위소가 말했다. "모두 옛 사람의 이름을 사모하고 신선이 되기를 힘쓰는 자들이다."

韋昭曰 皆慕古人名效神仙者

⑩ 形解銷化형해소화

집해 복건이 말했다. "시체가 해체되는 것이다." 장안이 말했다. "사람이 늙으면 흩어져 떠나므로 뼈가 변화하는 것과 같다. 지금 산속에는 용골龍骨이 있는데 세상 사람들이 용이 해체되고 뼈가 변하여 떠났다고 말한다."

服虔曰 尸解也 張晏曰 人老而解去 故骨如變化也 今山中有龍骨 世人謂之龍解骨化去也

⑪ 陰陽主運음양주운

집해 여순이 말했다. "지금 그의 책에 〈주운〉이 있다. 오행이 서로 차례로 돌며 작용해 방면을 따라 쓰인다."

如淳曰 今其書有主運 五行相次轉用事 隨方面爲服

색은 살펴보니 〈주운〉은 추연 책의 편 이름이다.

案 主運是鄒子書篇名也

제나라 위왕, 선왕과 연나라 소왕昭王[①]부터 사람을 시켜 바다로 들어가 봉래산, 방장산, 영주산을 찾도록 했다. 이 삼신산三神山은 전해오는 말로[②] 발해勃海 가운데 있는데 사람과의 거리가 멀지 않으나 사람들이 이르는 것을 염려하여 배에 바람을 불어 떠나게 했다고 한다.

대개 일찍이 그곳에 이른 자가 있었는데 선인들과 장생불사의 약들이 모두 거기 있었다. 그곳의 사물이나 짐승들은 모두 흰색이고 황금과 은으로 궁궐을 만들었다. 도착하지 않았을 때 바라보면 구름과 같지만 도착해서 보면 삼신산이 도리어 물 아래 있다. 도달하려고 하면 번번이 바람이 불어서 떠나게 하니, 끝내 도달하지 못했다고 한다. 그래서 세상의 군주들은 그곳을 달갑고 부럽게 여기지[③] 않는 자가 없었다.

自威宣燕昭[①] 使人入海 求蓬萊方丈瀛洲 此三神山者 其傅[②]在勃海中 去人不遠 患且至 則船風引而去 蓋嘗有至者 諸僊人及不死之藥皆在焉 其物禽獸盡白 而黃金銀爲宮闕 未至 望之如雲 及到 三神山反居水下 臨之 風輒引去 終莫能至云 世主莫不甘心[③]焉

① 昭王소왕

신주 소왕(재위 서기전 311~서기전 279)은 거의 망국에 이른 연나라를 중흥시킨 군주이다. 당시 현자인 곽외郭隗의 도움을 받아 인재를 구하는 데 힘씀으로써 위魏나라의 군사전략가 악의樂毅, 제齊나라의 음양오행가 추연趨衍, 조나라의 장사 극신劇辛을 등용해 부국강병을 이루었다.

② 其傳기부

집해 복건이 말했다. "傳는 '부附'로 발음한다. 어떤 이는 그 전해진 글을 말하는 것일 뿐이라고 한다." 신찬이 말했다. "세상 사람들이 서로 전하는 것이다."

服虔曰 傳音附 或曰其傳書云爾 瓚曰 世人相傳之

③ 甘心감심

색은 마음으로 달갑게 여기고 부러워하는 것을 이른다.

謂心甘羡也

진시황이 천하를 병탄하고 바닷가에 이르렀을 때 방사들이 그곳에 대해 말한 것이 이루 다 헤아릴 수가 없었다. 이에 시황이 스스로 바닷가에 이르러서도 그곳에 가지 못할 것을 두려워했다. 그래서 사람을 시켜서 바로 어린 남녀들을 바다로 보내 찾도록 했다. 그러나 배로 바다 가운데에 갔다 와서는 모두 바람 때문에 이르지 못했고 바라만 보았다는 말로 해명했다.①

그 다음해에 시황이 다시 바닷가를 순유하고, 낭야에 이르렀다가 항산恆山을 거쳐 상당上黨을 따라 돌아왔다. 이로부터 3년 뒤에 갈석산碣石山②을 순유하며 바다로 들어간 방사들을 조사하고 나서③ 상군上郡을 거쳐 돌아왔다. 5년 뒤에 시황은 남쪽의 상산湘山에 이르렀다가 마침내 회계산에 올랐다. 해변을 따라 가면서 바닷속 삼신산의 기이한 약을 얻기를 바랐으나 얻지 못하고 돌아오다 사구沙丘④에 이르러 붕어했다.

及至秦始皇并天下 至海上 則方士言之不可勝數 始皇自以爲至海上而恐不及矣 使人乃齎童男女入海求之 船交海中 皆以風爲解① 曰未能至望見之焉 其明年 始皇復游海上 至琅邪 過恆山 從上黨歸 後三年 游碣石② 考入海方士③ 從上郡歸 後五年 始皇南至湘山 遂登會稽 并海上冀遇海中三神山之奇藥 不得 還至沙丘④崩

① 以風爲解이풍위해

색은 고야왕이 말했다. "모두 스스로 해명해 말하기를, 바람을 만나 이르지 못했다고 하였다."

顧野王云 皆自解說 遇風不至也

② 游碣石유갈석

신주 진시황이 갈석산을 순유했다는 이 구절에서도 한나라가 설치한 낙랑군이 지금의 평양 일대가 아님은 명백해진다. 《사기》 〈하본기〉에는 "《태강지리지》에서 말하기를 '낙랑군 수성현에는 갈석산이 있으며 만리장성이 시작되는 곳이다.[太康地理志云 樂浪遂城縣有碣石山 長城所起]'라고 했다."라는 유명한 구절이 있다. 일제 식민사학과 남한 강단사학은 낙랑군 수성현을 황해도 수안군遂安郡으로 보고 있는데, 진시황이 황해도까지 왔다는 것은 어불성설이다. 위魏나라 조조曹操가 "동쪽으로 갈석산에 임해서 창해를 바라보노라.[東臨碣石 以觀滄海]"라는 유명한 '관창해觀滄海'라는 시를 읊은 데서도 이는 명백하다. 《한서》 〈지리지〉에서 안사고는 "갈석산은 바닷가에 있는 산 이름이다.[碣石 海邊山名也]"라고 말했는데, 황해도 수안군은 내륙에 있지 바닷가에 있지 않다. 《후한서》 〈노식전〉에는 발갈勃碣이란 지명이 나오는데, 그 주석에 "발은 발해고, 갈은 갈석산이다.[勃 勃海也 碣 碣石山也]"라고 말하고 있다. 발해와 갈석산을 함께 묶었다는 점에서도 갈석산은 한반도 내에 있을 수가 없다. 낙랑군 수성현을 황해도 수안군이라고 주장한 것은 일본인 식민사학자 이나바 이와기치稻葉岩吉였는데, 이를 이병도가 그대로 따르면서 과거에는 식민사학에 악용되었고, 지금은 중국 동북공정에 악용되고 있다. 낙랑군은 지금의 하북성 일대에 있었지, 북한 강역에 있지 않았음이 명백하다.

③ 考入海方士고입해방사

집해 복건이 말했다. "의심스럽고 거짓되므로 살핀 것이다." 신찬이 말했다. "고考는 그 허와 실을 비교하여 조사한 것이다."

服虔曰 疑詐 故考之 瓚曰 考校其虛實也

④ 沙丘사구

정의 《괄지지》에서 말한다. "사구대는 형주 평향 동북쪽 30리에 있다."

括地志云 沙丘臺在邢州平鄉東北三十里

진나라 2세 황제 원년에 동쪽으로 갈석산을 순수하고 해안을 따라 남하해서 태산을 거쳐 회계산에 이르렀다. 모두 예로써 제사를 올리고 시황이 세운 비석 옆에 글을 새겨 시황의 공덕①을 빛냈다. 그해 가을에 제후들이 진나라를 배반했다.② 2세황제 3년, 2세가 시해되어 죽었다.

시황이 봉선을 올린 뒤 12년 만에 진나라가 망했다. 모든 유생들은 진나라에서 《시경》과 《서경》을 불사르고 문학文學들을 죽여 욕보인 것을 미워했다.③ 백성은 법을 원망하고 천하가 돌아서서 모두 말하기를 "시황이 태산에 몰랐을 때 폭풍우가 불어닥쳐 봉선을 하지 못했다."라고 했다. 이것은 아마 그 덕이 없는데, 봉선한 것④을 말한 것이 아니겠는가?

二世元年 東巡碣石 並海南 歷泰山 至會稽 皆禮祠之 而刻勒始皇所立石書旁 以章始皇之功德① 其秋 諸侯畔秦② 三年而二世弑死 始皇封禪之後十二歲 秦亡 諸儒生疾秦焚詩書 誅僇文學③ 百姓怨其法 天下畔之 皆曰 始皇上泰山 爲暴風雨所擊 不得封禪 此豈所謂無其德而用事者邪④

① 始皇之功德시황지공덕

색은 소안(안사고)이 말했다. "지금 여러 산에 모두 진시황이 새긴 비석과 호해가 거듭 새긴 비석이 있는데, 그 문장이 함께 남아 있다."

小顏云 今諸山皆有始皇所刻石及胡亥重刻 其文具存也

② 諸侯畔秦제후반진

신주 진섭의 봉기와 더불어 연燕, 조趙, 제齊, 초楚, 한韓, 위魏 지역의 호걸들이 모두 스스로 왕으로 칭한 것을 두고 하는 말이다.

③ 諸儒生疾秦焚詩書제유생질진분시서

신주 이른바 책을 불사르고, 유학자를 묻어 죽였다는 분서갱유焚書坑儒를 뜻한다. 진시황은 서기전 213년 승상 이사李斯의 건의에 따라 진나라의 기록 이외에 제자백가들의 책들을 불살라 버렸고, 민간에도 시서와 백가의 서적을 소장한 사람은 지방관에게 제출하게 해서 불살라 버렸다. 다만 의서醫書, 복서卜書, 농서農書 등의 실용서는 남겼다. 또 사대부들을 묻어 죽였는데, 주로 유가가 많이 죽임을 당했다. 유가들이 하, 은, 주 3대를 이상사회로 높이며 진나라의 정치를 비방했기 때문이다. 이때 많은 서적이 없어졌는데, 역易도 원래는 연산역連山易, 귀장역歸藏易, 주역周易이 있었는데, 연산역과 귀장역은 불태워졌고, 주역만 남았다.

《벽서》, 《벽중서》 또는 《벽경》이란 용어도 분서갱유와 관련이 있다. 《한서》 〈예문지〉에 "한무제 말년에 노공왕魯共王 유여劉餘가 공자의 옛집을 헐고 그 궁실을 넓히다가 고문으로 된 《상서》, 《예기》, 《논어》, 《효경》 등 수십 편을 얻었는데, 모두 옛 문자로 된 책이었다.[武帝末 魯共王 壞孔子宅 欲以廣其宮 而得古文尙書禮記論語孝經凡數十篇 皆古字也]"라는 기록이 있다. 이 책들은 분서갱유 때 공자의 8세손 공부孔鮒가 벽 속에 감춰 둔 책이 발견된 것이라고 전해진다. 옛 문자는 옛날 창힐蒼頡이 지었다는 과두 문자蝌蚪文字를 가리킨다. 그러나 청나라 고증학자들은 분서는 사실 항우가 진나라 궁궐을 방화한 것이며, 갱유도 실제로 행해졌는지는 의문이라고 말했다. 이 역시 유학자들이 만든 말일 개연성이 있다는 것이다.

④ 用事者邪용사자야

[색은] 곧 〈봉선서〉 서序에는 "아마 감응함이 없었어도 봉선한 자가 있었다."라고 했다. 이는 마땅히 근본이 있어야 한다는 것이니, 태사공이 거듭 인용해 설명한 것이다.

即封禪書序云 蓋有無其應而用事者矣 此當有所本 太史公再引以爲說

제二장

천지에 대한 제사

옛날 하, 은, 주 3대가 도읍한 곳이 모두 하수와 낙수洛水 사이①에 있었기 때문에 숭고산嵩高山이 중악中嶽이 되었고 4악이 각각 그 방위에 있었으며, 4독瀆은 모두 산동에 있었다.②

진나라에 이르러 황제라고 칭하고 함양咸陽에 도읍하자 5악과 4독은 모두 함께 동방東方에 있게 되었다. 오제③로부터 진나라에 이르기까지 번갈아 흥했다가 번갈아 쇠퇴해서 명산대천이 어떤 것은 제후국에 있었고 어떤 것은 천자의 나라에 있게 되었다. 그리고 그 예의 덜하고 더함이 시대마다 달라서 이루 다 기록할 수 없다.

昔三代之居 皆在河洛之間① 故嵩高爲中嶽 而四嶽各如其方 四瀆咸在山東② 至秦稱帝 都咸陽 則五嶽四瀆皆并在東方 自五帝③以至秦 軼興軼衰 名山大川或在諸侯 或在天子 其禮損益世殊 不可勝記

① 河洛之間하락지간

정의 《세본》에서 말한다. "하우는 양성陽城에 도읍하고 상균商均을 피했다. 또 평양平陽에 도읍했는데 어떤 이는 안읍安邑에 있다고 했고 어떤 이는 진양晉陽에 있다고 한다."《제왕세기》에서 말한다. "은나라 탕湯은 박亳에 도읍했는데 양梁에 있고, 또 언사偃師에 도읍했다가 반경盤庚에 이르러 하북으로 천도했다 다시 언사로 천도했다. 주나라 문왕과 무왕은 풍酆과 호鄗에 도읍했으며 평왕平王에 이르러 하남으로 도읍을 옮겼다." 살펴보니 삼대의 군주는 모두 하수와 낙수 사이에 있었다.

世本云 夏禹都陽城 避商均也 又都平陽 或在安邑 或在晉陽 帝王世紀云 殷湯都亳 在梁 又都偃師 至盤庚徙河北 又徙偃師也 周文武都酆鄗 至平王徙都河南 案 三代之居皆在河洛之間也

신주 하락지간은 하수河水와 낙수洛水 사이를 뜻한다. 낙수는 고대에 낙수雒水라고도 불렀는데 하수의 지류다. 낙수는 북락수와 남락수로 나뉘는데 여기의 낙수는 남락수다. 낙양洛陽은 북쪽으로 하수가 흐르고 남쪽으로 낙수가 흐르는데, 낙양은 낙수의 북쪽에 있어서 생긴 이름이다. 낙양은 서기전 1600년경 상나라 탕임금이 서박西亳(이리두 유적二里頭 遺蹟)을 세웠던 곳인데, 서기전 1050년경 주나라 무왕이 은나라를 무너뜨린 후 주공周公은 낙수 북안의 왕성을 수리해 성주성成周城으로 삼았다. 이때 낙양은 낙읍洛邑, 신읍新邑, 대읍大邑, 성주成周 등으로도 불렸다. 주나라는 낙양을 천실天室이라고 부르고 또 중국中國이라고도 불렀다. 하락을 '천하지중天下之中'이라면서, 천하의 중심에 거주한다는 뜻에서 '중국'이라고 한 것이다. 서이西夷에 불과했던 주나라가 하락지간을 '중국'이라고 자칭한 것이 현재 중국의 기원이다.

② 四瀆咸在山東사독함재산동

신주 사독四瀆은《이아》〈석수〉에 처음 보이는데, '강江, 하河, 회淮, 제

濟'를 뜻한다. 현재 중국에서는 하는 황하, 회는 회수, 제는 제수, 강은 장강이라고 설명하고 있다. 그러나 이 네 강을 사독이라고 부른 것은 당나라 때이고, 그 이전 고대의 강江은 장강이 아니라 기하沂河였다. 기하는 산동성 기원현沂源縣에서 발원해서 산동성 임기시臨沂市의 기수현沂水縣, 기남현沂南縣, 난산현蘭山縣, 나장현羅庄縣, 난릉현蘭陵縣 등을 거쳐 담성현郯城縣 오가도구촌吳家道口村에서 강소성江蘇省 경내로 들어가는, 길이 574km의 강이다. 사독을 방위별로 나누면 하수가 북독, 제수가 서독, 기수가 동독, 회수가 남독이 된다. 회수는 현재의 회하로 하남성 동백현 서쪽의 동백산桐栢山 주봉인 태백정太白頂 서북쪽에서 발원해서 하남성과 호북성, 안휘성, 강소성 등지를 거쳐서 바다로 들어가는 강이다.

나중에 중국이 확대되면서 남독이 장강인 것처럼 설명하고 있지만 이는 후대의 개념이다. 사독이 모두 산동에 있었다는 말은 이 지역이 고대 동이족의 활동 무대이며 사독의 개념을 만든 것이 모두 산동성의 동이족이라는 사실을 말해준다.

③ 五帝오제

신주 고대 중국의 다섯 군주로 《예기》와 《여씨춘추》에는 태호 복희씨, 염제 신농씨, 황제黃帝, 소호, 전욱으로, 《세본》과 《대대례》, 《사기》에는 황제, 전욱, 제곡, 요, 순으로, 《상서》와 《백호통》에는 소호, 전욱, 제곡, 요, 순으로 각기 다르게 분류하고 있다. 그래서 여기서는 황제, 전욱, 제곡, 요, 순을 가리킨다.

진秦나라가 천하를 병탄함에 이르러서야 제사를 맡은 관리에게 명해서 일상으로 천지와 명산과 대천, 그리고 귀신에게 봉향奉享하는 바를 차례대로 기록할 수 있게 했다. 이에 효산殽山 동쪽으로① 다섯 명산과 두 대천에 제사 지냈다. 다섯 명산에는 태실太室이 있는데 태실은 숭고산嵩高山이고, (나머지는) 항산恆山, 태산, 회계산, 상산湘山②이다. 두 대천은 제수와 회수③를 말한다.
봄에는 육포와 술로 해마다 제사를 지내는데④ 얼음이 녹을 때 한다.⑤ 가을에는 물이 마르고 얼음이 얼 때⑥ 하고 겨울에는 신에게 감사하는 제사를 지낸다.⑦ 희생은 소와 송아지를 각 한 마리씩 사용하고 규옥과 폐백은 각각 차이가 있었다.
及秦并天下 令祠官 所常奉天地名山大川鬼神 可得而序也 於是自殽以東① 名山五 大川祠二 曰太室 太室 嵩高也 恆山 泰山 會稽 湘山② 水曰濟 曰淮③ 春以脯酒爲④歲祠 因泮凍⑤ 秋涸凍⑥ 冬塞禱祠⑦ 其牲用牛犢各一 牢具珪幣各異

① 殽以東효이동

색은 살펴보니 효殽는 곧 효산이다. 두예는 "효는 홍농군 민지현澠池縣 서남쪽에 있다. 곧 지금의 효산이 이곳이다. 또한 '호豪'로 발음한다."라고 했다.
案 殽即崤山 杜預云 崤在弘農澠池縣西南 即今之崤山是也 亦音豪

② 湘山상산

색은 상산은 〈지리지〉에 장사국에 있다고 했다.

相山 地理志 在長沙

③ 曰濟 曰淮 왈제 왈회

색은 살펴보니 《풍속통》에서 말한다. "제묘는 임읍에 있고 회묘는 평지에 있다."

案 風俗通云 濟廟在臨邑 淮廟在平氏也

④ 爲 위

색은 爲는 '위[于僞反]'로 발음한다.

爲 于僞反

⑤ 泮凍 반동

집해 복건이 말했다. "얼음이 녹는 것이다."

服虔曰 解凍

⑥ 涸凍 학동

색은 살펴보니 《자림》에서 "학涸은 '메마름'이다. '학[下各反]'으로 발음한다."라고 했다. 안사고는 "학涸은 '호沍' 자와 동일하게 해독한다. 호沍는 '엉김'이다. 涸은 '호[下故反]'로 발음한다. 봄에는 풀리고 가을에는 엉긴다."라고 했다.

案 字林 涸 竭也 下各反 小顏云 涸 讀與沍同 沍 凝也 下故反 春則解 秋則凝

⑦ 冬塞 동새

색은 塞는 '새[先代反]'로 발음하고 '새賽'와 같다. 賽는 지금 신에게 받았던 복을 갚는 것이다.
先代反 與賽同 賽 今報神福也

> 화산華山으로부터 서쪽에는 일곱 명산과 네 대천이 있다. 일곱 명산으로는 화산華山①과 박산薄山이 있는데, 박산은 쇠산衰山②이다. 그리고 악산岳山,③ 기산岐山,④ 오악吳岳,⑤ 홍총鴻冢,⑥ 독산瀆山이 있다. 독산은 촉의 문산汶山⑦이다.
> 自華以西 名山七 名川四 曰華山① 薄山 薄山者 衰山也② 岳山③ 岐山④ 吳岳⑤ 鴻冢⑥ 瀆山 瀆山 蜀之汶山⑦

① 華山화산

정의 《괄지지》에서 말한다. "화산은 화주 화음현華陰縣 남쪽 8리에 있고, 옛 글에는 돈물敦物이라고 했다. 주석에 '화華와 악嶽은 본래 하나의 산인데, 마주하여 하수가 지나서 흘러간다. 이는 하수의 신 거령巨靈이 손으로 밀고 다리로 차서 물꼬를 터 둘로 만든 것이다. 지금 다리의 자취는 동쪽 머리의 양방陽方 아래에 있고 손바닥은 화산華山에 있다. 지금은 선장仙掌이라 부르고 하수는 두 산의 사이로 흐른다.《개산도》에, 거령호巨靈胡는 두루 신선의 도를 얻어 능히 산과 개울을 조성해 강하江河로 나갔다고 한다.'라고 했다."
括地志云 華山在華州華陰縣南八里 古文以爲敦物也 注云 華嶽本一山 當河水

過而行 河神巨靈手盪腳蹋 開而爲兩 今腳跡在東首陽下 手掌在華山 今呼爲仙掌 河流於二山之間也 開山圖云 巨靈胡者 偏得神仙之道 能造山川 出江河也

② 薄山者 衰山也박산자 쇠산야

집해 서광이 말했다. "포판현에 양산襄山이 있으니, 글자가 잘못 쓰인 것으로 의심된다."

徐廣曰 蒲阪縣有襄山 或字誤也

색은 박산薄山은 양산襄山이다. 응소가 말했다. "동관潼關의 북쪽 10여리에 있다."《목천자전》에서 "하수의 시작은 양산이다."라고 했다. 역도원의《수경주》에서 "박산은 살펴보면 양산과 다른 산이 아니다. 지금 예성芮城의 북쪽에 있고 중조산中條山과 서로 이어졌다."라고 했다. 따라서 박산과 양산은 같은 산이다.

薄山者 襄山也 應劭云 在潼關北十餘里 穆天子傳云 自河首襄山 酈元[注]水經云 薄山統目與襄山不殊 在今芮城北 與中條山相連 是薄襄一山也

정의 薄은 '박[白落反]', 衰는 '시[色眉反]'로 발음한다.《괄지지》에서 말한다. "박산은 또한 쇠산衰山이라 이름하는데 일명 촌극산, 거산, 뇌수산雷首山, 독두산, 수양산首陽山, 오산吳山, 조산이다. 섬주 예현芮縣 성 북쪽 10리에 있다." 이 산은 서쪽 뇌수산에서 시작하여 동쪽 오산吳山 산기슭까지 모두 열 개의 이름으로 주현州縣을 구분하는데, 대부분 산은 포주蒲州에 있다. 지금《사기》문장에서 '自華以西'라고 한 것은 자세하지 않다.

薄音白落反 衰音色眉反 括地志云 薄山亦名衰山 一名寸棘山 一名渠山 一名雷首山 一名獨頭山 一名首陽山 一名吳山 一名條山 在陝州芮縣城北十里 此山西起雷山 東至吳阪 凡十名 以州縣分之 多在蒲州 今史文云 自華以西 未詳也

③ 岳山악산

집해 서광이 말했다. "무공현에 대호산이 있고 또 악산이 있다."

徐廣曰 武功縣有大壺山 又有岳山

④ 岐山기산

색은 〈지리지〉에는 우부풍 미양현 서북쪽에 있다고 했다.

地理志 在美陽縣西北也

⑤ 吳岳오악

집해 서광이 말했다. "견汧에 있다."

徐廣曰 在汧也

색은 서광이 말했다. "견에 있다."

徐廣云在汧

⑥ 鴻冢홍총

색은 황제의 신하 대홍大鴻을 옹에 장사 지냈으며 홍총은 아마 대홍의 장례를 따라 이름 지었을 것이다.

黃帝臣大鴻葬雍 鴻冢 蓋因大鴻葬爲名也

⑦ 汶山문산

색은 〈지리지〉에는 촉군 전저도에 민산이 서쪽에 있다고 했다. 곽박의 주석에는 "산이 문양군 광양현에 있고 일명 독산瀆山이라고 한다."라고 했다.

地理志 蜀郡湔氐道 湣山在西 郭璞注云 山在汶陽郡廣陽縣 一名瀆山也

네 대천 중에 하수는 임진臨晉①에서 제사 지내고, 면수沔水는 한중漢中②에서 제사 지내고, 추연湫淵은 조나朝那③에서 제사 지내고, 강수는 촉에서 제사 지낸다.④ 또한 봄과 가을에 얼음이 녹고 물이 마르고 얼 때와 겨울에 감사제를 지내는데, 동쪽의 명산대천에서 하는 것과 같다. 희생은 소와 송아지를 사용하고 규옥과 폐백은 각각 차이가 있다. 4대 명산의 봉우리⑤는 홍鴻, 기岐, 오吳, 악岳이며 모두 햇곡식⑥으로 제사했다.

水曰河 祠臨晉① 沔 祠漢中② 湫淵 祠朝那③ 江水 祠蜀④ 亦春秋泮涸禱塞 如東方名山川 而牲牛犢牢具珪幣各異 而四大冢⑤鴻岐吳岳 皆有嘗禾⑥

① 臨晉임진

색은 위소는 풍익현이라고 했다.《한서》〈지리지〉에 좌풍익 임진현에는 하수사河水祠가 있다고 한다.

韋昭云 馮翊縣 地理志 臨晉有河水祠

정의 곧 동주 풍익현은 본래 한나라의 임진현이다. 예전의 대려大荔라는 곳으로 진秦나라가 차지해서 이름을 바꿨다.《괄지지》에서 말한다. "대하사大河祠는 동주 조읍현 남쪽 30리에 있다.《산해경》에서 '빙이冰夷는 사람의 얼굴을 하고 두 마리의 용을 타고 있다.'라고 했다.《태공금궤》에서 풍수馮脩라고 했다.《용어하도》에서 '하백의 성은 여呂이고 이름은 공자公子이다. 부인의 성은 풍馮이고 이름은 이夷이다. 하백은 자字이다. 화음華陰 동향潼鄉 제수隄首의 사람이 물에서 죽어 하백으로 변했다.'라고 했다. 응소는 '이夷는 풍이이고 물의 신선이다.'라고 했다."

即同州馮翊縣 本漢臨晉縣 故大荔 秦獲之更名 括地志云 大河祠在同州朝邑縣南三十里 山海經云 冰夷 人面 乘兩龍也 太公金匱云 馮脩也 龍魚河圖云 河伯姓呂 名公子 夫人姓馮名夷 河伯 字也 華陰潼鄉隄首人水死 化爲河伯 應劭云夷 馮夷 乃水仙也

② 漢中한중

색은 《수경》에서 "면수는 무도군 저현에서 나온다."라고 했다. 주석에는 "동남쪽으로 한漢으로 유입된다. 한漢은 한수를 이른다."라고 했다. 그러므로 한중에서 제사 지낸다. 악산은 "한녀漢女가 한수의 신이다."라고 했다.

水經云 沔水出武都沮縣 注云 東南注漢 謂漢水 故祠之漢中 樂產云 漢女 漢神也

③ 朝那조나

집해 소림이 말했다. "추연은 안정군의 조나현에 있는데 사방이 40리이고 머물러 흐르지 않는다. 겨울이나 여름에도 증감이 없고 풀과 나무도 자라지 않는다. '조[將蓼反]'로 발음한다."

蘇林曰 湫淵在安定朝那縣 方四十里 停不流 冬夏不增減 不生草木 音將蓼反

색은 湫는 '조[子小反]' 또는 '쥬[子由反]'로 발음한다. 곧 용이 거처하는 곳이다.

湫音子小反 又子由反 即龍之所處也

정의 《괄지지》에서 말한다. "조나의 추사湫祠는 원주 평고현 동남쪽 20리에 있다. 추곡湫谷의 물은 영주 안정현에서 발원한다."

括地志云 朝那湫祠在原州平高縣東南二十里 湫谷水源出寧州安定縣

④ 江水祠蜀강수사촉

색은 살펴보니 《풍속통》에서 말한다. "양자강은 민산峼山에서 나오고 민산묘는 강도江都에 있다." 〈지리지〉에서는 "강도에 강수사江水祠가 있는데 대개 한나라 초에는 원源에서 제사를 지냈고 뒤에는 위委에서 제사를 지냈다."라고 했다. 또 《광아》에서 말한다. "양자강의 신은 기상奇相이라 이른다." 《강기》에서는 "제녀帝女는 마침내 양자강의 신이 되었다."라고 했다. 《화양국지》에서 말한다. "촉 군수 이빙李冰이 팽문궐彭門闕에 강신사江神祠 세 곳을 세웠다." 《한구의》에서 말한다. "네 강에 제사 지내는데 세 가지 바른 희생을 사용하고 신표를 물속에 던져 넣으며, 거마車馬에 검푸른 덮개를 한다."

案 風俗通云 江出峼山 峼山廟在江都 地理志 江都有江水祠 蓋漢初祠之於源後祠之於委也 又廣雅云 江神謂之奇相 江記云 帝女也 卒爲江神 華陽國志云 蜀守李冰於彭門闕立江神祠三所 漢舊儀云 祭四瀆用三正牲 沈圭 有車馬紺蓋也

정의 《괄지지》에서 말한다. "강독사江瀆祠는 익주 성도현 남쪽 8리에 있다. 진秦나라가 천하를 병탄함에 강수는 촉에서 제사했다."

括地志云 江瀆祠在益州成都縣南八里 秦并天下 江水祠蜀

⑤ 四大冢사대총

색은 살펴보니 4개의 산을 대총大冢이라고 이른다. 또 《이아》에서 "산의 정상을 총冢이라고 한다."라고 했다. 아마 또한 홍총鴻冢을 따라서 호칭했을 것이다.

案 謂四山爲大冢也 又爾雅云 山頂曰冢 蓋亦因鴻冢而爲號也

⑥ 嘗禾상화

집해 맹강이 말했다. "새로운 곡식으로 제사한 것이다."

孟康曰 以新穀祭

진보신陳寶神[①]은 계절에 따라 와서 흠향했다. 하수에서는 추가로 탁주를 맛보게 했다. 이곳은 모두 옹주雍州 지역에 있고 천자의 도읍에 가까웠다. 그러므로 수레 한 대와 월따말(붉은색에 검은 갈기를 지닌 말) 네 필을 추가했다.

패수霸水, 산수産水,[②] 장수長水,[③] 풍수灃水,[④] 노수澇水,[⑤] 경수涇水, 위수渭水는 모두 큰 강은 아니었으나, 함양에서 가깝기 때문에 모두가 명산대천의 제사와 비슷하게 지냈으며 추가 제물은 없었다.[⑥]

견수汧水, 낙수洛水,[⑦] 이연二淵,[⑧] 명택鳴澤,[⑨] 포산蒲山, 악서산嶽壻山[⑩]과 같은 무리는 작은 산천으로 삼고, 또한 모두 해마다 겨울의 감사제와 얼음이 녹고 물이 얼 때 지내는 제사로 그 의례가 반드시 같지는 않았다.

陳寶[①]節來祠 其河加有嘗醪 此皆在雍州之域 近天子之都 故加車一乘騮駒四 霸產[②]長水[③]灃[④]澇[⑤]涇渭皆非大川 以近咸陽 盡得比山川祠 而無諸加[⑥] 汧洛[⑦]二淵[⑧] 鳴澤[⑨]蒲山嶽壻山[⑩]之屬 爲小山川 亦皆歲禱塞泮涸祠 禮不必同

① 陳寶진보

집해 복건이 말했다. "진보신은 계절에 감응해서 온다."

服虔曰 陳寶神應節來也

② 霸産패산

정의 《괄지지》에서 말한다. "패수는 예전의 자수滋水이고 또한 남곡수藍谷水라 한다. 곧 진령수의 하류로 옹주 남전현에 있다. 산수滻水는 곧 형계荊溪 구가狗枷의 하류이며 옹주 만년현에 있다."

括地志云 灞水 古滋水也 亦名藍谷水 即秦嶺水之下流 在雍州藍田縣 滻水即荊溪狗枷之下流也 在雍州萬年縣

③ 長水장수

색은 살펴보니 〈백관표〉에는 장수교위가 있다. 심약의 《송서》에서 "군영이 장수長水에 가까워서 이로 인해 이름하였다."라고 했다. 《수경》에서는 "장수는 백록원白鹿原에서 나온다. 지금의 형계수荊溪水가 이것이다."라고 했다.

案 百官表有長水校尉 沈約宋書云 營近長水 因以爲名 水經云 長水出白鹿原今之荊溪水是也

④ 灃풍

색은 《13주기》에서 "풍수는 호현의 남쪽에서 나온다."라고 했다.

十三州記 灃水出鄠縣南

정의 《괄지지》에서 말한다. "풍수의 근원은 옹주 장안현 서쪽의 남산 풍곡灃谷에 있다."

括地志云 澧水源在雍州長安縣西南山澧谷

⑤ 澇로

집해 서광이 말했다. "'노勞'로 발음한다." 살펴보니《한서음의》에서 "물 이름이고 호현의 경내에 있다."라고 했다.

徐廣曰 音勞 駰案 漢書音義 水名在鄠縣界

⑥ 無諸加무제가

집해 위소가 말했다. "수레나 월따말(붉고 검은 갈기 말)의 종류 등을 더하는 것이 없다."

韋昭曰 無車騂之屬

⑦ 汧洛견락

정의 《괄지지》에서 말한다. "견수汧水는 농주 견원현 서남쪽 견산汧山에서 발원하여 동쪽 위수로 들어간다. 낙수洛水는 경주慶州 낙원현 백어산白於山에서 발원하여 남쪽으로 흘러 위수로 들어간다." 또 말한다. "낙수는 상주 낙남현 서쪽 총령산에서 동북쪽으로 흘러 하수로 들어간다." 살펴보니 두 개의 낙수가 있어, 어느 곳에 제사 지내는지 모르겠다.

括地志云 汧水源出隴州汧源縣西南汧山 東入渭 洛水源出慶州洛源縣白於山 南流入渭 又云 洛水 商州洛南縣西冢嶺山 東北流入河 案 有二洛水 未知祠何者

신주 이 낙수洛水는 낙양의 낙수와 이름이 같지만, 다른 물줄기 이름이다. 이 낙수는 현재 섬서성에 있다.

⑧ 二淵이연

정의 〈지리지〉에는 두 하천의 근원이 경주慶州 화지현華池縣 서쪽과 자오령子午嶺 동쪽에 있는데 두 하천이 합해져서 이로 인해 이름했다.

地理志云 二川源在慶州華池縣西子午嶺東 二川合 因名也

⑨ 鳴澤명택

색은 살펴보니 복건이 말했다. "명택은 못의 이름이고 탁군 주현에 있다."

案 服虔云 鳴澤 澤名 在涿郡遒縣也

정의 《괄지지》에서 말한다. "명택은 유주 범양현 서쪽 15리에 있다." 살펴보니 주현은 이주易州 내수현 북쪽 1리에 있는데, 옛 주성이 이것이다. 못은 주遒의 남쪽에 있다.

括地志云 鳴澤在幽州范陽縣西十五里 案 遒縣在易州淶水縣北一里 故遒城是也 澤在遒南

신주 여기서는 옹주 지역의 산천을 논하고 있는데, 뜬금없이 하북 지방의 탁군을 말하고 있다. 명택도 옹주 지역의 연못일 것이다.

⑩ 嶽壻山악서산

집해 서광이 말했다. "서壻는 '서[先許反]'로 발음한다."

徐廣曰 音先許反

옹 땅에는 해와 달, 삼수, 심수,① 남북두, 형혹, 태백, 세성, 진성塡星, 진성辰星, 28수宿와 풍백, 우사, 사해四海, 9신臣, 14신臣,② 제포諸布,③ 제엄諸嚴, 제구諸逑④의 종류가 있고 백여 개의 사당이 있다.

而雍有日月參辰① 南北斗熒惑太白歲星塡星〔辰星〕二十八宿風伯雨師四海九臣十四臣②諸布③諸嚴諸逑④之屬 百有餘廟

① 參辰삼진

색은 살펴보니 《한구의》에서 "삼수參宿와 심수心宿를 지양池陽의 곡구谷口에서 제사 지내는데 협도 좌우에 단壇을 만들었다."라고 했다.

案 漢舊儀云 祭參辰星於池陽谷口 夾道左右爲壇也

신주 삼수는 오리온자리의 삼태성이고, 심수는 전갈자리의 가장 밝은 별인 안타레스를 가리킨다.

② 九臣十四臣구신십사신

집해 진작이 말했다. "이로부터 아래로 천연天淵과 옥녀玉女에 이르기까지 총 26개의 별은 작은 신이라 설명하지 않았다."

晉灼曰 自此以下星至天淵玉女 凡二十六小神不說

색은 9신과 14신은 모두 그 이름이 자주 나오지 않으므로 옛 현인들이 논하지 않았다.

九臣十四臣 並不見其名數所出 故昔賢不論之也

③ 諸布제포

색은 살펴보니 《이아》에서 "별에 제사 지내는 것을 '포布'라 한다. 어떤 이는 제포諸布는 별에게 제사 지내는 곳이라고 했다."라고 했다.

案 爾雅 祭星曰布 或諸布是祭星之處

④ 逑구

색은 구逑는 또한 자세하지 않다. 《한서》에 '수遂'로 되어 있다.

逑亦未詳 漢書作遂

> 서쪽 또한 수십 개의 사당이 있다.① 호현湖縣②에는 주나라 천자의 사당이 있다. 하규下邽에는 천신이 있다. 풍灃과 호滈에는 소명昭明의 사당③과 천자벽지天子辟池④가 있다. 두杜와 박亳⑤에는 세 곳의 사주사社主祠와 수성사壽星祠⑥가 있다.
>
> 西亦有數十祠① 於湖②有周天子祠 於下邽有天神 灃滈有昭明③ 天子辟池④ 於(社)(杜)亳⑤有三社主之祠 壽星祠⑥

① 西亦有數十祠서역유수십사

색은 서는 곧 농서의 서현이고 진秦나라의 옛 도읍지이므로 사당이 있다.

西即隴西之西縣 秦之舊都 故有祠焉

② 湖호

색은 《한서》 〈지리지〉에서 호현湖縣은 경조윤에 속하며 주나라 천자의 사당이 두 곳에 있다고 했다.

地理志 湖縣屬京兆 有周天子祠二所

③ 昭明소명

색은 살펴보니 악산은 《하도》를 인용해 "형혹성이 흩어지면 소명昭明이 된다."라고 했다.

案 樂產引河圖云 熒惑星散爲昭明

④ 天子辟池천자벽지

색은 악산은 이에 대해 들어보지 못했다고 했다. 고씨는 벽지璧池를 곧 호지滈池라고 여겼다. 이른바 화음 평서平舒 길에서 사자를 만나 벽璧을 가지고 호지군에게 보냈다고 하여, 벽지璧池라고 한다. 지금은 천자벽지라고 하는데 곧 주나라 천자 벽옹辟雍의 땅이다. 옛날 주문왕이 풍酆에 도읍하고 무왕이 호滈에 도읍해서 이윽고 세운 영대靈臺에는 또한 벽옹이 있을 뿐이다. 장형 또한 벽지辟池를 옹雍이라고 했다.

樂產云未聞 顧氏以爲璧池即滈池 所謂華陰平舒道逢使者 持璧以遺滈池君 故曰璧池 今謂天子辟池 即周天子辟雍之地 故周文王都酆 武王都滈 既立靈臺則亦有辟雍耳 張衡亦以辟池爲雍

⑤ 杜亳두박

집해 위소가 말했다. "亳은 '박薄'으로 발음한다. 탕왕湯王이 도읍한 곳이다." 신찬이 말했다. "탕왕이 도읍한 제읍 박현薄縣이 이곳이다."

韋昭曰 亳音薄 湯所都 瓚曰 濟陰薄縣是

색은 서광이 말했다. "경조 두현에 박정亳亭이 있으니 곧 '사社' 자가 잘못되어, 합해서 '어두박於杜亳'이 만들어졌다. 또 아래에서 모두 이는 지읍地邑이라는 말로 열거한 문장에 의거하면, 두杜는 곧 현이다." 살펴보니 진영공秦寧公이 "박왕亳王과 싸우고 박왕이 융戎족에게로 달아나니, 마침내 탕사湯社가 멸망하게 되었다."라고 했다.

황보밀은 또한 이르기를 "주환왕周桓王 때 스스로 어떤 박왕이라 부른 탕湯이 있었는데 은殷나라가 아니다."라고 했다. 그리고 신찬은 박亳을 성탕成湯의 읍으로 여겼으므로 제음濟陰에 있다고 했는데 잘못되었다. 살펴보니 두杜와 박亳, 두 읍에 세 곳의 사주사社主祠가 있었다.

徐廣云 京兆杜縣有亳亭 則社字誤 合作於杜亳 且據文列於下皆是地邑 則杜是縣 案 秦寧公與亳王戰 亳王奔戎 遂滅湯社 皇甫謐亦云 周桓王時自有亳王號湯 非殷也 而臣瓚以亳爲成湯之邑 故云在濟陰 非也 案 謂杜亳二邑有三社主之祠也

⑥ 壽星祠수성사

색은 수성壽星은 아마 남극노인南極老人의 별일 것이다. 나타나면 천하가 다스려져 편안하다. 그러므로 제사하여 복과 장수를 빈다.

壽星 蓋南極老人星也 見則天下理安 故祠之以祈福壽

정의 각수角宿와 항수亢宿가 (12지지로) 진辰에 있으면 수성壽星이 된다. 3월에는 만물이 처음으로 태어나 봄의 기가 베풀어 길러 줌에 각각 그 성性을 다하면 재앙으로 요절을 당하지 않는다. 그래서 장수하는 것이다.

角亢在辰爲壽星 三月之時 萬物始生建 於春氣布養 各盡其性 不罹災夭 故壽

신주 수성壽星은 12개월의 이름을 다른 말로 한 12차次로, 3월이며 12

지지로는 진辰에 해당한다. 율려로는 고선姑洗이고, 방향은 동남동이다. 하지만 여기서는 색은 설명처럼 남극노인성을 뜻하는 것으로 보인다.

옹雍 땅의 관묘菅廟①에 또한 두주杜主가 있다. 두주는 옛날 주나라 우장군으로② 진중秦中③에서 가장 낮은 귀신이지만 신령함이 있어서④ 각각 매해 계절마다 제사를 모셨다.
이 옹 땅의 4치畤⑤는 상제를 높이는데, 그 광경으로 인민을 감동시키는 것은 오직 진보신陳寶神을 제사 지낼 때이다. 그러므로 옹의 4치에서 봄에는 한 해를 기원하여 얼음이 풀릴 때, 가을에는 물이 마르고 얼음이 얼 때, 겨울에는 감사제를 지냈다. 5월에는 싱싱한 망아지로 제사 지내고, 네 계절의 중간 달에 월제月祭를 지내며, 진보신이 강림하는 계절에 맞춰 한 번만 제사 지냈다.
而雍菅廟① 亦有杜主 杜主 故周之右將軍② 其在秦中③ 最小鬼之神者④ 各以歲時奉祠 唯雍四畤⑤ 上帝爲尊 其光景動人民唯陳寶 故雍四畤 春以爲歲禱 因泮凍 秋涸凍 冬塞祠 五月嘗駒 及四仲之月(祠若)月祠〔若〕陳寶節來一祠

① 菅간

집해 이기가 말했다. "菅은 '띠풀'이다."

李奇曰 菅 茅也

② 杜主～右將軍두주～우장군

색은 살펴보니 《한서》 〈지리지〉에는 두릉은 옛 두백국杜伯國이고 두주사杜主祠 네 곳이 있다고 했다. 《묵자》에서 "주나라 선왕이 두백을 죽인 것은 죄 때문이 아니었다. 뒤에 선왕이 포圃에서 사냥을 하는데 두백의 혼령이 나타나 활과 화살을 잡고 쏘아 선왕이 활집에 엎어져 죽었다."라고 했다.

案 地理志 杜陵 故杜伯國 有杜主祠四 墨子云 周宣王殺杜伯不以罪 後宣王田於圃 見杜伯執弓矢射 宣王伏弢而死也

정의 《괄지지》에서 말한다. "두사는 옹주 장안현 서남쪽 25리에 있다."

括地志云 杜祠 雍州長安縣西南二十五里

③ 秦中진중

신주 지금의 섬서성이다. 옛날 진나라 땅인 까닭에 진중秦中이라고 불렸다.

④ 最小鬼之神者최소귀지신자

색은 그 귀신이 비록 작으나 신령스럽다는 말이다.

謂其鬼雖小 而有神靈

⑤ 雍四時옹사치

색은 옹에는 5치畤가 있는데 4치라고 말한 것은, 고씨가 아래 글의 '상제上帝'를 포함해서 5치畤가 된다고 생각한 것인데, 이는 잘못이다. 살펴보니 4치는 진秦나라의 옛 것에 의거하여 말한 것이다.

雍有五時而言四者 顧氏以爲兼下文上帝爲五 非也 案 四時 據秦舊而言也

정의 《괄지지》에서 말한다. "부치와 오양吳陽의 상치와 하치가 이것이다. 진나라는 사치에서 상제에게 제사했는데, 청제, 황제, 적제, 백제를 가장 존귀하게 여겼다는 말이다."

括地志云 鄜畤吳陽上下畤是 言秦用四畤祠上帝 青黃赤白最尊貴之也

> 봄여름에는 붉은 말을 쓰고 가을이나 겨울에는 월따말을 써서 제사했다. 치畤에서는 망아지 네 필로써, 나무로 용龍 형상을 새긴[1] 난거欒車(방울 달린 임금의 수레)[2]를 일사一駟로 하고, 나무로 형상을 새긴 거마車馬를 일사[3]로 끌게 했는데, 각각 그 방향에 해당하는 4제의 색(청, 황, 적, 백)과 같게 했다. (희생으로) 누런 송아지와 어린 양이 각각 네 마리이고 규옥과 폐백은 수량을 달리했다. (희생은) 모두 산 채로 땅에 묻고, 조두俎豆 등의 제기祭器를 사용하는 일이 없었다.[4] 3년에 한 번 교제郊祭를 지냈다.
>
> 春夏用騂 秋冬用駵 畤駒四匹 木禺龍[1]欒車[2]一駟 木禺車馬一駟[3] 各如其帝色 黃犢羔各四 珪幣各有數 皆生瘞埋 無俎豆之具[4] 三年一郊

① 木禺龍목우룡

집해 《한서음의》에서 말한다. "우禺는 '의탁하는 것'이다. 용의 형상을 나무에 의탁하여 만든 것이다."

漢書音義曰 禺 寄也 寄生龍形於木也

색은 우禺는 '우寓'의 발음이고 '의탁하는 것'이다. 용의 형상을 나무에 의탁한 것이고 말을 의탁하는 것도 또한 그러하다. '우偶'로도 발음한다. 또한 그 형상을 나무로 깎은 모양을 이른다.

禺 一音寓 寄也 寄龍形於木 寓(鳥)馬亦然 一音偶 亦謂偶其形於木也

② 鑾車난거

색은 수레에 방울이 있고, 방울은 곧 난鑾과 어울리는 절도가 있으므로, 이름을 취했다.

謂車有鈴 鈴乃有鑾和之節 故取名也

③ 一駟일사

신주 사駟는 말 네 필을 이르는 단위로 수레를 끄는 참마驂馬 두 필, 복마服馬 두 필, 총 네 필의 말을 말한다.

④ 俎豆조두

정의 두豆는 나무로 만드는데 4되의 용량에 높이는 1자 2치이고 그 안은 옻칠을 했다. 대부 이상은 붉은 구름을 그리고 제후는 상아를 첨가해서 그릇의 입과 굽을 장식하며, 천자는 옥玉으로 장식한다.

豆以木爲之 受四升 高尺二寸 漆其中 大夫以上赤雲氣畫 諸侯加象飾口足 天子以玉飾之也

진秦나라는 겨울 10월을 한 해의 시작으로 삼았다. 그러므로 항상 10월 상순에 재계하고① 교외에서 제사 지냈다. 봉화②를 올리게 해서 알리고 함양咸陽 가까이에서 절했으며, 의복은 흰색을 숭상하고, 의식에 사용하는 제물은 일상으로 지내는③ 제사와 같았다. 서치西畤와 휴치畦畤에서는 옛날과 같이 제사를 지냈으나 군주가 몸소 가지는 않았다.
이 모든 제사는 항상 태축太祝이 주재하고 해마다 때에 맞추어 받들어 제사했다. 다른 명산대천이나 여러 귀신 및 8신神의 종류에 대해서는 천자가 그곳을 지날 때만 제사를 지내고 떠나면 그만두었다. 군현郡縣과 먼 지방 신의 제사는 백성이 스스로 제사를 모시고 천자의 축관이 관할하는 곳에서는 하지 않았다. 축관에는 비축祕祝④이 있는데, 재앙이나 길조⑤가 있을 때는 제사하고 축원하여 아랫사람에게 허물을 떠넘겼다.
秦以冬十月爲歲首 故常以十月上宿①郊見 通權火② 拜於咸陽之旁 而衣上白 其用如經③祠云 西畤畦畤 祠如其故 上不親往 諸此祠皆太祝常主 以歲時奉祠之 至如他名山川諸鬼及八神之屬 上過則祠 去則已 郡縣遠方神祠者 民各自奉祠 不領於天子之祝官 祝官有祕祝④ 即有菑祥輒祝祠移過於下⑤

① 宿숙

집해 이기가 말했다. "숙宿은 재계齋戒와 같다."

李奇曰 宿猶齋戒也

② 權火관화

집해 장안이 말했다. "관화權火는 봉화이다. 봉화대는 마치 우물이나 조그마한 연못과 같다. 그 본뜬 것이 저울과 같은 종류여서 권權이라고 일렀다. 멀리까지 밝게 비추어 제사 지내는 곳까지 통하게 하려는 것이다. 한나라에서는 옹雍 땅의 오치五畤에서 제사 지내고 5리마다 봉화를 올렸다." 여순이 말했다. "권權은 '들어 올리는 것'이다."

張晏曰 權火 烽火也 狀若井絜皋矣 其法類稱 故謂之權 欲令光明遠照通祀所也 漢祠五畤於雍 五里一烽火 如淳曰 權 舉也

색은 권權은 글자대로 '권'으로 발음한다. 해독은 장안의 말과 같다. 한편 '관爟'으로도 발음한다. 《주례》에는 봉화를 맡은 관리가 있다. 관爟을 화관火官이라고 함은 잘못이다.

權 如字 解如張晏 一音爟 周禮有司爟 爟 火官 非也

③ 經경

집해 복건이 말했다. "경經은 일상적인 것이다."

服虔曰 經 常也

④ 祕祝비축

신주 축문을 감추었다가 재난 시에 아랫사람에게 전가하는 것을 말하며, 아울러 그것을 담당하는 축관을 지칭한다.

⑤ 有菑祥 輒祝祠移過於下유치상 첩축사이과어하

정의 재앙과 상서가 있으면 번번이 축관祝官을 시켜 제사를 지내게 하고, 그 허물과 나쁜 것들을 여러 관리와 백성에게 떠넘긴 것을 이른다.

謂有災祥 輒令祝官祠祭 移其咎惡於衆官及百姓也

제三장

한나라 초기 제사

한나라가 일어나고, 고조가 아직 신분이 낮았을 때 큰 뱀을 죽인 적이 있었다.① 귀물貴物이 나타나 말하기를 "뱀은 백제白帝의 아들이고, 죽인 자는 적제赤帝의 아들이다."라고 했다. 고조가 처음 일어날 때 풍현(패현 풍읍)의 분유사枌楡社②에서 빌었다. 패현을 정벌하고 패공沛公이 되어서는 치우에게 제사 지내고 북과 깃발에 희생의 피를 칠했다. 마침내 10월에 패상에 이르러 제후들과 함께 함양을 평정하고 즉위하여 한왕漢王이 되었다. 그래서 10월을 한 해의 시작으로 삼고 색은 붉은색을 숭상했다.

漢興 高祖之微時 嘗殺大蛇① 有物曰 蛇 白帝子也 而殺者赤帝子 高祖初起 禱豐枌榆社② 徇沛 爲沛公 則祠蚩尤 釁鼓旗 遂以十月至霸上 與諸侯平咸陽 立爲漢王 因以十月爲年首 而色上赤

① 高祖之微時 嘗殺大蛇고조지미시 상살대사

신주 한고조 유방이 정장亭長으로 있을 때 진시황제의 묘역을 위하여 부역자들을 인솔하고 갔다. 패현에서 여산으로 가는데 부역자들이 많이 도망해버리자 나머지를 풀어주었다. 그리고 따르는 자 10여 명과 더불어 야간에 좁은 길로 도주하다가 뱀이 앞길을 막고 있는 것을 보고 두 동강을 내버렸다. 한 노파가 찾아와서 "내 아들은 백제의 아들입니다. 뱀으로 변해서 길에 있었는데, 지금 적제의 아들에게 베어졌습니다. 그래서 슬프고 돌아갈 바가 없습니다."라고 했다. 그러자 괴물이라고 의심하여 막대로 때리려고 하자 갑자기 노파가 보이지 않았다는 일화다. 〈고조본기〉에 나온다.

② 枌楡社분유사

집해 장안이 말했다. "분枌은 백유白楡이다. 사당은 풍豐의 동북쪽 15리에 있다. 어떤 이는 분유는 마을 이름이고 고조 고향의 리사里社(리에 있는 토지신 사당)라고 했다."

張晏曰 枌 白楡也 社在豐東北十五里 或曰枌楡 鄉名 高祖里社也

2년 되던 해에 동쪽으로 항적項籍을 격파하고 관중關中으로 돌아와 물었다.

"옛 진나라 때 상제上帝에게 제사를 지냈는데 어떤 상제였는가?"

물음에 대답했다.

"네 명의 제왕으로서 백제, 청제, 황제, 적제에게 제사 지냈습니다."

고조가 말했다.

"나는 하늘에 5제가 있다고 들었는데, 4제에게 제사를 지냈다는 것은 무슨 까닭인가?"

그 이유를 아는 자가 없었다. 이에 고조가 말했다.

"나는 알고 있다. 나를 기다려서 5제를 갖추려는 것이다."

이에 흑제黑帝의 사당을 세우고 북치北畤라고 명했다. 관리가 제사에 나아갔으나 고조가 친히 왕림하지는 않았다. 옛 진나라 축관들을 모두 불러서 다시 태축太祝과 태재太宰를 두고 옛 의례와 같게 제사를 지냈다. 이어서 현縣에 명령해 공공의 사社①를 만들도록 하고 이에 조서를 내려 말했다.

"나는 제사를 아주 중요하게 여기니 공경히 제사를 받들라. 지금 상제의 제사와 산천의 여러 신의 제사를 맡은 자들은 각각 시기에 따라 예로 제사를 지내고 옛날과 같게 하라."②

二年 東擊項籍而還入關 問 故秦時上帝祠何帝也 對曰 四帝 有白青黃赤帝之祠 高祖曰 吾聞天有五帝 而有四 何也 莫知其說 於是高祖曰 吾知之矣 乃待我而具五也 乃立黑帝祠 命曰北畤 有司進祠 上不親往 悉召故秦祝官 復置太祝太宰 如其故儀禮 因令縣爲公社① 下詔曰 吾甚重祠而敬祭 今上帝之祭及山川諸神當祠者 各以其時禮祠之如故②

① 公社공사

집해 이기가 말했다. "관의 사社와 같다."

李奇曰 猶官社

② 禮祠之如故예사지여고

집해 서광이 말했다. "〈고조본기〉에는 '2년 6월, 제사를 맡은 관리에게 영을 내려 천지와 사방 상제上帝와 산천에 때에 맞춰 제사 지내게 했다.'라고 한다."

徐廣曰 高祖本紀曰 二年六月 令祠官祀天地四方上帝山川 以時祀也

4년 뒤에 천하가 이미 안정되자 어사에게 조서를 내려, 풍현의 분유사枌楡社를 잘 수리하여 항상 4계절에 제사하되 봄에는 양과 돼지를 희생으로 제사하도록 했다. 축관에게 명해서 장안에 치우의 사당을 세우게 하고, 사관祠官, 축관, 여무女巫를 두었다.

양梁 땅의 무축巫祝은 천, 지, 천사天社, 천수天水, 방중房中, 당상堂上① 등에 제사를 지냈고, 진晉 땅의 무축은 오제, 동군東君, 운중군雲中君,② 사명司命, 무사巫社, 무사巫祠, 족인族人, 선취先炊③ 등에 제사를 지냈으며, 진秦 땅의 무축은 사주社主,④ 무보巫保, 족루族纍⑤ 등에 제사를 지냈다.

後四歲 天下已定 詔御史 令豐謹治枌榆社 常以四時春以羊彘祠之 令祝官立蚩尤之祠於長安 長安置祠祝官女巫 其梁巫 祠天地天社天水房中堂上①之屬 晉巫 祠五帝東君雲中〔君〕②司命巫社巫祠族人先炊③之屬 秦巫 祠社主④巫保族纍⑤之屬

① 祠天～堂上사천～당상

색은 살펴보니 〈예악지〉에 '안세방중가安世房中歌'가 있는데, 모두 제사 때 실室의 중당中堂 위에서 선조의 공덕을 노래한 것이다.

案 禮樂志有安世房中歌 皆謂祭時室中堂上歌先祖功德也

② 祠五帝東君雲中사오제동군운중

색은 《광아》에서 말한다. "동군東君은 태양이다." 왕일의 《초사》 주석에서 말한다. "운중雲中은 구름이다." 동군과 운중은 또한 《귀장역》에 보인다.

廣雅曰 東君 日也 王逸注楚詞 雲中 雲也 東君雲中 亦見歸藏易也

③ 先炊선취

정의 선취先炊는 옛 취모신炊母神(밥 짓는 부엌신)이다.

先炊 古炊母神也

④ 社主사주

색은 사주는 곧 윗글의 3사주이다.

社主 即上文三社主也

⑤ 巫保族纍무보족루

색은 무보와 족루는 두 신의 이름이다. 纍는 '루[力追反]'로 발음한다.

二神名 纍 力追反

형荊 땅의 무축은 당하堂下, 무선巫先,[①] 사명司命,[②] 시미施糜[③] 등에 제사 지냈고, 9천九天[④]의 무축은 9천에 제사 지냈는데, 모두 해마다 계절에 따라 궁중宮中에서 제사를 지냈다.[⑤] 하수의 무축은 임진臨晉에서 하수의 제사를 지냈고, 남산南山의 무축은 남산의 진중秦中에게 제사 지냈다. 진중이란 2세 황제이다. 각각 계절마다 정한 날이 있었다.

그 2년 뒤에 어떤 사람이 말하기를, 주나라가 일어나 태邰에 도읍하고 후직后稷의 사당을 세웠는데 지금까지도 천하에 제사를 지낸다고 했다.⑥ 이에 고조가 어사에게 조서를 내려 "군국과 현縣에 영성사靈星祠⑦를 세워 항상 계절마다 소를 희생으로 제사하라."라고 했다.

荊巫 祠堂下巫先①司命②施糜③之屬 九天巫 祠九天④ 皆以歲時祠宮中⑤ 其河巫祠河於臨晉 而南山巫祠南山秦中 秦中者 二世皇帝 各有時(月)〔日〕 其後二歲 或曰周興而邑邰 立后稷之祠 至今血食天下⑥ 於是高祖制詔御史 其令郡國縣立靈星祠⑦ 常以歲時祠以牛

① 堂下巫先당하무선

집해 응소가 말했다. "옛날 현인이 있던 나라에서는 신령이 백성에게 교화를 베풀기에 이르렀으니, 또 귀하게 여겨 모두 사당에 무축을 두어 널리 신령의 뜻을 구했다." 문영이 말했다. "무당은 신의 지위와 차례를 관장하는 자이다. 범씨范氏는 대대로 진晉나라에 벼슬했다. 그러므로 사당의 축관 중에 진晉나라 무당이 존재했다. 범회范會의 방계 자손은 진秦나라에 머물러 유씨劉氏가 되었기에 진나라에 무당이 있었다. 유씨는 위魏나라가 대량大梁에 도읍함에 따라, 양梁나라에도 무당이 있었다. 뒤에 풍豐으로 이사했는데, 풍은 형荊에 속했으므로 형 땅에도 무당이 있었다."

應劭曰 先人所在之國 及有靈施化民人 又貴 悉置祠巫祝 博求神靈之意 文穎曰 巫 掌神之位次者也 范氏世仕於晉 故祠祝有晉巫 范會支庶留秦爲劉氏 故有秦巫 劉氏隨魏都大梁 故有梁巫 後徙豐 豐屬荊 故有荊巫

색은 무선巫先은 옛날 무당 중 앞서 영험을 가진 자로 아마 무함巫咸의 무리일 것이다.

巫先 謂古巫之先有靈者 蓋巫咸之類也

② 司命사명

색은 살펴보니 《주례》에서 "땔나무로써 사명司命에 제사한다."라고 했다. 정중은 "사명은 문창文昌의 넷째별이다."라고 했다.

案 周禮 以樵燎祠司命 鄭衆云 司命 文昌四星也

③ 施糜시미

색은 정씨는 "시미죽신施糜粥神(미음과 죽을 베푸는 신)을 주관한다."라고 했다.

鄭氏云 主施糜粥之神

④ 九天구천

색은 살펴보니 《사기》 〈효무본기〉에서 "구천묘를 감천甘泉에 세웠다."라고 했다. 《삼보고사》에서는 "호무胡巫가 구천을 신명대神明臺에서 섬겼다."라고 했다. 《회남자》에서 "중앙을 균천鈞天, 동방을 창천蒼天, 동북을 민천旻天, 북방을 현천玄天, 서북을 유천幽天, 서방을 호천皓天, 서남을 주천朱天, 남방을 염천炎天, 동남을 양천陽天이라 한다."라고 했다.

案 孝武本紀云 立九天廟於甘泉 三輔故事云 胡巫事九天於神明臺 淮南子云 中央曰鈞天 東方曰蒼天 東北旻天 北方玄天 西北幽天 西方皓天 西南朱天 南方炎天 東南陽天也

정의 《태현경》에서 첫째는 중천, 둘째는 선천, 셋째는 도천, 넷째는 벌

경천, 다섯째는 수천, 여섯째는 곽천, 일곱째는 함천, 여덟째는 치천, 아홉째는 성천이라 한다고 하였다.

太玄經云 一中天 二羨天 三徒天 四罰更天 五晬天 六郭天 七咸天 八治天 九成天也

⑤ 歲時祠宮中세시사궁중

집해 장안이 말했다. "자산이 이르기를, 필부와 필부로 억눌려 죽은 자는 혼백이 능히 사람에 붙어 여귀厲鬼가 된다고 했다."

張晏曰 子產云 匹夫匹婦強死者 魂魄能依人爲厲也

⑥ 血食天下혈식천하

정의 안사고가 말했다. "제사에는 희생이 있다. 그러므로 피를 마셔 천하에 두루 미치게 한다는 말이다."

顔師古云 祭有牲牢 故言血食遍於天下

⑦ 靈星祠영성사

집해 장안이 말했다. "용성龍星의 좌각左角을 천전天田이라고 하는데, 곧 농사의 상서로운 조짐이다. 새벽에 나타나면 제사 지낸다."

張晏曰 龍星左角曰天田 則農祥也 晨見而祭

정의 《한구의》에서 말한다. "5년에 다시 주 왕실의 옛 사당을 수리하여 후직을 동남쪽에서 제사 지내고, 백성을 위해 풍농豐農을 빌고 그의 공에 보답했다. 여름에 용성龍星이 나타나면 첫 기우제를 지내는데, 용성龍星의 좌각左角은 천전天田이고 우각右角은 천정天庭이다. 천전은 사마司馬가 되어 사람에게 온갖 곡식을 심는 일을 가르치니 곡식의 신이 된다. 영靈은 신神이다. 진辰의 신神이 영성靈星이 된다. 그러므로 임진일에는 영성을 동남쪽에서 제사 지내는데 금金이 승勝하면 토土의 상相이 된다."《묘기》에서 말한다. "영성사는 장안성 동쪽 10리에 있다."
漢舊儀云 五年 脩復周家舊祠 祀后稷於東南 爲民祈農報厥功 夏則龍星見而始雩 龍星左角爲天田 右角爲天庭 天田爲司馬 教人種百穀爲稷 靈者 神也 辰之神爲靈星 故以壬辰日祠靈星於東南 金勝爲土相也 廟記云 靈星祠在長安城東十里

고조 10년 봄, 관리가 청하기를, 현에서는 항상 봄 2월과 납월(12월)에 양과 돼지로 사직社稷에 제사하고 마을의 사당에서는 각자의 재물로 제사하도록 명해달라고 했다. 고조는 조서를 내려 허락했다. 그 후 18년이 지나 효문제가 즉위했다. 즉위한 지 13년에 조서를 내려 말했다.
"지금 비축秘祝이 허물을 아래에 떠넘기는데 짐은 이를 전혀 받아들이고 싶지 않으니 지금부터 이를 없애라."
당초에 명산과 대천 중 제후국에 있는 것은 제후의 축관들이 각각 스스로 제사를 받들게 하고 천자의 제관들은 관여하지 않았다. 제나라와 회남국이 이를 폐지하기에 이르자, 태축에게 명하여 옛날처럼 계절에 따라 예를 다하도록 했다.①
高祖十年春 有司請令縣常以春(三)〔二〕月及(時)臘祠社稷以羊豕 民里社各自財以祠 制曰 可 其後十八年 孝文帝即位 即位十三年 下詔曰 今祕祝移過于下 朕甚不取 自今除之 始名山大川在諸侯 諸侯祝各自奉祠 天子官不領 及齊淮南國廢 令太祝盡以歲時致禮如故①

① 及齊淮南國～致禮如故급제회남국～치례여고

정의 제나라에는 태산이 있고 회남국에는 천주산天柱山이 있다. 두 산은 당초에 천자의 축관이 관여하지 않아서 마침내 제사가 폐지되었다가 제후에게 제사를 받들게 했다. 지금은 태축에게 해마다 때에 맞추어 예를 다하도록 하여 진나라의 옛 의례와 같게 했다.

齊有泰山 淮南有天柱山 二山初天子祝官不領 遂廢其祀 令諸侯奉祠 今令太祝盡以歲時致禮 如秦故儀

이 해에 조서를 내려 말했다.

"짐이 즉위한 지 지금 13년이 되었다. 종묘의 신령과 사직의 복에 힘입어 사방이 잘 다스려져서 안정되었고 백성도 질병이 없으며 요사이 해마다 풍년이 들었다. 짐이 부덕한데도 어찌 이를 누릴 수 있었겠는가? 모두 상제와 여러 신령이 주신 것이다. 대개 듣자니 옛날 그러한 덕을 누리는 자는 반드시 공에 보답해야 한다고 했으니, 여러 신사神祠를 증설하려 한다. 관리들은 의논하여 옹雍 땅의 5치畤에는 노거路車를 각각 한 대씩 보태고 수레의 장식을 갖추라.① 서치西畤와 휴치畦畤에는 우거禺車 한 대씩과 우마禺馬 네 필②과 그 장식을 갖추고, 하수와 추천湫泉③과 한수漢水에는 옥을 각각 두 개씩 더하라.④ 그 외의 여러 사당에는 각각 단과 마당을 더 넓히고 규옥과 폐백, 그리고 제기祭器는 차등을 두어 더하라. 그리고 축관은 복을 짐에게만 돌리고 백성과 함께하지 않았다. 지금부터 축관은 신을 초치해서 공경히 제를 올릴 때 (짐만을 위해) 기도하지 말라."

是歲 制曰 朕即位十三年于今 賴宗廟之靈 社稷之福 方內艾安 民人靡疾 間者比年登 朕之不德 何以饗此 皆上帝諸神之賜也 蓋聞古者饗其德必報其功 欲有增諸神祠 有司議增雍五時路車各一乘 駕被具① 西時畦時禺車各一乘 禺馬四匹② 駕被具 其河湫③漢水加玉各二④ 及諸祠各增廣壇場 珪幣俎豆以差加之 而祝釐者歸福於朕 百姓不與焉 自今祝致敬 毋有所祈

① 駕被具가피구

정의 안사고는 "수레에 씌우고 말에게 입히는 장식을 모두 갖추었다."라고 했다.

顔師古云 駕車被馬之飾皆具

② 禺車各一乘 禺馬四匹우거각일승 우마사필

신주 우거禺車와 우마禺馬는 앞서 보았듯이, 나무로 만든 마차와 나무로 만든 말을 뜻한다.

③ 河湫하추

정의 하河와 추湫는 황하와 추천湫泉이다.

河湫 黃河及湫泉

④ 加玉各二가옥각이

정의 두 강에 제사 지낼 때는 각각 옥구슬 두 개를 더함을 말한다.

言二水祭時各加玉璧二枚

노나라 공손신公孫臣이 글을 올려 말했다.

“처음에 진나라는 수덕을 얻었는데 지금 한나라에서 이를 수용하였습니다. (오행의 덕이) 마치고 시작하는 순서를 미루어보면 한나라는 토덕에 해당합니다. 토덕의 감응으로 황룡黃龍이 나타날 것입니다. 마땅히 정삭을 고치고 복색을 바꾸며 색은 황색을 높이십시오.”

이때 승상 장창張蒼이 율력을 좋아하여 한나라는 수덕으로 시작했다고 여겼다. 그래서 하수가 금제金隄①에서 터졌는데, 그것이 부서符瑞로 나타난 것이라고 했다.② 해의 시작은 겨울 10월로 하고, 색은 밖은 흑색, 안은 적색을 장식해서③ 수덕과 상응하게 해야 한다면서 공손신의 말이 그르다고 물리쳤다. 그 후 3년이 지나 황룡이 성기成紀에 나타났다.④ 문제가 이에 공손신을 불러 박사에 제수하고 여러 유생과 함께 역법과 복색의 개정을 초안하도록 했다. 그해 여름에 조서를 내려 말했다.

“기이한 신神이 성기에 나타나 백성을 해치지 않고 해마다 풍년이 들었다. 짐은 상제와 여러 신에게 비는 교사를 드리고자 하니 예관들은 의논해 짐이 수고로울 것을 꺼리지 말라.”

魯人公孫臣上書曰 始秦得水德 今漢受之 推終始傳 則漢當土德 土德之應黃龍見 宜改正朔 易服色 色上黃 是時丞相張蒼好律曆 以爲漢乃水德之始 故河決金隄① 其符也② 年始冬十月 色外黑內赤③ 與德相應 如公孫臣言 非也 罷之 後三歲 黃龍見成紀 文帝乃召公孫臣 拜爲博士 與諸生草改曆服色事 其夏 下詔曰 異物之神見于成紀④ 無害於民 歲以有年 朕祈郊上帝諸神 禮官議 無諱以勞朕

① 金隄금제

집해 《한서음의》에서 말한다. "동군의 경내에 있다."

漢書音義曰 在東郡界

② 其符也기부야

색은 하수가 터진 것은 곧 수덕의 부서符瑞가 응함을 이른다.

謂河決乃水德之符應也

③ 色外黑內赤색외흑내적

집해 복건이 말했다. "10월에는 음기陰氣가 밖에 있다. 그러므로 밖이 검다. 양기陽氣는 오히려 엎드려 땅에 있다. 그러므로 안이 붉다."

服虔曰 十月陰氣在外 故外黑 陽氣尚伏在地 故內赤

④ 黃龍見成紀황룡견성기

집해 서광이 말했다. "문제 15년 봄에 있었다."

徐廣曰 在文帝十五年春

정의 살펴보니 성기는 지금의 진주현秦州縣이다.

案 成紀今秦州縣也

관리들이 모두 말했다.

"옛 천자는 여름에 친히 교사郊祀를 지냈습니다. 교외에서 상제에게 제사를 지냈기 때문에 교사라고 한 것입니다."

이에 여름 4월에 문제가 처음으로 교외로 나아가 옹雍의 5치時에서 제사를 주재했다. 그리고 의복은 모두 적색을 숭상했다. 그 이듬해 조나라 신원평新垣平이 하늘의 운기를 바라보고 나서 문제를 배알하여 말했다.

"장안의 동북쪽에 신비로운 기운이 5색의 광채를 띠고 있는데, 마치 사람이 면류관을 쓰고 있는 것 같습니다. 어떤 이는 '동북쪽은 신명神明의 집이며 서쪽은 신명의 묘지이다.'① 라고 했습니다. 하늘이 상서로운 기운을 내려주셨으니, 마땅히 사당을 세워 상제께 제사를 지내서 부서의 호응에 합치해야 합니다."라고 했다.

有司皆曰 古者天子夏親郊 祀上帝於郊 故曰郊 於是夏四月 文帝始郊見雍五時祠 衣皆上赤 其明年 趙人新垣平以望氣見上 言長安東北有神氣 成五采 若人冠絻焉 或曰東北神明之舍 西方神明之墓也① 天瑞下宜立祠上帝 以合符應

① 西方神明之墓也서방신명지묘야

집해 장안이 말했다. "신명神明은 태양이다. 태양이 동북쪽에서 나와 머문 곳을 양곡陽谷이라고 이른다. 태양이 서쪽으로 져서 묻히는 곳을 몽곡濛谷이라고 이른다."

張晏曰 神明 日也 日出東北 舍謂陽谷 日沒於西 墓謂濛谷也

이에 위수의 북쪽에 5제묘五帝廟를 지었는데, 사우祠宇를 같이했다.[①] 그리고 상제를 모시는 하나하나의 전당마다 서로 마주보게 하고 각기 5개의 문을 두었으며, 각각으로 그 제왕을 상징하는 색과 같게 했다. 제사에 쓰는 제물이나 의식은 또한 옹雍의 5치와 같게 했다. 여름 4월, 문제가 몸소 패수와 위수가 만나는 곳[②]에서 참배하고 위수 북쪽의 오제묘에서 교사郊祀를 지냈다. 오제묘는 남쪽으로 위수에 임하고 북쪽으로는 포지蒲池를 뚫어 물이 흐르게 했다.[③] 이때 봉화를 올려 제사를 지내는데, 마치 광채가 빛나 하늘에 닿는 듯했다. 이에 신원평을 상대부로 높여주고 수천 금을 하사했다. 그리고 박사와 생도들에게 6경經에서 뽑아 《왕제》를 짓게 하고[④] 순수와 봉선의 일을 의논하도록 했다. 또 문제가 장문長門[⑤]으로 나서는데 다섯 사람이 길의 북쪽에 보이는 듯하자, 마침내 그 북쪽에 5제단五帝壇을 세우고[⑥] 5뢰[⑦]를 갖추어 제사 지냈다.

於是作渭陽五帝廟 同宇[①] 帝一殿 面各五門 各如其帝色 祠所用及儀亦如雍五畤 夏四月 文帝親拜霸渭之會[②] 以郊見渭陽五帝 五帝廟南臨渭北穿蒲池溝水[③] 權火擧而祠 若光煇然屬天焉 於是貴平上大夫 賜累千金 而使博士諸生刺六經中作王制[④] 謀議巡狩封禪事 文帝出長門[⑤] 若見五人於道北 遂因其直[⑥]北立五帝壇 祠以五牢[⑦]具

① 作渭陽五帝廟同宇 작위양오제묘동우

집해 위소가 말했다. "우宇는 위는 같고 아래가 다른 집이다. 그래서 《예기》에 이른바 '복묘중옥複廟重屋'이라고 했다." 신찬이 말했다. "하나의 집 안에 5묘를 세웠다."

韋昭曰 宇謂上同下異 禮所謂複廟重屋也 瓚曰 一營宇之中立五廟

정의 《괄지지》에서 말한다. "위수 북쪽 5제묘는 옹주 함양현 동쪽 30리에 있다. 《궁전소》에서 '오제묘는 한 집에 다섯 개의 전각이다.'라고 했다." 살펴보니 하나의 집 안에 5제를 두어, 각각 그 방향의 5제에 따라 전실殿室을 만들고 문은 각각 5제의 색과 같이 한 것이다.

括地志云 渭陽五帝廟在雍州咸陽縣東三十里 宮殿疏云 五帝廟一宇五殿也 按一宇之內而設五帝 各依其方帝別爲一殿 而門各如帝色也

② 霸渭之會 패위지회

집해 여순이 말했다. "두 물이 모이는 곳이다."

如淳曰 二水之會

정의 위수 북쪽 5묘는 두 물이 합쳐지는 북쪽 기슭에 있다.

渭陽五廟在二水之合北岸

③ 蒲池溝水 포지구수

정의 안사고는 "포지蒲池는 연못을 만들어 부들을 심은 것이다. '포蒲' 자가 간혹 '만滿' 자로 되어 있는데 물이 가득한 것을 말한다."라고 했으나, 안사고의 설명은 그른 듯하다. 살펴보니 《괄지지》에서 "위수 북쪽 함양현에는 난지蘭池가 있는데 진시황이 도적을 난지에서 만났다."라고 했다. 도랑을 파고 위수를 끌어서 난지로 들어가게 했다는 말이다. 아마 '난蘭' 자를 '포蒲' 자로 잘못 써서 거듭 실수한 듯하다.

顔師古云 蒲池 爲池而種蒲也 蒲字或作滿 言其水滿 恐顔說非 按 括地志云 渭北咸陽縣有蘭池 始皇逢盜蘭池者也 言穿溝引渭水入蘭池也 疑蘭字誤作蒲 重更錯失

④ 刺六經中作王制자육경중작왕제

[색은] 안사고는 “자刺는 채취함을 이른다.”라고 했다. 유향은《칠록》에서 “문제가 만든 책은《본제》,《병제》,《복제》가 있다.”라고 했다. 刺는 ‘차[七賜反]’로 발음한다.

小顏云 刺謂采取之也 劉向七錄云 文帝所造書有本制 兵制 服制篇 刺音七賜反

⑤ 長門장문

[집해] 서광이 말했다. “패릉霸陵에 있다.” 살펴보니 여순은 “정亭 이름이다.”라고 했다.

徐廣曰 在霸陵 駰按 如淳曰 亭名

[색은] 서광이 말했다. “패릉에 있다.”

徐云 在霸陵也

[정의]《괄지지》에서 말한다. “장문 옛 정은 옹주 만년현 동북쪽 상림원上林苑 안에 있다. 뒤에 관도공주館陶公主의 장문원長門園을 무제가 궁 이름으로 사용한 것이 이것이다.”

括地志云 久長門故亭在雍州萬年縣東北苑中 後館陶公主長門園 武帝以長門名宮 即此

⑥ 直치

[집해] 맹강이 말했다. “直은 치値이다. 치는 세워진 곳에 단壇을 만들어 세운 것이다.”

孟康曰 直 值也 值其立處以作壇

⑦ 五牢 오뢰

신주 소, 돼지, 양의 세 희생이 일뢰一牢이다.

그 다음해 신원평이 사람을 시켜 옥배玉杯를 가지고 대궐 아래에서 글을 올리고 헌상하게 했다. 신원평이 주상에게 말했다.

"대궐 아래에 보옥寶玉의 기운을 가지고 온 자가 있을 것입니다."

살펴보니 과연 옥배를 바치는 자가 있었는데 '주상이시여. 장수를 누리소서'라고 새겨져 있었다. 신원평이 또 말했다.

"신이 태양을 살펴보니 두 번의 정오가 있을 것입니다."①

한 식경쯤 지나자 태양이 다시 중앙으로 물러났다. 이에 처음으로 17년을 고쳐 (후後) 원년(서기전 163)이라 하고 천하에 크게 축하연을 열었다. 신원평이 말했다.

"주나라 정鼎②이 사수泗水에서 없어졌는데, 지금 하수가 넘쳐 사수와 통합니다. 신이 동북쪽을 살피니 분음汾陰에 바로 금과 보물의 기운이 있습니다. 주나라 정이 그곳에서 나올 것 같습니다. 징조가 나타나는데도 맞이하지 않으면 이르지 않습니다."

其明年 新垣平使人持玉杯 上書闕下獻之 平言上曰 闕下有寶玉氣來者 已視之 果有獻玉杯者 刻曰 人主延壽 平又言臣候日再中① 居頃之日卻復中 於是始更以十七年爲元年 令天下大酺 平言曰 周鼎②亡在泗水中 今河溢通泗 臣望東北汾陰直有金寶氣 意周鼎其出乎 兆見不迎則不至

① 臣候日再中신후일재중

[색은] 진작이 말했다. "《회남자》에서 '노양공魯陽公이 한韓나라와 얽혀 싸움이 한창인데 날이 저물자 창과 깃발을 잡고 하루에 3사三舍(90리)를 물러났다.'라고 했는데 어찌 그러했겠는가?"

晉灼云 淮南子云 魯陽公與韓構 戰酣日暮 援戈麾之 日爲卻三舍 豈其然乎

② 周鼎주정

[집해] 서광이 말했다. "37년 뒤에 솥이 분음汾陰에서 나왔다."

徐廣曰 後三十七年 鼎出汾陰

> 이에 문제가 관리에게 분음의 남쪽에 사당을 짓게 하고 하수에 이르러 정이 나오기를 기원하는 제사를 지내려고 했다. 어떤 사람이 글을 올려 신원평이 말한 기氣와 신神에 관한 일은 모두 거짓이라고 했다. 신원평을 하옥시키고 관리에게 치죄하게 하여 신원평을 주륙했다. 이런 일이 있은 뒤로부터 문제는 정삭과 복색과 신명의 일을 개정하는 데에 소홀했다. 위양渭陽과 장문長門에서 지내는 5제의 제사는 관리가 주관해서 때에 맞추어 예를 올리게 하고 왕림하지 않았다. 다음 해에 흉노가 여러 번 변방에 쳐들어오자 군사를 일으켜 방어했다. 다음 해에는 조금 흉년이 들었다.
> 수년이 지나서 효경제가 즉위했다. 16년 동안, 제사를 맡은 관리가 각각 해마다 계절에 맞추어 옛날과 같이 제사를 올리게 하고, 새로 일으킨 일이 없이 지금의 천자에 이르렀다.[①]

於是上使使治廟汾陰南 臨河 欲祠出周鼎 人有上書告新垣平所言氣神事皆詐也 下平吏治 誅夷新垣平 自是之後 文帝怠於改正朔服色神明之事 而渭陽 長門五帝使祠官領 以時致禮 不往焉 明年 匈奴數入邊 興兵守禦 後歲少不登 數年而孝景即位 十六年 祠官各以歲時祠如故 無有所興 至今天子①

① 至今天子 지금천자

집해 이후로부터 무제의 일이며 저소손이 취해서 〈무제본기〉로 삼았다. 주해는 이미 제 12권에 있으며 지금 곧 서광의 뜻을 게재했다.

自此後武帝事 褚先生取爲武帝本紀 注解已在第十二卷 今直載徐義

방술에 빠진 무제

지금의 천자가 비로소 즉위해서 더욱 귀신의 제사에 공경을 다했다. 원년은 한나라가 일어난 지 이미 60여 년이 되었다.[①] 천하는 잘 다스려져 안정되었으나 높은 관리들은 모두 천자가 봉선을 하고 법도를 바르게 고치기를 바랐다. 무제는 유교를 지향해 현량을 초빙했는데, 조관趙綰과 왕장王臧 등이 문학으로써 공경이 되어 옛날 명당明堂을 성의 남쪽에 세우고 제후들과 조회하는 것을 건의하고자 했다. 또 순수하고 봉선하며 역법과 복색을 바꾸는 일을 초안하려고 했으나 이루지 못했다.

때마침 두태후는 황제黃帝와 노자老子의 말[②]을 익히고 유교를 좋아하지 않았다. 이에 사람을 시켜 조관 등이 이권사업에 간여했는지를 몰래 엿보게 하고, 조관과 왕장을 불러 조사하려 하자 그들이 자살했으므로, 여러 가지 일으키고자 했던 사업들이 모두 폐지되었다.

今天子初即位 尤敬鬼神之祀 元年 漢興已六十餘歲矣[①] 天下艾安 搢紳之屬皆望天子封禪改正度也 而上鄉儒術 招賢良 趙綰王臧等以文學爲公卿 欲議古立明堂城南 以朝諸侯 草巡狩封禪改曆服色事未就 會竇太后治黃老言[②] 不好儒術 使人微伺得趙綰等姦利事 召案綰臧 綰臧自殺 諸所興爲皆廢

① 漢興已六十餘歲矣한흥이육십여세의

신주 고조는 서기전 202년 중토를 통일했고 무제는 서기전 141년 즉위했다. 그래서 한나라가 통일한 지 60년이 된다. 사실 이 뒤로 〈봉선서〉는 〈무제본기〉와 거의 똑같다. 이는 예전에 벌써 본기가 망실되어 〈봉선서〉에서 베껴 취한 탓이다.

② 黃老言황로언

신주 황로학黃老學을 말한다. 황로는 황제와 노자를 함께 이르는 말로, 이에 바탕을 둔 학문을 '황로학'이라고 한다. 황로학은 도가의 본질이 바뀌어 이른바 장생불사와 신선을 구하는 것 등 허황된 학문이 되었다. 이것에 종교적 틀이 갖춰져서 도교가 만들어지고 인간사를 지배하였다.

> 그 후 6년이 지나서 두태후가 죽었다. 그 다음해에 문학에 뛰어난 선비인 공손홍公孫弘 등을 초청했다. 다음 해에는 무제가 처음으로 옹雍에 이르러 5치에서 교사郊祀를 지냈다. 그 뒤 항상 3년에 한 번 교사를 지냈다.① 이때 무제가 신군神君을 얻어 상림上林 안의 제지관蹏氏觀②에 머무르게 했다. 신군神君이란 장릉長陵의 여인인데 아들 때문에 죽어서 동서인 완약宛若의 몸에 신으로 나타났다. 완약이 그의 집에서 제사를 지내자 백성이 많이 와서 제사를 지냈다. 평원군平原君③이 가서 제사를 지낸 후로 자손들이 존귀해졌다. 금상이 즉위하기에 이르러 두터운 예로 사당을 궁중에 두었다. 그런데 그의 말을 들을 수 있었으나 그 사람의 모습은 볼

수 없었다고 한다.

後六年 竇太后崩 其明年 徵文學之士公孫弘等 明年 今上初至雍 郊見五時 後常三歲一郊[①] 是時上求神君 舍之上林中蹏氏觀[②] 神君者 長陵女子 以子死 見神於先後宛若 宛若祠之其室 民多往祠 平原君[③]往祠 其後子孫以尊顯 及今上即位 則厚禮置祠之內中 聞其言 不見其人云

① 三歲一郊삼세일교

색은 살펴보니 《한구의》에서 말한다. "원년에 하늘에 제사하고, 2년에 땅에 제사하며, 3년에 5치畤에서 제사 지낸다. 3년마다 한 번 황제가 몸소 행차한다."

案 漢舊儀云 元年祭天 二年祭地 三年祭五畤 三歲一遍 皇帝自行也

② 蹏氏觀제지관

신주 한나라 때 상림원에 있던 궁관宮觀이다. 황제의 휴식을 위한 공간이었다.

③ 平原君평원군

신주 평원군은 한경제漢景帝 유계劉啓의 두 번째 황후인 왕지王娡의 어머니로, 이름은 장아臧兒다. 장아는 한나라의 이성異姓 제후왕 장도臧荼의 손녀인데, 장도가 한고조 유방劉邦의 이성 제후왕 제거 정책에 의해 주살되자 장아의 부친은 흉노로 도주했고, 집안은 평민으로 몰락했다. 장아는 먼저 괴리槐里에 사는 왕중王仲에게 시집갔다가 왕중이 죽은 후 장릉長陵의 전씨田氏에게 재가했다. 장아의 장녀인 왕지는 김왕손金王孫의 부인이 되었다가 이혼했는데 장아가 태자궁에 입궁시켰다. 태자 유계는 왕지를 총애해서 후궁인 미인美人으로 봉했는데 1남 3녀를 낳았다. 남자 아이를 임신했을 때 왕미인은 꿈에 해가 그의 속으로 들어오는 꿈을 꿨는데 태자에게 이를 고하자 태자는 "이는 크게 귀하게 될 징조다."라고 말했다. 태자가 즉위해서 경제가 되는데, 왕미인이 낳은 아들이 나중에 한무제가 되는 유철劉徹이다. 경제의 황후였던 박황후薄皇后가 폐위된 후 왕미인이 황후가 되고 그의 독자였던 유철이 적자嫡子가 되면서 태자로 책봉되었다. 한무제는 즉위한 후 왕지를 황태후로 높이고 그 어머니 장아를 평원군으로 삼았다.

이때에 이소군李少君이 또한 부엌신에 대한 제사와 곡도穀道① 와 노화를 물리치는 방술을 가지고 무제를 알현하자, 무제가 높이 대우했다. 이소군은 옛날 심택후深澤侯② 의 사인舍人으로 있으면서 방술을 주관했다. 그는 자신의 나이와 성장 과정을 숨기고 항상 스스로 70세라고 말하며, 사물로 하여금 노화를 물리치게 할 수 있다고 했다. 그는 방술方術로써 두루 제후들과 교유했다. 아내와 자식도 없었다. 사람들은 그가 사물로 하여금 죽지 않게 할 수 있다는 것을 듣고서 번번이 음식을 보내와서 늘 금전이나 의복, 그리고 음식에 여유가 있었다. 사람들은 모두 그가 생업에 종사하지 않는데도 풍족하다고 여기고, 또 무엇을 하는 사람인지 알지도 못하면서 더욱 그를 믿고 다투어 섬겼다.

이소군은 바탕이 방술方術을 좋아하고 교묘하게 잘 꾸미며 들추는 것마다 기이할 정도로 적중했다. 일찍이 무안후武安侯[3]를 좇아 술을 마셨는데 그 자리에 90여 세의 노인이 있었다. 이소군이 이에 그가 그의 할아버지와 사냥하며 활 쏘던 곳을 말했는데, 노인이 아이였을 때 그의 할아버지를 따라 간 적이 있었고 그가 그곳을 알자, 좌중이 모두 놀랐다.

是時李少君亦以祠竈穀道[1]卻老方見上 上尊之 少君者 故深澤侯[2]舍人 主方 匿其年及其生長 常自謂七十 能使物 卻老 其游以方徧諸侯 無妻子 人聞其能使物及不死 更饋遺之 常餘金錢衣食 人皆以爲不治生業而饒給 又不知其何所人 愈信 爭事之 少君資好方 善爲巧發奇中 嘗從武安侯[3]飮 坐中有九十餘老人 少君乃言與其大父游射處 老人爲兒時從其大父 識其處 一坐盡驚

① 穀道곡도

신주 곡기를 피해서 먹는 도가의 양생법이다. 즉 중국 고대의 방사들이 불로장생의 방술로 썼던 식생활로, 곡기를 피하고 솔잎, 밤, 대추 등을 생식하는 것을 말한다.

② 深澤侯심택후

색은 〈표〉를 살펴보니 심택후는 조장석(조장야라고도 함)인데, 손자 이후夷侯 조호趙胡가 이어서 봉해졌다.

案表 深澤侯趙將夕 孫夷侯胡紹封

③ 武安侯무안후

색은 살펴보니 이는 전분田蚡이다.

案 是田蚡也

이소군이 무제를 배알하였을 때, 무제는 오래된 구리그릇을 가지고 있었는데 이에 대해 소군에게 물었다. 이소군이 대답했다.
"이 그릇은 제나라 환공 10년에 백침柏寢①에 진열했던 것입니다."
이윽고 그 새긴 것을 살펴보니 과연 제환공의 그릇이었다. 온 궁전 사람들이 놀라고 이소군을 신神이라고 하며 수백 살의 사람으로 여겼다. 이소군이 주상에게 말했다.
"부엌신에게 제사를 드리면 사물의 궁극에 다다를 수 있습니다. 사물의 궁극에 다다르면 붉은 모래를 황금으로 바꿀 수 있습니다. 황금이 된 것으로 음식을 담는 그릇을 만들면 더 오래 살 수 있을 것입니다. 더 오래 살게 되면 바다 가운데 봉래산의 신선을 볼 수 있습니다. 그를 만나보고 나서 봉선封禪하면 죽지 않는데, 황제黃帝가 이러했습니다. 신은 일찍이 바닷가에서 놀며 안기생安期生을 만나 보았는데 그가 먹는 거대한 대추②는 참외와 같았습니다. 안기생은 신선이라 봉래산 안을 왕래하면서 뜻이 맞으면 사람을 만나고 맞지 않으면 숨어 버립니다."

少君見上 上有故銅器 問少君 少君曰 此器齊桓公十年陳於柏寢① 已而案其刻 果齊桓公器 一宮盡駭 以爲少君神 數百歲人也 少君言上曰 祠竈則致物 致物而丹沙可化爲黃金 黃金成以爲飮食器則益壽 益壽而海中蓬萊僊者乃可見 見之以封禪則不死 黃帝是也 臣嘗游海上 見安期生 安期生食巨棗② 大如瓜 安期生僊者 通蓬萊中 合則見人 不合則隱

① 柏寢백침

색은 살펴보니 《한자》에서 "제경공과 안자晏子가 작은 바다에서 유람하며 백침대에 올라 그의 나라를 바라보았다."라고 했다.

案 韓子云 齊景公與晏子遊於少海 登柏寢之臺而望其國

② 巨棗거조

색은 살펴보니 포개는 "巨를 어떤 곳에는 신臣이라고 썼다."라고 했다.

案 包愷云 巨 或作臣

이에 천자는 처음으로 친히 부엌신에게 제사를 지내고 방사方士들을 바다에 보내 봉래산의 안기생 무리를 찾게 했다. 또 붉은 모래와 여러 약제로 황금 만드는 일을 하게 했다. 오래 지나서 이소군이 병으로 죽자, 천자는 변화해서 떠난 것이지 죽은 것이 아니라고 여겼다. 이에 황현黃縣과 추현錘縣① 의 사史(문서담당 관리)인 관서寬舒를 시켜 그의 방술을 전수받아 봉래산의 안기생을 찾게 했으나 찾지 못했다. 해상에는 연나라와 제나라의 괴상하고 바르지 않은 방사들이 많았는데, 번갈아 와서 신선의 일을 말했다.

於是天子始親祠竈 遣方士入海求蓬萊安期生之屬 而事化丹沙諸藥齊爲黃金矣 居久之 李少君病死 天子以爲化去不死 而使黃錘① 史寬舒受其方 求蓬萊安期生莫能得 而海上燕齊怪迂之方士多更來言神事矣

① 黃錘황추

집해 서광이 말했다. "鍾는 '제[才恚反]'로 발음한다. 추현과 황현은 모두 동래군에 있다."

徐廣曰 鍾音才恚反 鍾縣黃縣 皆在東萊

박亳 땅 사람 유기謬忌가 태일신太一神에게 제사 지내는 방법을 상주했다.

"천신 중 귀한 신은 태일①이고 태일신의 보좌를 5제라고 합니다. 옛날 천자는 봄, 가을로 동남쪽 교외에서 태일신에게 제사를 지냈습니다. 큰 희생을 사용하여② 7일 동안 제사 지냈으며 단을 만들어 8방으로 귀신의 길을 통하게 했습니다.③"

이에 천자가 태축에게 명하여 장안의 동남쪽 교외에 사당을 세우고 늘 유기가 말한 방법으로 제사를 받들게 했다. 그 뒤 어떤 사람이 글을 올려서 말했다.

"옛날 천자는 3년에 한 번 큰 희생을 사용해 세 일신一神에게 제사를 지냈는데, 천일, 지일, 태일의 신이었습니다."

천자가 이를 허락하고 태축에게 명하여 유기의 태일단 위에서 제사를 주관하게 했는데, 그의 방식과 같았다.

亳人謬忌奏祠太一方 曰 天神貴者太一① 太一佐曰五帝 古者天子以春秋祭太一東南郊 用太牢② 七日 爲壇開八通之鬼道③ 於是天子令太祝立其祠長安東南郊 常奉祠如忌方 其後人有上書 言古者天子三年壹用太牢祠神三一 天一地一太一 天子許之 令太祝領祠之於忌太一壇上如其方

① 太一 태일

색은 《악협징도》에서 "천궁은 자미紫微이다. 북극은 천일과 태일이다." 라고 했다. 송균은 "천일과 태일은 북극신의 별명이다."라고 했다. 《춘추좌조기》에서 "자궁紫宮은 천황 요백보天皇曜魄寶가 다스리는 곳이다."라고 했다. 석씨는 "천일과 태일이 각각 하나의 별이고 자궁紫宮의 문 밖에 있어 천황대제를 섬겨 받든다."라고 했다.

樂汁徵圖曰 天宮 紫微 北極 天一 太一 宋均云 天一 太一 北極神之別名 春秋佐助期曰 紫宮 天皇曜魄寶之所理也 石氏云 天一 太一 各一星 在紫宮門外 立承事天皇大帝

② 太牢 태뢰

신주 중국 고대의 제사에 사용한 희생으로 천자가 하늘에 제사 지낼 때 썼는데, 희생 중 가장 큰 희생이었다.

③ 開八通之鬼道 개팔통지귀도

색은 "8방으로 귀신의 길을 통하게 했다."라는 것은, 살펴보니 사마표의 《속한서》〈제사지〉에서 "단은 여덟 계단이 있는데, 통도通道를 문으로 삼았다."라고 했다. 또 《삼보황도》에서 "상제의 단은 8고觚이고 신도神道는 8통인데 넓이는 30보이다."라고 했다.

開八通鬼道 案 司馬彪續漢書祭祀志云 壇有八陛 通道以爲門 又三輔黃圖云 上帝壇八觚 神道八通 廣三十步

뒤에 또 어떤 사람이 거듭 글을 올려 말했다.

"옛날 천자는 항상 봄에 하늘이 내리는 벌과 허물을 풀고 복을 구하는 제사를 지냈습니다.① 황제黃帝에게 제사 지낼 때는 한 마리의 올빼미와 파경破鏡을 사용했습니다.② 명양신冥羊神에게 제사할 때는 양을 사용하고 마행신馬行神에게는 푸른 수컷 말 한 마리를 사용했습니다. 태일이나 택산군지장신澤山君地長神③에게는 소를 사용하고 무이군武夷君에게는 건어물을,④ 음양사자신陰陽使者神에게는 소 한 마리를 사용해 제사 지냈습니다."

무제는 제사를 맡은 관리에게 그가 말한 방법대로 주관하라고 명하고 유기가 세운 태일단太一壇 곁에서 제사를 지내도록 했다. 그 후 천자의 정원에 흰 사슴이 있어, 그 가죽으로 폐백을 만들었는데 상서로운 감응이 일어나자 백금으로 상서물을 제조했다.⑤

後人復有上書 言古者天子常以春解祠① 祠黃帝用一梟破鏡② 冥羊用羊祠 馬行用一青牡馬 太一澤山君地長③用牛 武夷君用乾魚④ 陰陽使者以一牛 令祠官領之如其方 而祠於忌太一壇旁 其後 天子苑有白鹿以其皮爲幣 以發瑞應 造白金焉⑤

① 解祠 해사

색은 사당에 제사를 지내서 하늘이 내리는 벌과 허물을 풀고 복과 상서를 구하는 것을 이른다.

謂祠祭以解殃咎 求福祥也

② 一梟破鏡일효파경

신주 효梟는 효조梟鳥(올빼미)로 어미를 잡아먹는다는 새이며, 파경破鏡은 파경破獍으로도 불리는데, 아비를 잡아먹는 짐승이다. 이는 효경梟獍이라 하여 악인을 지칭할 때 쓰는 말이기도 하다.

③ 澤山君地長택산군지장

집해 서광이 말했다. "택澤은 다른 판본에는 '고皐'로 되어 있다."

徐廣曰 澤 一作皐

색은 사람이 글을 올린 것은 옛날 천자가 태일에게 제사를 지냈다는 말이다. 태일은 천신이다. 택산澤山은 '본기'에 '고산皐山'으로 되어 있다. 고산군皐山君 지장地長은 고산에서 땅에 제사 지내는 것을 이른다. 함께 큰 희생을 사용한다. 그러므로 '용우用牛'라고 했다. 아마 이것은 다른 세대의 법일 것이다.

此則人上書言古天子祭太一 太一 天神也 澤山 本紀作皐山 皐山君地長 謂祭地於皐山 同用太牢 故云用牛 蓋是異代之法也

④ 武夷君用乾魚무이군용건어

색은 고씨가 살펴보니 《한서》〈지리지〉에서는 "건안군에 무이산武夷山이 있고 계곡에는 선인仙人의 장례를 지낸 곳이 있는데 곧 《한서》에서 이른바 무이군武夷君이라고 말한 곳이다. 이때 이미 월나라 무당 용지勇之를 썼는데 아마 곧 이 신일 것이다."라고 했다. 지금 살펴보니 그 제사에 건어물을 사용하고 희생을 바치지 않았으나, 혹 고씨의 설명과 같을지 모른다.

顧氏案 地理志云 建安有武夷山 溪有仙人葬處 即漢書所謂武夷君 是時既用越巫勇之 疑即此神 今案 其祀用乾魚 不饗牲牢 或如顧說也

신주 무이군武夷君은 무이산 산신이다. 무이산은 강서성과 복건성 사이 남령산맥 줄기에 있는데, 도교, 불교, 유교에서 모두 높이 받드는 산이다.

⑤ 造白金焉조백금언

색은 살펴보니 악산은 "용, 말, 거북이라고 한다."라고 했다.

案 樂產云 謂龍馬龜

신주 이 내용에 대해서는 〈효무본기〉에 좀 더 자세히 기록하고 있다.

> 다음해에 옹雍에서 교사郊祀를 지내고① 뿔이 하나인 짐승을 얻었는데 포麃(쇠꼬리에 뿔이 하나 달린 동물) 같았다. 관리가 말했다.
> "폐하께서 엄숙하고 경건하게 교사를 올리니 상제께서 보답으로 뿔이 하나인 짐승을 주셨는데 아마도 기린②인 듯합니다."
> 이에 이것을 5치에 바치고 치에서는 소 한 마리를 더하여 불태워 제사 지냈다. 제후들에게는 백금으로 제조한 상서로운 물건을 하사하고 하늘의 뜻에 감응해서 부합한 것임을 넌지시 일깨워 주었다. 이로써 제북왕은 천자가 또 봉선을 거행할 것으로 여기고 글을 올려 태산과 그 주변의 읍을 바치자, 천자는 다른 현縣을 주어 보상했다.
> 상산왕③이 죄가 있어 내쫓기자 천자는 그의 아우를 진정왕眞定王으로 봉해서 선왕들의 제사④를 잇게 하고 상산을 군으로 만들었다. 그런 연후에 5악岳이 모두 천자가 (직접 다스리는) 군郡에 있게 되었다.⑤

其明年 郊雍① 獲一角獸 若麃然 有司曰 陛下肅祗郊祀 上帝報享 錫一角獸 蓋麟②云 於是以薦五畤 畤加一牛以燎 錫諸侯白金 風符應合于天也 於是濟北王以爲天子且封禪 乃上書獻太山及其旁邑 天子以他縣償之 常山王③有罪 遷 天子封其弟於眞定 以續先王祀④ 而以常山爲郡 然後五岳皆在天子之(邦)〔郡〕⑤

① 郊雍교옹

집해 서광이 말했다. "무제가 이미 즉위한 지 19년이다."

徐廣曰 武帝立已十九年

② 麟린

신주 중국 신화에 나오는 외뿔 짐승으로 이것이 나타나면 임금의 덕이 있어 출현한 것으로 여겼으며, 또한 현인 또는 성군이 곧 태어나거나 죽게 되는 징조로 받아들였다. 수컷을 '기麒', 암컷을 '린麟'이라고 부른다.

③ 常山王상산왕

신주 이때의 상산왕은 경제의 손자이자 상산헌왕常山憲王 유순劉舜의 아들인 유발劉勃이다. 한무제 원정 3년(서기전 114) 유발은 부친의 뒤를 이어 상산왕이 되었는데, 유발의 어머니는 유순이 병사했을 때 수많은 총희寵姬들이 있었던 것을 꺼려서 영구靈柩를 받들지 않았다. 또한 유발은 부친상 때 도박을 했는데, 그 서형 유절劉梲에게 고발당했다. 무제는 유발이 상산왕이 된 지 몇 달 되지 않았으나 폐위시키고 전 가족을 방릉房陵으로 이주시켜 상산국을 없애버렸다. 얼마 후 무제는 상산국이 없어진 것을 안타깝게 여겨서 유발의 동생 유평劉平을 왕으로 봉하고 국명을 진정眞定으로 고쳤다.

④ 先王祀 선왕사

집해 서광이 말했다. "원정 4년 때이다."

徐廣曰 元鼎四年時

⑤ 天子之郡 천자지군

신주 제후왕이 다스리는 행정구역을 '국國'이라고 하고 제후가 아닌 중앙정부가 직접 다스리는 곳을 '군郡'이라고 한다.

그 다음해에 제나라의 소옹少翁이 귀신의 방술로 무제를 배알했다. 무제의 총애를 받던 왕부인王夫人[①]이 있었는데 왕부인이 죽자 소옹이 방술로 밤에 왕부인과 부엌귀신의 모습을 보이겠다고 이르고, 천자는 휘장 안에서 그녀의 모습을 바라보게 했다. 이에 소옹을 제수해 문성장군文成將軍으로 삼고 상으로 하사한 것이 매우 많았으며 그를 객客의 예로 예우했다. 문성장군이 말했다.
"주상께서는 즉시 신과 통하고 싶어 하시지만 궁실에서 의복을 입은 것이 신의 형상과 같지 않아서 신물神物이 오지 않습니다."
이에 천자는 운기거雲氣車를 그려서 만들게 하고 5행이 각각 이기는[②] 날에 수레를 타서 악귀를 피하도록 했다. 또 감천궁甘泉宮을 지어 중앙에 대실臺室을 만들고, 천신, 지신, 태일신 등의 여러 귀신을 그리고 제구를 갖추어 천신이 이르도록 했다.

其明年 齊人少翁以鬼神方見上 上有所幸王夫人① 夫人卒 少翁以方蓋夜致王夫人及竈鬼之貌云 天子自帷中望見焉 於是乃拜少翁爲文成將軍 賞賜甚多 以客禮禮之 文成言曰 上即欲與神通 宮室被服非象神 神物不至 乃作畫雲氣車 及各以勝② 日駕車辟惡鬼 又作甘泉宮 中爲臺室 畫天地太一諸鬼神 而置祭具以致天神

① 王夫人 왕부인

집해 서광이 말했다. "〈외척전〉에서 조나라의 왕부인이 총애를 받아 자식이 있었는데 봉해서 제왕齊王으로 삼았다고 했다."

徐廣曰 外戚傳曰 趙之王夫人幸 有子 封爲齊王

신주 제도혜왕齊悼惠王 유비劉肥의 세가가 제나라에서 끊어지고, 무제 원수 6년 왕부인의 아들 유굉劉閎이 제왕으로 봉해진다. 8년 만인 원봉 원년에 죽고 후계자가 없어 봉국이 없어졌다.

② 勝 승

색은 살펴보니 악산이 말했다. "청거青車는 갑일과 을일에, 적거赤車는 병일과 정일에, 현거玄車는 임일과 계일에, 백거白車는 경일과 신일에, 황거黃車는 무일과 기일에 그린다. 장차 물의 일이 있으면 황거黃車를 타므로 아래에서 '거가를 타고 악귀를 피한다.'라고 한 것이 이것이다."

案 樂產云 謂畫青車以甲乙 畫赤車丙丁 畫玄車壬癸 畫白車庚辛 畫黃車戊己 將有水事則乘黃車 故下云駕車辟惡鬼是也

한 해 남짓 지나서 그의 방술은 더욱 쇠약해져서 신이 이르지 않았다. 이에 비단에 글씨를 써서 소에게 먹이고, 속여서① 모르는 것처럼 하고 "이 소의 배 속에는 기이한 것이 있다."라고 말했다. 그래서 소를 죽여 살펴보고 글을 얻었는데 글의 말이 매우 괴이했다. 천자는 그것이 손으로 쓴 것임을 알고 그 사람이 누구인가를 물었다. 과연 거짓된 글이었으므로 이에 문성장군을 처단하고 이를 비밀에 부쳤다. 그 후 또 백량柏梁과 동주銅柱②를 짓고 승로선인장承露仙人掌③ 등을 만들었다.

문성장군이 죽은 다음 해에 천자가 정호鼎湖④에서 병을 심하게 앓았는데, 무의巫醫⑤들이 모든 노력을 다했으나 낫지 않았다. 유수발근游水發根⑥의 말에 상군上郡에 무당이 있는데, 병을 앓아서 귀신을 내려오게 한다고 했다. 주상이 불러 감천궁에서 제사 지냈다. 마침내 병이 들자 사람을 보내 신군神君에게 물어보게 했다. 신군이 대답했다.

"천자는 병을 근심할 것이 없다. 병이 조금이라도 나으면 억지로라도 나와 감천궁에서 만나도록 하라."

居歲餘 其方益衰 神不至 乃爲帛書以飯牛 詳①不知 言曰此牛腹中有奇 殺視得書 書言甚怪 天子識其手書 問其人 果是僞書 於是誅文成將軍 隱之 其後則又作柏梁銅柱②承露仙人掌③之屬矣 文成死明年 天子病鼎湖④甚 巫醫⑤無所不致 不愈 游水發根⑥言上郡有巫 病而鬼神下之 上召置祠之甘泉 及病 使人問神君 神君言曰 天子無憂病 病少愈 彊與我會甘泉

① 詳양

신주 詳은 '속이다, 거짓'의 뜻이다.

② 柏梁銅柱백량동주

집해 서광이 말했다. "원정 2년 때이다."

徐廣曰 元鼎二年時

신주 백량은 누각 백량대를 가리키고, 동주는 건장궁建章宮 신명대神明臺에 세운 구리기둥이다. 높이가 20장, 둘레가 일곱 아름이나 될 정도로 웅장했다.

③ 承露仙人掌승로선인장

신주 신선이 이슬을 받는 손바닥 모양의 소반인 승로반을 말한다. 무제는 이슬과 옥가루를 섞어 만든 옥로玉露를 마시면 영생불사한다는 믿음을 가지고 있었다.

④ 鼎湖정호

색은 살펴보니 《삼보황도》에서 "정호鼎湖는 궁 이름인데 남전藍田에 있다."라고 했다. 위소가 말했다. "지명으로 의춘宜春에서 가깝다." 살펴보니 호湖는 본래 경조윤에 속했는데 뒤에 나뉘어 홍농군에 속했다. 아마 정호鼎湖가 있는 곳이 아닐 것이다.

案 三輔黃圖 鼎湖 宮名 在藍田 韋昭云 地名 近宜春 案 湖本屬京兆 後分屬弘農 恐非鼎湖之處也

신주 《한서》 〈교사지〉에서 말한다. "황제黃帝가 수산首山의 구리를 캐어 형산荊山 아래서 솥을 만들었다. 용이 턱수염을 늘이고 아래에서 황제를 맞이했다. 후세 사람이 그곳을 정호鼎湖라고 했다."

⑤ 巫醫무의

신주 무술巫術로 병을 치료하는 무당을 일컫는다.

⑥ 游水發根유수발근

신주 사람 이름이다. 유수游水는 복성複姓이고 발근發根은 이름이다.

> 이에 병이 조금 낫자 마침내 일어나 감천궁으로 가니 병세가 좋아져 완전히 회복되었다. 이에 크게 사면령을 내리고 신군神君을 수궁壽宮에 모셨다. 수궁의 신군 중에서도 태일신을 가장 귀하게 여겼다. 그 보좌로는 대금신大禁神과 사명신司命神 등이 모두 그를 따랐다. 신령을 볼 수는 없었지만 말은 들을 수 있었는데, 마치 사람이 이야기하는 것과 같았다. 때로는 떠났다가 돌아왔으며, 들어올 때는 바람처럼 숙연했다. 그리고 궁실의 장막 안에 거처하면서 낮에 말할 때도 있었으나 보통은 밤에 말했다.
>
> 천자는 불제(푸닥거리)를 지낸 후에 들어갔다. 이로 인해 무의가 주인이 되어 음식에 관여하고 신군이 말하는 것을 아래로 전했다. 또 수궁과 북궁을 설치하여 우기羽旗(오색 깃으로 만든 깃발)를 진열하고, 공양할 음식을 진설하여 신군神君을 예우했다. 신군이 말한 것은 주상이 사람을 시켜 그 말을 받아 기록하게 하고, 그것을 '화법畫法'이라고 명명했다. 그가 한 말은 세속에서도 알 수 있는 것으로

별다른 것이 없었는데도, 천자는 마음속으로 홀로 기뻐했다. 그 일은 비밀이어서 세상에 알려지지 않았다.
於是病愈 遂起 幸甘泉 病良已 大赦 置壽宮神君 壽宮神君最貴者太一 其佐曰大禁司命之屬 皆從之 非可得見 聞其言 言與人音等 時去時來 來則風肅然 居室帷中 時晝言 然常以夜 天子祓 然後入 因巫爲主人 關飮食 所以言 行下 又置壽宮北宮 張羽旗 設供具 以禮神君 神君所言 上使人受書其言 命之曰畫法 其所語 世俗之所知也 無絕殊者 而天子心獨喜 其事祕 世莫知也

그 후 3년이 지나 관리가 "원년은 하늘의 상서로운 명을 따르는 것이 마땅하지, 1, 2라는 숫자로 하는 것은 마땅하지 않사옵니다. 첫 번째 원년은 '건원建元'으로 하고, 두 번째 원년은 혜성이 나타났으니 '원광元光'으로 하고, 세 번째 원년은 교외에서 일각수一角獸를 얻었으니 '원수元狩'로 해야 하옵니다."라고 아뢰었다.
그 다음해 겨울, 천자는 옹 땅에서 교사(천지의 제사)를 지내고 대신들과 의논해 말했다.
"지금 상제께 짐이 몸소 교사를 지냈으니 후토后土신①에게 제사 지내지 않으면 예로 응답하지 않을 것이오."
담당 관리와 태사공太史公과 사관祠官 관서寬舒 등이 의논해서 말했다.
"천신과 지신에게 올리는 희생은 뿔이 누에고치나 밤알처럼 작은 것을 썼습니다. 따라서 지금 폐하께서 몸소 지신에게 제사를 지내시려면 마땅히 연못 가운데의 둥근 언덕에 다섯 개의 제단을 만들고, 제단에는 한 마리씩 누런 송아지로 희생을 갖추십시오. 또 제사를 마치면 땅에 묻어야 하고 제사 지낼 때의 옷은 황색을 입어야 합니다."

其後三年 有司言元宜以天瑞命 不宜以一二數 一元曰建 二元以長星曰光 三元以郊得一角獸曰狩云 其明年冬 天子郊雍 議曰 今上帝朕親郊 而后土①無祀 則禮不答也 有司與太史公 祠官寬舒議 天地牲角繭栗 今陛下親祠后土 后土宜於澤中圜丘爲五壇 壇一黃犢太牢具 已祠盡瘞而從祠衣上黃

① 后土후토

신주 중국 고대 신화에 나오는 토지의 신을 말한다. 땅의 주관자로서 토양과 추수를 관장하는 사직신과 동일시하였다. 한무제 원정 4년(서기전 113)에 처음으로 이 신에게 제사하였다.

이에 천자가 드디어 동쪽으로 가서 처음으로 후토사后土祠(지신의 사당)를 분음汾陰의 수구脽丘에 세웠다.① 그리고 관서 등과 의논한 것처럼 무제는 친히 망배望拜의 예를 상제의 예와 같게 했다. 예를 마치자 천자는 드디어 형양滎陽에 이르렀다가 돌아왔는데, 낙양을 지날 때 조서를 내려 말했다.

"삼대가 단절되고 아득히 멀어 보존하기 어려웠다. 그곳 30리 땅에 주나라의 후예를 주자남군周子南君②에 봉해서 선조의 제사를 받들도록 하라."

이 해에 천자는 처음으로 군현을 순수하면서 태산으로 나아갔다.

於是天子遂東 始立后土祠汾陰脽丘① 如寬舒等議 上親望拜 如上帝禮 禮畢 天子遂至滎陽而還 過雒陽 下詔曰 三代邈絕 遠矣難存 其以三十里地封周後爲周子南君② 以奉其先祀焉 是歲 天子始巡郡縣 侵尋於泰山矣

① 始立后土祠汾陰脽丘시립후토사분음수구

집해 서광이 말했다. "원정 4년(서기전 113)이다."

徐廣曰 元鼎四年

신주 수구는 분음현의 언덕이다. 분음현은 지금의 산서성 만영현 서남쪽 보정寶鼎인데, 분수汾水의 남쪽에 있어서 지은 이름이다. 분음현 언덕은 무제가 지신에게 제사를 지낸 곳인데, 그 길이가 4~5리, 너비가 1리 남짓하고 높이가 10여 장(약 30m)이 되었다고 한다.

② 周子南君주자남군

신주 주 왕실의 후예 희가姬嘉를 가리킨다. 무제가 희가를 주자남군周子南君에 봉해서 선조의 제사를 잇게 했다.

그해 봄, 낙성후樂成侯①가 글을 올려 난대欒大를 소개했다. 난대는 교동왕의 궁인이다. 그는 옛날에 일찍이 문성장군과 같은 스승을 섬긴 까닭에 이윽고 교동왕의 상방尙方(의약을 맡은 벼슬)이 되었다. 낙성후의 누이는 교동 강왕康王②의 왕비가 되었으나 아들이 없어서 강왕이 죽은 후③ 첩의 아들이 왕이 되었다. 강왕비는 음란한 행실이 있었고, 왕과도 뜻이 맞지④ 않아 서로 법을 이용해서 모함했다. 이때 강왕비는 문성장군이 이미 죽었다는 소문을 듣고 스스로 무제에게 아첨하고자 곧바로 난대를 보내 낙성후를 통해 무제를 뵙고 방술을 말하게 했다. 천자는 문성장군을 주살한 뒤에 일찍 죽인 것을 후회하고 그의 방술이 다하지 못한 것을 애석하게 여기던 차여서 난대를 만나자 크게 기뻐했다.

其春 樂成侯①上書言欒大 欒大 膠東宮人 故嘗與文成將軍同師 已而爲膠東王尙方 而樂成侯姊爲康王②后 無子 康王死③ 他姬子立爲王 而康后有淫行 與王不相中④ 相危以法 康后聞文成已死 而欲自媚於上 乃遣欒大因樂成侯求見言方 天子既誅文成 後悔其蚤死 惜其方不盡 及見欒大 大說

① 樂成侯 낙성후

신주 이때 낙성후는 정의丁義이다. 악읍장공주鄂邑長公主의 남편이다. 원정 5년 가을 난대가 무제를 속인 죄로 참형을 당할 때, 그는 난대를 천거했다는 이유로 같이 제거당하고 봉국도 없어졌다. 하지만《한서》〈교사지〉에는 난대에 걸려 제거된 사람 이름은 '등登'이라고 했다.

② 康王강왕

[색은] 강왕의 이름은 '기寄'이다.

康王 名寄也

③ 康王死강왕사

[집해] 서광이 말했다. "원수 2년에 죽었다."

徐廣曰 以元狩二年薨

④ 中중

[색은] 살펴보니《삼창》에서 "중中은 '얻다'이다."라고 했다.

案 三蒼云 中 得也

난대는 풍채가 크고 아름다우며 그의 말 중에 방략方略이 많았다. 또 감히 큰소리치며[①] 처신하는 데에도 주저하지 않았다. 난대가 말했다.

"신은 평소에 바다 가운데를 왕래하면서 안기생과 선문羨門의 무리를 만났습니다.[②] 그러나 그들은 신을 미천하다고만 여기고 신을 믿지 않았으며, 또 강왕은 제후일 뿐이니 함께 방술을 하기에는 부족하다고 여겼습니다. 신이 자주 강왕에게 말했으나 강왕도 신을 등용하지 않았습니다. 신의 스승께서 말씀하시기를 '황금을 만들 수 있고 하수가 터져도 막을 수 있으며 불사약도 얻을 수 있고 신선도 오게 할 수 있다.'라고 했습니다. 그러나 신이 문성장군을 본받는 것에 두려움을 느끼게 한다면 방사들도 모두 입을 닫을 것이니 어찌 감히 방술을 말하려고 하겠습니까?"

무제가 말했다.

"문성장군은 말의 간을 먹고 죽었을 뿐이다.[3] 그대가 진실로 그의 방술을 닦는다면 내가 무엇을 아끼겠는가![4]"

大爲人長美 言多方略 而敢爲大言[1]處之不疑 大言曰 臣常往來海中 見安期羨門之屬[2] 顧以臣爲賤 不信臣 又以爲康王諸侯耳 不足與方 臣數言康王 康王又不用臣 臣之師曰 黃金可成 而河決可塞 不死之藥可得 僊人可致也 然臣恐效文成 則方士皆奄口 惡敢言方哉 上曰 文成食馬肝死耳[3] 子誠能脩其方 我何愛乎[4]

① 大言 대언

신주 흰소리, 과장되게 말하는 허풍 따위를 이른다.

② 臣常往來海中 ~ 羨門之屬 신상왕래해중 ~ 선문지속

신주 난대 자신이 안기생, 선문과 같은 신선들을 스스럼없이 만났다고 말하고 있다. 이는 자신이 당대 최고의 방사임을 자랑한 것이다. 이러한 것이 바로 대언에 속한다.

③ 馬肝死 마간사

색은 살펴보니 《논형》에서 "혈기가 뜨거워지면 독毒이 왕성해진다. 그러므로 달리는 말의 간을 먹으면 사람이 죽는다."라고 했다. 《한서》 〈유림전〉에서 "고기는 먹어도 말의 간은 먹지 않는다."라고 한 것이 이것이다."

案 論衡云 氣熱而毒盛 故食走馬肝殺人 儒林傳云 食肉無食馬肝 是也

④ 我何愛乎아하애호

색은 주상이 난대에게, 그대가 진실로 문성장군의 방술을 닦았다면 내가 다시 무엇을 아끼겠느냐고 말한 것이다. 금과 보배나 녹봉과 지위를 아끼지 않겠다는 말이다.

上語欒大 言子誠能脩文成方 我更何所愛惜乎 謂不悋金寶及祿位也

난대가 말했다.

"신의 스승은 사람을 찾지 않는데도 사람들이 찾아왔습니다. 폐하께서 반드시 오게 하고자 하신다면 그의 사자使者를 귀하게 여겨야 합니다. 그로 하여금 친족처럼 친하게 해서 객客의 예로 대우하고 비하하지 마십시오. 그리고 각각 그의 신표를 차게 해야 신인에게 말을 통하게 할 수 있습니다. 신인이 또한 들어줄지 들어주지 않을지는 그 사자에게 존중을 다하는지에 달려 있으니, 그렇게 한 후에야 오게 할 수 있을 것입니다."

이에 무제가 작은 술법이라도 보이라고 하자 바둑돌을 바둑판 위에 놓았는데 돌들이 서로 부딪쳤다.① 이때에 무제는 바야흐로 하수가 터질까 걱정하고 황금을 만드는 것도 끝내지 못하던 참이라 곧 난대를 오리장군五利將軍으로 제수했다. 한 달 남짓 동안 네 개의 인장②을 얻어 천사장군, 지사장군, 대통장군의 인장을 패용했다.

大曰 臣師非有求人 人者求之 陛下必欲致之 則貴其使者 令有親屬 以客禮待之 勿卑 使各佩其信印 乃可使通言於神人 神人尚肯邪不邪 致尊其使 然後可致也 於是上使驗小方 鬬棊 棊自相觸擊① 是時上方憂河決 而黃金不就 乃拜大爲五利將軍 居月餘 得四印② 佩天士將軍地士將軍大通將軍印

① 棊自相觸擊기자상촉격

색은 고씨가 살펴보니 《만필술》에서 "닭의 피를 얻어서 침과 쇠공이를 갈아 섞어서, 자석과 바둑돌 머리에 버무려 바둑판 위에 두면, 곧 저절로 서로 바둑돌이 와서 부딪친다."라고 했다.

顧氏案 萬畢術云 取雞血雜磨鍼鐵杵 和磁石棊頭 置局上 即自相抵擊也

② 四印사인

색은 오리장군, 천사장군, 지사장군, 대통장군 등 넷을 이른다.

謂五利將軍 天士將軍 地士將軍 大通將軍爲四也

어사에게 조서를 내렸다.

"옛날 우임금은 9강江을 소통시키고 4독瀆을 텄다. 요사이 하수가 언덕과 육지에 넘쳐 둑을 쌓는 부역이 그치지 않고 있다. 짐이 천하를 다스린 지 28년인데,① 만일 하늘이 짐에게 방사를 보낸다면 크게 통할 것이다. 《주역》의 건괘乾卦에 '비룡蜚龍'이라고 했고,

'홍점우반鴻漸于般'이라고 했다.② 짐의 뜻과 거의 같으므로 지사장군 난대를 2,000호로 봉하여 낙통후樂通侯로 삼는다."

이에 제후에게 주는 최고급 집과 노복 1,000명을 하사했다. 또 천자가 타는 붉은 수레와 말, 휘장과 기물을 주어서 그의 집안을 가득 채웠다. 또 위장공주衛長公主③를 아내로 삼아주고 황금 1만 근을 보냈으며, 그 읍의 이름을 따라 고쳐 당리공주當利公主④라고 했다. 무제가 친히 오리장군의 집을 방문했고, 사자使者들은 안부를 묻고 물자를 공급하느라 행렬이 길에 이어졌다.

制詔御史 昔禹疏九江 決四瀆 間者河溢皋陸 隄繇不息 朕臨天下二十有八年① 天若遺朕士而大通焉 乾稱蜚龍 鴻漸于般② 朕意庶幾與焉 其以二千戶封地士將軍大爲樂通侯 賜列侯甲第 僮千人 乘轝斥車馬帷幄器物以充其家 又以衛長公主③妻之 齎金萬斤 更命其邑曰當利公主④ 天子親如五利之第 使者存問供給 相屬於道

① 二十有八年이십유팔년

집해 서광이 말했다. "원정 4년이다."

徐廣曰 元鼎四年也

② 乾稱蜚龍鴻漸于般건칭비룡·홍점우반

신주 〈효무본기〉의 집해 에 나온다. "살펴보니 《한서음의》에서 '반般은 물가의 언덕이다. 점漸은 나아간다는 뜻이다.'라고 했다. 무제는 '난대를 얻은 것은 기러기가 물가의 언덕에서 날아올라 한 번에 천리를 가는 것과 같고 도를 얻은 것이 비룡이 하늘에 있는 것과 같다.'라고 말했다."

③ 衛長公主위장공주

색은 살펴보니 위자부衛子夫의 아들을 위태자라고 했고, 딸을 위장공주라고 했다. 이는 위황후 장녀이므로 장공주라고 했는데, 황제의 누이를 장공주라고 하는 관례와는 같지 않다.

案 衛子夫之子曰衛太子 女曰衛長公主 是衛后長女 故曰長公主 非如帝姊曰長公主之例

④ 當利公主당리공주

색은 살펴보니 《한서》 〈지리지〉에서 "동래군에 당리현이 있다."라고 했다.

案 地理志 東萊有當利縣

대장공주① 로부터 장군과 재상 이하 모두 그의 집에 술과 안주 등을 바쳤다. 여기에 천자는 또 옥으로 만든 도장에 '천도장군天道將軍'이라 새기게 하고, 사자는 새털로 만든 옷을 입게 하고 밤에 백모白茅(띠풀)② 위에 서게 했다. 오리장군 또한 새털 옷을 입고 밤에 백모 위에 서서 도장을 받음으로써 신하가 아님을 보여주었다.

천도天道라는 도장을 차는 것은 장차 천자를 위해 천신을 인도하기 위함이다. 이에 오리장군은 항상 밤이면 집에서 제사를 지내고 신이 내리기를 바랐다. 하지만 신은 오지 않고 온갖 잡귀들만 모였으나 자못 그들을 부릴 능력이 있었다. 그 후에 행장을 꾸리고 떠나 동쪽 바다로 들어가 그의 스승을 찾는다고 했다.

난대는 무제를 알현한 지 몇 달 만에 여섯 개의 인장[③]을 차고 그 귀함이 천하를 흔들었다. 이에 연나라와 제나라 사이 바닷가 방사들은 난대의 손을 부여잡고 스스로 비밀스런 방술이 있다고 말하며 신선을 부릴 수 있다고 하지 않는 이가 없었다.[④]

自大主[①]將相以下 皆置酒其家 獻遺之 於是天子又刻玉印曰 天道將軍 使使衣羽衣 夜立白茅[②]上 五利將軍亦衣羽衣 夜立白茅上受印 以示不臣也 而佩天道者 且爲天子道天神也 於是五利常夜祠其家 欲以下神 神未至而百鬼集矣 然頗能使之 其後裝治行 東入海 求其師云 大見數月 佩六印[③] 貴震天下 而海上燕齊之間 莫不搤捥而自言有禁方 能神僊矣[④]

① 大主대주

집해 서광이 말했다. "대주大主는 무제의 고모이다."

徐廣曰 武帝姑

② 白茅백모

신주 흰 띠풀은 고대에는 더러움을 깨끗이 하는 주술적인 힘이 있다고 해서 신神에게 바치는 공물을 올려놓을 때 그 아래 띠풀로 깔개를 만들어 바치게 했다. 무제가 난대를 띠풀 위에 올라서게 한 것은 무제와 난대가 임금과 신하관계가 아닌 관계임을 알려주려고 한 것이다.

③ 六印육인

색은 다시 낙통후와 천도장군의 도장까지 더해 6인이 된다.

更加樂通侯及天道將軍印 爲六印

④ 貴震天下～神僊矣 귀진천하～신선의

정의 액완搤捥은 '손을 잡는 것'과 같다. 연과 제나라 사이 바닷가 방술사들은 이소군李少君과 난대가 귀하게 되어 천하를 흔드는 것을 보고, 모두 스스로 말하여 비밀스런 방술로 사람과 신선을 복종시켜 부릴 수 있다면서 무제가 불러주기를 바랐다.

搤捥猶執手 言海上燕齊之間方術之士 見少君欒大貴振天下 皆自言有禁方服之 能令人神仙矣 冀武帝召之

그해 여름 6월 중에, 분음汾陰의 무당 금錦이 백성을 위해 위수魏脽의 후토后土 사당 옆에서 제사를 지냈다. 땅에서 갈고리와 같은 형상을 보고 흙을 파헤쳐① 정을 얻었다. 정②은 여러 정과는 크게 달랐는데, 무늬만 조각되어 있고 새긴 글자는 없었다. 괴이하게 여겨서 관리에게 말했다. 관리가 하동태수 승勝에게 알리자, 그가 천자에게 아뢰었다. 천자가 사신을 보내 무당이 솥을 얻은 데 대해 심문하니 간사하게 속이는 것이 없었다. 이에 예로써 제사 지내고 정을 감천궁에 맞아들였다.

其夏六月中 汾陰巫錦爲民祠魏脽后土營旁 見地如鉤狀 掊①視得鼎 鼎②大異於衆鼎 文鏤無款識 怪之 言吏 吏告河東太守勝 勝以聞 天子使使驗問巫得鼎無姦詐 乃以禮祠 迎鼎至甘泉

① 掊부

정의 부掊는 '부[白侯反]'로 발음한다. 안사고가 말했다. "부掊는 손으로 흙을 파헤치는 것이다."
掊音白侯反 師古曰 掊手把土也

② 鼎정

정의 유백장이 말했다. "예로부터 여러 정에는 모두 새긴 글귀가 있어 그 일을 알 수 있는데, 이 정에는 관식款識(음각한 글자)이 없었다."
劉伯莊曰 自古諸鼎皆有銘記識其事 此鼎能無款識也

신하들이 따르고, 무제가 제사하여 바쳤다. 중산[①]에 이르자 이때 청명하고 온화하며 누런 구름이 덮여 있었는데 마록馬鹿이 지나가고 있었다. 이에 무제가 스스로 쏘아 잡고 이를 희생으로 제사 지냈다고 했다.[②] 장안에 이르니 공경과 대부들이 모두 의논해서 보정寶鼎을 높이기를 청했다. 천자가 말했다.
"요사이 하수가 넘치고 자주 흉년이 들었다. 그러므로 순회해서 지신에게 제사를 지내고 백성이 곡식을 잘 기르도록 기도했다. 지금 한 해가 풍년이 들었지만 보답하지 않았는데, 정이 어찌해서 나왔는가?"
從行 上薦之 至中山[①] 曣嗢有黃雲蓋焉 有麃過 上自射之 因以祭云[②] 至長安 公卿大夫皆議請尊寶鼎 天子曰 間者河溢 歲數不登 故巡祭后土 祈爲百姓育穀 今歲豐廡未報 鼎曷爲出哉

① 中山중산

집해 서광이 말했다. "《사기》 〈하거서〉에서 '중산中山의 서쪽으로부터 경수涇水를 팠다.'라고 했다."

徐廣曰 河渠書 鑿涇水自中山西

② 因以祭云인이제운

집해 서광이 말했다. "윗글에서 '신하들이 따르고 주상이 제사하여 바쳤다.'라고 말한 것은 제정祭鼎인 듯하다."

徐廣曰 上言 從行 上薦之 或者祭鼎也

담당 관리들이 모두 말했다.

"옛날 태제泰帝[①]는 신정神鼎 하나로 일어났다고 들었습니다. '하나'라는 것은 통일이니 천지만물의 매듭이 완성되는 것입니다. 황제黃帝는 보정寶鼎을 3개 만들었는데 천, 지, 인을 상징했습니다. 우임금은 9목九牧의 쇠를 거두어 9정鼎을 만들었는데 모두 희생을 삶아서[②] 상제와 귀신에게 제사를 받들고 맛보게 했습니다.

(정은) 성인을 만나면 일어났는데, 그래서 솥이 하나라와 상나라에 옮겨진 것입니다. 주나라의 덕이 쇠약해지고 송宋나라의 사직도 없어지니, 솥은 매몰되고 숨어서 나타나지 않았습니다. 《시경》 〈주송周頌〉에 이르기를 '묘당에서 문전까지 양이 있는 곳에서 소가 있는 곳까지 큰 정 작은 정 두루 살피네. 시끄럽지 않고 오만하게 하지 않으니 먼 선조까지도 편안하다고 여기리라.'라고 했습니다.

지금 정은 감천에 이르러 광채와 윤기가 용처럼 변화하니, 큰 광명을 계승하여 다함이 없을 것입니다. 그에 부합하여 이에 중산[3]에서 황백黃白의 구름이 내려와 덮었고, 짐승 같은 것이 상서가 되었는데, 큰 활에 화살을 재고 잡은 것을 제단 아래에 모아놓고 대제大祭를 올려서 보답했습니다.[4] 오직 천명을 받은 황제께서 마음으로 그 뜻을 아니 덕에 합치한 것입니다. 정을 마땅히 조상의 사당에 보이고, 황제의 조정에 비치하여 하늘의 호응에 부합해서 밝혀야 합니다."

천자는 조서를 내려 허락했다.

有司皆曰 聞昔泰帝[1]興神鼎一 一者壹統 天地萬物所繫終也 黃帝作寶鼎三 象天地人 禹收九牧之金 鑄九鼎 皆嘗亨鬺[2]上帝鬼神 遭聖則興 鼎遷于夏商 周德衰 宋之社亡 鼎乃淪沒 伏而不見 頌云自堂徂基 自羊徂牛 鼐鼎及鼒 不吳不驁 胡考之休 今鼎至甘泉 光潤龍變 承休無疆 合玆中山[3] 有黃白雲降蓋 若獸爲符 路弓乘矢 集獲壇下 報祠大享[4] 唯受命而帝者心知其意而合德焉 鼎宜見於祖禰 藏於帝廷 以合明應 制曰可

① 泰帝 태제

색은 살펴보니 공문상은 "태제는 태호 복희씨이다."라고 했다.

案 孔文祥云 泰帝 太昊也

② 亨鬺 형상

집해 서광이 말했다. "형亨은 '삶다'이다. 鬺은 '상殤'으로 발음한다. 모두 희생을 삶아 제사 지내고서 맛보도록 했다."

徐廣曰 亨 煮也 鬺音殤 皆嘗以亨牲牢而祭祀

③ 中山중산

집해 서광이 말했다. "관중에 또한 중산中山이 있으며, 노나라의 중산이 아니다."

徐廣曰 關中亦復有中山也 非魯中山

④ 報祠大享보사대향

집해 서광이 말했다. "다른 판본에는 '대보사향大報祠享'으로 되어 있다."

徐廣曰 一云 大報祠享

제五장

무제의 봉선

바다에 들어가 봉래산을 찾던 자가 돌아와서, 봉래산은 멀지 않지만 이르지 못한 것은 가까이 다가서면 그 운기에 쌓여 보이지 않았기 때문이라고 말했다. 무제가 이에 운기를 관찰하는 자를 보내 운기를 살펴 도우라고 일렀다. 그해 가을에 무제가 옹雍으로 행차해서 또 교사제를 지내려고 했다. 어떤 이가 말했다.

"5제는 태일신의 보좌이니 마땅히 태일신을 세워 주상께서 친히 교사를 지내야 합니다."

주상이 의심하고 결정하지 못하자 제나라 사람 공손경公孫卿이 말했다.

"금년에 보정을 얻은 것은 겨울 신사일 삭단朔旦(자정 시간)이 동지이니 황제 때와 같습니다."

공손경이 가지고 있는 서찰에 다음과 같이 기록되어 있었다.

"황제黃帝가 보정을 완구宛朐에서 얻고 귀유구鬼臾區(황제의 신하)에게 물었다. 귀유구가 대답하기를 '황제께서 보정과 신책神策을 얻었는데 이 해는 기유일 삭단이 동지이니, 하늘의 법도를 얻어 끝마치고 다시 시작하는 것입니다.'라고 했다. 이에 황제가 일력에 맞추어 추산하니, 뒤에 20년마다 반복하여 삭단이 동지가 되었다. 총 20번 만인[①] 380년이 지나 황제는 신선이 되어 하늘로 올랐다."

入海求蓬萊者 言蓬萊不遠 而不能至者 殆不見其氣 上乃遣望氣佐候其氣云 其秋 上幸雍 且郊 或曰五帝 太一之佐也 宜立太一而上親郊之 上疑未定 齊人公孫卿曰 今年得寶鼎 其冬辛巳朔旦冬至 與黃帝時等 卿有札書曰 黃帝得寶鼎宛朐 問於鬼臾區 鬼臾區對曰 (黃)帝得寶鼎神策 是歲己酉朔旦冬至 得天之紀 終而復始 於是黃帝迎日推策 後率二十歲復朔旦冬至 凡二十推[①] 三百八十年 黃帝僊登于天

① 凡二十推 범이십추

신주 삭단朔旦은 새해 초하루 자정이 동지이니, 1년이 끝나고 다시 1년이 시작되는 것이 같은 시각이란 뜻이다. 그것이 20년마다 반복되고, 총 20번째이니 380년이 된다. 하지만 삭단은 〈역서〉에서 보듯이, 실제 19년마다 반복된다.

이에 공손경은 소충所忠을 통하여 아뢰고자 했다. 소충이 그 서찰을 보고 이치에 맞지 않는 망령된 글로 의심해 거절하며 말했다.

"보정의 일은 이미 결정되었는데, 더 무엇을 하겠다는 것이오."

공손경은 총애받는 사람을 통해서 아뢰었다. 주상이 크게 기뻐하고 곧바로 공손경을 불러서 물었다. 그가 대답했다.

"이 글은 신공申公에게 받았는데 신공은 이미 죽었습니다."
무제가 말했다.
"신공은 어떤 사람이었는가?"
공손경이 말했다.
"신공은 제나라 사람이며 안기생安期生과 함께 더불어 통했습니다. 황제의 말씀을 받았으나 기록하지 않았고 유독 이 정에 관하여만 기록했습니다. 글에 이르기를 '한나라가 일어나니 다시 황제의 시대에 해당할 것이다.'라고 했습니다. 또 이르기를 '한나라의 성자聖者는 고조의 손자 또는 증손에 있으리라.[①] 보정이 나온 것은 신과 통한 것이니 봉선해야 한다. 봉선한 제왕은 72명인데 오직 황제만이 태산에 올라 봉제를 올렸다.'라고 했습니다.

卿因所忠欲奏之 所忠視其書不經 疑其妄書 謝曰 寶鼎事已決矣 尙何以爲 卿因嬖人奏之 上大說 乃召問卿 對曰 受此書申公 申公已死 上曰 申公何人也 卿曰 申公 齊人 與安期生通 受黃帝言 無書 獨有此鼎書 曰 漢興復當黃帝之時 曰漢之聖者在高祖之孫且曾孫也[①] 寶鼎出而與神通 封禪 封禪七十二王 唯黃帝得上泰山封

① 漢之聖者在高祖之孫且曾孫也한지성자재고조지손차증손야

신주 한무제 유철은 한고조의 증손이다. 따라서 한무제가 성자가 된다는 것을 의미한다. 공손경이 한무제의 비위를 맞추는 말이다.

신공이 말하기를 '한나라 군주도 마땅히 올라서 봉제를 올려야 하며, 주상이 봉제를 올리면 능히 신선이 되어 하늘로 오를 것이다. 황제 때는 1만의 제후가 있었는데, 신령을 닦아 봉封함을 받은 자가 7,000이었다.① 천하의 명산은 여덟 개로, 세 개는 만이蠻夷의 나라에 있고 다섯 개는 중국에 있다. 중국의 화산華山, 수산首山, 태실산太室山, 태산泰山, 동래산東萊山의 다섯 개 산은 황제가 늘 유람하며 신과 만났던 곳이다. 황제는 또 전쟁을 하면서도 한편으로는 신선을 배웠다. 백성이 도를 비난하는 것을 걱정하여, 귀신을 비난하는 자를 단호하게 처형했다.② 백여 년이 지난 후에 신과 소통할 수 있었다. 황제는 옹雍 땅에서 상제에게 교사郊祀를 지내고 3개월을 머물렀다. 귀유구는 대홍大鴻이라고 불렀는데, 그가 죽은 뒤 옹에 장사 지냈기 때문에 홍총鴻冢이 바로 그의 무덤이다.

申公曰 漢主亦當上封 上封能僊登天矣 黃帝時萬諸侯 而神靈之封居七千① 天下名山八 而三在蠻夷 五在中國 中國華山首山太室泰山東萊 此五山黃帝之所常游 與神會 黃帝且戰且學僊 患百姓非其道者 乃斷斬非鬼神者② 百餘歲然後得與神通 黃帝郊雍上帝 宿三月 鬼臾區號大鴻 死葬雍 故鴻冢是也

① 神靈之封居七千 신령지봉거칠천

색은 위소가 말했다. "황제 때 1만 개의 나라가 있었는데 신령을 닦아 봉함을 받은 나라는 7,000 나라였다. 어떤 이는 70 나라라고 한다." 악산은 "순임금이 신명이 된 후 규만嬀滿을 진陳나라에 봉한 종류가 이것이다."라고 했다. 고씨가 살펴보니 《국어》에서 중니(공자)가 이르기를 "산천의 지킴은 천하의 기강으로써 족하며, 그 지킴은 신神이 된다. 왕망씨汪芒氏의 군주는 봉우산封禺山을 지켰다."라고 했다.

韋昭云 黃帝時萬國 其以脩神靈得封者七千國 或爲七十國 樂產云 以舜爲神明之後 封嬀滿於陳之類是也 顧氏案 國語仲尼云 山川之守 足以紀綱天下者 其守爲神 汪芒氏之君 守封禺之山也

② 斷斬非鬼神者단참비귀신자

색은 귀신을 헐뜯고 비난하는 사람이 있으면 이에 단호하게 다스려 목을 벤 것을 이른다.

謂有非毁鬼神之人 乃斷理而誅斬之

그 뒤에 황제는 수많은 신령을 명정明廷에서 접견했다. 명정은 감천궁甘泉宮이다. 이른바 한문寒門① 은 곡구谷口② 이다. 황제는 수산首山의 구리를 채취하여 형산荊山 아래에서 정을 주조했다. 정이 완성되자, 용이 긴 수염③ 을 늘어뜨리고 내려와 황제를 맞이했다. 황제가 올라타자, 여러 신하와 후궁으로 주상을 따르는 자가 70여 명이었고, 용이 이에 날아올라 떠났다. 나머지 자잘한 신하들은 오를 수 없어서 모두가 용의 수염을 잡았으나, 수염이 뽑혀 떨어지고 황제의 활도 떨어졌다. 백성들은 황제가 하늘로 올라가는 것을 우러러 바라보고 곧 그 활과 용의 수염을 안고 울부짖었다. 그래서 후세들이 이로 인하여 그곳을 정호鼎湖라고 했고 그 활을 오호烏號라고 했다.'라고 했습니다."

이에 천자가 말했다.
"아아! 내가 진실로 황제와 같을 수 있다면 나는 처자를 버리기를 짚신을 벗듯이 하겠다."
이에 공손경을 낭郎으로 삼고 동쪽으로 보내 태실산에서 신神을 살피도록 했다.

其後黃帝接萬靈明廷 明廷者 甘泉也 所謂寒門①者 谷口②也 黃帝采首山銅 鑄鼎於荊山下 鼎既成 有龍垂胡顐③下迎黃帝 黃帝上騎 群臣後宮從上者七十餘人 龍乃上去 餘小臣不得上 乃悉持龍顐 龍顐拔 墮 墮黃帝之弓 百姓仰望黃帝既上天 乃抱其弓與胡顐號 故後世因名其處曰鼎湖 其弓曰烏號 於是天子曰 嗟乎 吾誠得如黃帝 吾視去妻子如脫躧耳 乃拜卿爲郞 東使候神於太室

① 寒門한문

집해 서광이 말했다. "한寒은 다른 판본에는 '색塞'으로 되어 있다."

徐廣曰 一作塞

신주 한문寒門은 황제가 등천登天한 장소이다.

② 谷口곡구

신주 지명이다. 중국 섬서성 예천현醴泉縣의 동북쪽에 위치하고 있다.

③ 龍須胡顐용수호염

색은 《설문》에서 "호胡는 소의 늘어진 턱이다."라고 했다. 《이아》 〈석명〉에서는 "호胡는 목구멍 아래에 늘어져 있는 것이다."라고 하니 곧 '턱수염'이다.

說文曰 胡 牛垂頷也 釋名云 胡 在咽下垂者 即所謂嚨胡也

무제가 드디어 옹雍에서 교사를 지내고 농서隴西[①]에 이르러 서쪽의 공동산崆峒山에 올랐다가 감천甘泉으로 행차했다. 사관祠官 관서寬舒 등에게 명해 태일사太一祠에 제단을 갖추되 박亳 사람 박유기薄誘忌가 태일단太一壇에 대해 말한 것을 모방해서 단을 3층계[②]로 하라고 했다. 또 그 아래에 5제단五帝壇을 빙 둘러서 각각 그 방향에 두게 했다. 황제는 서남쪽에 두고 8방으로 귀도鬼道가 통하도록 했다. 태일에 사용되는 제물은 옹 땅의 한 곳 치畤와 같게 하고, 거기에 감주, 대추, 육포 등을 더하였으며 한 마리의 소를 잡아서 제기와 희생을 갖추었다. 5제五帝에게는 제기와 감주만을 진상했다. 그 아래 4방의 땅에는 여러 신을 따르는 자와 북두칠성에게 연이어 제사 지냈다고 한다.

제사를 마치면 남은 고기는 모두 불태웠다. 소는 흰색으로 했고, 그 안에 사슴을 넣고 사슴 안에 돼지를 넣어 물에 담가두었다.[③] 태양에 제사 지낼 때에는 소를 사용하고 달에 제사 지낼 때에는 숫양이나 수퇘지를 썼다.[④] 태일신의 축관은 자주색에 수놓은 옷을 입었다. 5제는 각각 그 색과 같이 하고 태양은 붉은색, 달은 흰색의 옷을 입고 제사 지냈다.

上遂郊雍 至隴西[①] 西登崆峒 幸甘泉 令祠官寬舒等具太一祠壇 祠壇放薄忌太一壇 壇三垓[②] 五帝壇環居其下 各如其方 黃帝西南 除八通鬼道 太一 其所用如雍一時物 而加醴棗脯之屬 殺一貍牛以爲俎豆牢具 而五帝獨有俎豆醴進 其下四方地 爲醊食群神從者及北斗云 已祠 胙餘皆燎之 其牛色白 鹿居其中 彘在鹿中 水而洎之[③] 祭日以牛 祭月以羊彘特[④] 太一祝宰則衣紫及繡 五帝各如其色 日赤 月白

① 隴西농서

신주 농산隴山 서쪽 지역을 두루 칭한다. 지금의 감숙성 동남쪽에 있으며 황하의 상류 지역인 임조현臨洮縣 일대이다.

② 垓해

집해 서광이 말했다. "해垓는 '차례'이다."

徐廣曰 垓 次也

③ 洎之기지

집해 서광이 말했다. "기洎는 다른 판본에 '주酒'로 되어 있다. 솥 안에 물을 붓는 것을 기洎라고 한다. '기冀'로 발음한다."

徐廣曰 洎 一作酒 灌水於釜中曰洎 音冀

④ 特특

색은 살펴보니 악산은 "태양에 제사 지낼 때는 큰 소를 사용하고 달에 제사 지낼 때는 작은 소를 사용한다. 특特은 암컷을 사용하지 않는 것이다."라고 했다. 안사고는 "소와 양은 돼지와 같아 하나의 희생으로 그친다. 그러므로 특特이라고 일렀다."라고 했다.

案 樂產云 祭日以太牢 月以少牢 特 不用牝也 小顏云 牛羊若彘止一牲 故云特也

11월 신사일 삭단 동지, 동이 틀 때 천자가 처음으로 교사를 올려서 태일신에게 절했다. 그날 아침에는 태양에 제사하고 저녁에는 달에 제사를 지냈으며, 태일신에게 올리는 제사는 옹에서 교사郊祀한 예와 같이 했다. 그 제관이 축문에 말했다.①

"하늘에서 처음으로 보정寶鼎과 신책神策을 황제께 내리시어, 정삭은 또 정삭이 되고 끝마침은 다시 시작하니, 황제께서 경배를 드리고 이에 나타내 보입니다."

그리하여 의복은 황색을 숭상하고, 제사에 불을 진열해서 단壇을 가득 채우고 단 가까이에 공물供物을 삶고 끓이는 도구들을 늘어놓았다.

十一月辛巳朔旦冬至 昧爽 天子始郊拜太一 朝朝日 夕夕月 則揖 而見太一如雍郊禮 其贊饗① 曰 天始以寶鼎神策授皇帝 朔而又朔 終而復始 皇帝敬拜見焉 而衣上黃 其祠列火滿壇 壇旁亨炊具

① 贊饗찬향

색은 살펴보니 고씨는 "향饗은 제사 지내는 것이다."라고 했다. 《한구의》에서 "찬향贊饗은 1인이고 녹봉은 600섬이다."라고 했다.

案 顧氏云 饗 祀祠也 漢舊儀云 贊饗一人 秩六百石也

담당 관리가 이르기를 "사당 위에 광채가 있습니다."라고 했다. 공경들이 말하기를 "황제께서 처음으로 운양궁雲陽宮①에서 태일신에게 제사 지낼 때, 담당 관리가 큰 옥과 아름다운 희생을 받들어 올렸습니다. 이날 밤 아름다운 광채가 보이고 낮까지 황색의 기운이 위로 하늘에 이어졌습니다."라고 했다. 태사공太史公과 사관祠官 관서寬舒 등이 말했다.

"신령의 아름다움이 복을 내려 돕고 좋은 조짐이니 마땅히 이곳 광채가 있는 지역에 인연하여 태치단太畤壇을 세우고 하늘의 호응을 밝혀야 합니다. 태축에게 영을 내려 가을이나 12월 사이에 제사를 지내게 하십시오. 천자는 3년에 한 번 교제에 임해야 합니다."

有司云祠上有光焉 公卿言皇帝始郊見太一雲陽① 有司奉瑄玉嘉牲薦饗 是夜有美光 及晝 黃氣上屬天 太史公祠官寬舒等曰 神靈之休 祐福兆祥 宜因此地光域立太畤壇以明應 令太祝領 秋及臘間祠 三歲天子一郊見

① 雲陽운양

신주 섬서성 순화현淳化縣 서북쪽에 위치하고 있는데, 황제黃帝 때부터 하늘에 제사 지내던 곳이라고 한다.

그해 가을에 남월南越을 정벌하기 위해서 태일신을 찾아뵙고 기원했다. 모형牡荊 나무 깃대에 태양, 달, 북두칠성과 오르는 용을 그린 깃발을 달았다. 그래서 태일太一의 세 별을 상징하여 태일을 선봉으로 삼고① '영기靈旗'라고 명명했다. 전쟁의 승리를 위해 기원할 때는 곧 태사太史가 기를 받들어 정벌하려는 국가를 가리켰다. 오리장군은 (신선을 구하는) 사자로 (파견되었으나) 감히 바다로 들어가지 못하고 태산으로 가서 제사 지냈다. 무제가 사람을 따라 보내 증험하게 했으나, 실제로 드러난 것이 없었다. 오리장군은 그의 스승을 만났다고 거짓말했으며 그의 방술은 다하고 응험하지 못하는 것이② 많았다. 무제가 이에 오리장군을 처형했다.

其秋 爲伐南越 告禱太一 以牡荊畫幡日月北斗登龍 以象太一三星 爲太一鋒① 命曰靈旗 爲兵禱 則太史奉以指所伐國 而五利將軍使不敢入海 之泰山祠 上使人隨驗 實毋所見 五利妄言見其師 其方盡 多不讎② 上乃誅五利

① 太一鋒태일봉

집해 서광이 말했다. "《사기》 〈천관서〉에서, 천극성의 밝은 곳에 태일太一이 항상 거처하며, 북두 입구의 3성을 천일天一이라 한다고 했다."

徐廣曰 天官書曰 天極星明者 太一常居也 斗口三星曰 天一

② 不讎불수

색은 살펴보니 정덕은 "서로 응하는 것은 수讐가 되는데, 그 언어가 서로 응하지 않으면 증험이 없다고 이른다."라고 했다.

案 鄭德云 相應爲讐 謂其言語不相應 無驗也

그해 겨울 공손경이 하남河南에서 신선을 살피다가 구지성緱氏城 위에서 선인의 발자국을 보았는데, 꿩과 같은 신물이 성 위를 오간다고 말했다. 무제가 몸소 구지성으로 행차해서 종적을 살피고는 공손경에게 물었다.

"문성이나 오리처럼 되지 않을 수 있겠는가?"

공손경이 대답했다.

"신선이란 군주를 찾지 않으니, 군주께서 찾아야 합니다. 그의 도가 조금 관대하고 느긋하지 않으면 신선은 오지 않습니다. 신선의 일을 말하자면 사리에 맞지 않는 것 같지만, 해를 거듭한다면 이에 이르게 할 수 있습니다."

이리하여 군국이 각각 도로를 정비하고 궁관宮觀과 명산과 신사神祠를 수리하여 천자의 행차를 기다렸다.

其冬 公孫卿候神河南 言見僊人跡緱氏城上 有物如雉 往來城上 天子親幸緱氏城視跡 問卿 得毋效文成五利乎 卿曰 僊者非有求人主 人主者求之 其道非少寬假 神不來 言神事 事如迂誕 積以歲乃可致也 於是郡國各除道 繕治宮觀名山神祠所 以望幸(也)〔矣〕

그해 봄, 이윽고 남월을 멸했다. 무제가 총애하는 신하 이연년李延年[①]이 아름다운 음악을 가지고 와서 알현했다. 무제가 음악이 훌륭하다고 여기고 공경들에게 내려 보내 의논하라고 하며 말했다.
"민간의 제사에도 오히려 북을 치고 춤을 추는 음악이 있는데, 지금 교사郊祀를 지낼 때 음악이 없으니 어찌 알맞다고 하겠소?"
공경들이 말했다.
"옛날 천신과 지신에 제사 지낼 때에는 모두 음악이 있어서 하늘과 땅의 신에게 예로써 할 수 있었습니다."
어떤 이가 말했다.
"태제太帝가 소녀素女[②]에게 50현弦의 슬瑟을 타게 했는데 슬퍼서 태제가 금했지만 그치지 않았습니다. 그래서 그 슬을 깨버리고 25현[③]으로 만들었습니다."
이에 남월을 요새로 만들고 태일신과 토지신에게 제사 지내면서 처음으로 음악과 춤을 사용했다. 아이들을 불러 노래하는 것을 더하고 이에 25현과 공후空侯,[④] 금슬을 이때부터 만들기 시작했다.
其春 既滅南越 上有嬖臣李延年[①]以好音見 上善之 下公卿議曰 民間祠尚有鼓舞樂 今郊祀而無樂 豈稱乎 公卿曰 古者祠天地皆有樂 而神祇可得而禮 或曰 太帝使素女[②]鼓五十弦瑟 悲 帝禁不止 故破其瑟爲二十五弦[③] 於是塞南越 禱祠太一后土 始用樂舞 益召歌兒 作二十五弦及空侯[④]琴瑟自此起

① 李延年 이연년

신주 이연년(?~서기전 87)은 당시의 음악가로 중산中山 사람이다. 무제가 총애하던 이부인李夫人의 오빠였다.《한서》〈외척열전〉에는 이연년이 무제 앞에서 새로운 목소리로 변곡해서 춤추며 노래 불렀다고 나온다. 평양平陽공주가 이연년의 누이동생을 소개해서 만나보고 크게 총애해서 아들 하나를 낳았다고 한다. 무제는 이연년에게 협률도위協律都尉를 제수했으나 이부인이 죽은 후 이연년의 동생 이계도李季都에게 죄를 물어 이연년을 죽이고 그 집안까지 멸족시켰다.

② 素女소녀

신주 신녀의 이름이다.

③ 弦현

집해 서광이 말했다. "현弦은 슬瑟이다."

徐廣曰 瑟

④ 空侯공후

집해 서광이 말했다. "응소가 이르길, 무제가 악인樂人 후조侯調를 시켜 처음 이 악기를 만들었다고 한다."

徐廣曰 應劭云 武帝令樂人侯調始造此器

신주《이아》〈석명〉에서 말한다. "공후箜篌는 사연師延이 만든 미미악靡靡樂으로 뒤에 상간桑間 복상濮上의 땅에서 나왔다. 아마 공空나라 후侯에게서 나왔을 것이다."

그 다음해 겨울, 무제가 의논하여 말했다.

"옛날에는 먼저 무기를 거두어들이고[①] 군대를 해산한[②] 연후에 봉선을 했다."

이에 드디어 북쪽으로 삭방朔方[③]을 순시하고 10여 만의 군사를 사열하고 돌아와 황제총黃帝冢이 있는 교산橋山에서 제사 지내고 군대를 수여須如[④]에서 해산시켰다. 무제가 말했다.

"나는 황제가 죽지 않았다고 들었는데 지금 무덤이 있으니 어찌 된 것인가?"

어떤 이가 대답했다.

"황제는 이미 신선이 되어 하늘로 올라갔으므로 여러 신하가 황제의 의관衣冠으로 장례를 치렀습니다."

이윽고 감천에 이르러서 장차 태산에서의 봉선을 위해 먼저 태일신에게 유제類祭[⑤]를 지냈다.

其來年冬 上議曰 古者先振兵[①]澤[②]旅 然後封禪 乃遂北巡朔方[③] 勒兵十餘萬 還祭黃帝冢橋山 釋兵須如[④] 上曰 吾聞黃帝不死 今有冢 何也 或對曰 黃帝已僊上天 群臣葬其衣冠 既至甘泉 爲且用事泰山 先類祠[⑤]太一

① 振兵진병

신주 진振은 '거두다'의 뜻이다. 병兵은 병기를 말한다.

② 澤택

집해 서광이 말했다. "옛날에 '석釋' 자는 '택澤' 자로 썼다."
徐廣曰 古釋字作澤

③ 朔方삭방

신주 진나라 때 구원군의 서쪽으로, 지금의 내몽골 지역이다. 한나라 초기에 흉노의 침입으로 이곳을 잃었다가 무제가 원삭 2년(서기전 127)에 파견한 위청의 원정군이 흉노를 물리쳐 이 땅을 회복하면서 오원군과 함께 설치됐다

④ 須如수여

집해 서광이 말했다. "수須는 다른 판본에는 '양涼'으로 되어 있다."
徐廣曰 須一作涼

⑤ 類祠유사

신주 유제類祭이다. 유제는《서경》〈우서 순전舜典〉에서 "마침내 상제에게 유제類祭를, 육종六宗에게 인제禋祭를, 산천에 망제望祭를 지내시며 여러 신에게 두루 제사하셨다.[肆類于上帝 禋于六宗 望于山川 徧于群神]"라고 하여 상제에게 지내는 제사임을 알 수 있다.

보정寶鼎을 얻고부터 무제는 공경 및 여러 유생과 함께 봉선을 의논했다. 봉선은 드물게 지냈고 단절된 지 오래되어 그 의식이나 예법을 알지 못했기 때문이다. 그래서 모든 유생들이 《상서》, 《주관》, 《예기》 〈왕제〉 중 망사望祀와 사우射牛에 관한 일에서 봉선의 의식을 채용하고자 했다. 제나라 사람으로 나이가 90이 넘은 정공丁公이 말했다.

"봉선이란 불사不死라는 명성에 합치됩니다. 진시황은 태산에 올라서도 봉선할 수 없었습니다.① 폐하께서 반드시 오르고자 하신다면 차츰차츰 오르다가 곧 바람과 비가 없을 때 마침내 올라야 봉선하실 수 있을 것입니다."

무제가 이에 여러 유생에게 명해서 사우射牛의 예를 익히고 봉선의 의식을 초안 잡게 했다.

自得寶鼎 上與公卿諸生議封禪 封禪用希曠絕 莫知其儀禮 而群儒采封禪尚書周官王制之望祀射牛事 齊人丁公年九十餘曰 封禪者 合不死之名也 秦皇帝不得上封① 陛下必欲上 稍上即無風雨 遂上封矣 上於是乃令諸儒習射牛 草封禪儀

① 封禪者～秦皇帝不得上封봉선자～진황제부득상봉

신주 진시황제가 봉선을 지내려 할 때 바람과 비 때문에 제대로 봉선하지 못하였기 때문에 진나라가 일찍 멸망했음을 말한 것이다.

수년이 지나서 태산에 이르러 장차 봉선을 행하려 할 때, 무제는 이미 공손경과 방사들이 황제黃帝가 올라서 봉선할 때 모든 괴이한 신물들이 이르러 천신과 통했다는 이야기를 들었다. 이에 황제가 행했던 대로 올라서 신선인 봉래산의 방사를 접하고, 세속을 초월하여 9황皇[①]과 덕을 비교하려고 유술儒術을 많이 채택해 이를 꾸미려 했다. 그런데 여러 유생들이 봉선에 대한 일을 명백하게 분별할 수 없었고, 또《시경》,《서경》 등의 옛 글만 끌어다 붙일 뿐 능히 밝히지 못했다. 무제가 봉선에 쓰는 제기들을 여러 유생에게 보여주자 어떤 자가 "옛 것과 같지 않습니다."라고 말하니, 서언徐偃이 또 "태상太常의 여러 유생들이 예를 행하는 것이 노나라와 비교하여 좋지 못하다고 합니다."라고 했다. 주패周霸가 봉선의 일을 계속해서 꾀하자, 무제는 서언과 주패를 내쫓고 여러 유생들도 모두 파면하고 등용하지 않았다.

數年 至且行 天子既聞公孫卿及方士之言 黃帝以上封禪 皆致怪物與神通 欲放黃帝以上接神僊人蓬萊士 高世比德於九皇[①] 而頗采儒術以文之 群儒既已不能辨明封禪事 又牽拘於詩書古文而不能騁 上爲封禪祠器示群儒 群儒或曰 不與古同 徐偃又曰 太常諸生行禮不如魯善 周霸屬圖封禪事 於是上絀偃霸 而盡罷諸儒不用

① 九皇구황

신주 신화적 아홉 제왕을 말하는데, 사실 아홉 제왕에 대해서는 자세하지 않다.《태평경》에서 "하늘에 삼황이, 땅에 삼황이, 인간 세상에 삼황이 있어 구황이 된다.[天有三皇 地有三皇 人有三皇 爲九皇]"라고 했고, 《사기》〈진시황본기〉에는 "예전에 천황, 지황, 태황이 있었는데, 태황을 최고로 귀하게 여겼다.[古有天皇 有地皇 有泰皇 泰皇最貴]"라고 했다. 후기 저술에서는 전후의 삼황을 더해서 전삼황, 중삼황, 후삼황으로 구분하고 합해서 구황이라고 했다.

3월, 드디어 동쪽으로 구지성에 행차하고 중악中嶽 태실산太室山에 올라 예를 행했다. 시종관侍從官들은 산 아래에 있었는데 '만세萬歲'라고 말하는 소리가 들렸다고 했다. 산 위에 있던 사람에게 묻자 위에서는 말하지 않았다고 했다. 산 아래에 있던 사람에게 묻자 아래에서도 말하지 않았다고 했다. 이에 300호戶를 태실산에 봉하여 제사를 받들게 하고 숭고읍崇高邑이라고 명명했다. 동쪽으로 태산에 올랐다. 초목의 잎사귀가 아직 돋아나지 않아서 이에 사람들에게 비석을 올려 태산의 고갯마루에 세우라고 명령했다.
三月 遂東幸緱氏 禮登中嶽太室 從官在山下 聞若有言萬歲云 問上 上不言 問下 下不言 於是以三百戶封太室奉祠 命曰崇高邑 東上泰山 泰山之草木葉未生 乃令人上石立之泰山巔

무제가 드디어 동쪽으로 해상을 순수하고 8신神에게 예로써 제사 지냈다. 제나라 사람이 괴이한 방술을 말하는 자들은 만萬을 헤아리지만 증험이 있는 자는 없다고 글을 올렸다. 이에 더욱 많은 배를 출발하게 해서 바다 가운데에 신산神山이 있다고 말하는 수천 명에게 명령하여 봉래산의 신인神人을 찾게 했다.

공손경은 부절을 가지고 늘 먼저 가서 명산을 살폈다. 동래東萊에 이르렀을 때, 밤에 거인을 만났는데 키가 여러 장丈이나 되었고 좇아가보면 보이지는 않았지만 그 발자국을 보면 매우 컸고 금수禽獸와 같았다고 말했다. 또 여러 신하는 노인이 개를 끌고 가는 것을 보았는데 그가 "나는 거공巨公(무제를 말함)을 만나려고 한다."라고 하고는 홀연히 보이지 않았다고 말했다. 무제가 곧 큰 발자국을 보고도 믿지 않았는데, 여러 신하가 노인의 얘기를 하자 곧 선인을 위대하다고 여겼다. 이에 바닷가에서 유숙하며 방사方士들에게 전거傳車(역참 수레)를 주고 사자로 보내 선인을 찾게 한 것이 수천 명이었다.

上遂東巡海上 行禮祠八神 齊人之上疏言神怪奇方者以萬數 然無驗者 乃益發船 令言海中神山者數千人求蓬萊神人 公孫卿持節常先行候名山 至東萊 言夜見大人 長數丈 就之則不見 見其跡甚大 類禽獸云 群臣有言見一老父牽狗 言吾欲見巨公 已忽不見 上即見大跡 未信 及群臣有言老父 則大以爲僊人也 宿留海上 予方士傳車及間使求僊人以千數

4월에 돌아오다가 봉고奉高에 이르렀다. 무제는 여러 유생과 방사들의 봉선에 대한 말이 각자 다르고 이치에 맞지 않아 시행하기가 어렵다고 생각했다. 그래서 천자는 양보梁父에 이르러 지신地神에게 예로써 제사 지냈다. 을묘일에, 시중侍中과 유생에게 피변皮弁과 관복 차림으로 사우射牛의 일을 행하도록 했다. 태산 아래 동쪽에서 봉제를 지내는 의식은 태일신에게 교사郊祠를 지내는 의례와 같게 했다. 봉단封壇의 넓이는 1장 2자이고 높이는 9자로써 그 아래에 글을 새긴 옥첩서玉牒書①를 놓았는데 문서의 내용은 비밀로 했다.

의례 준비를 마치자 천자는 오직 시중봉거侍中奉車 자후子侯②와 함께 태산에 올라 또한 봉제를 올렸다. 그에 관한 일 전부를 언급하지 못하도록 했다.

四月 還至奉高 上念諸儒及方士言封禪人人殊 不經 難施行 天子至梁父 禮祠地主 乙卯 令侍中儒者皮弁薦紳 射牛行事 封泰山下東方 如郊祠太一之禮 封廣丈二尺 高九尺 其下則有玉牒書① 書祕 禮畢 天子獨與侍中奉車子侯② 上泰山 亦有封 其事皆禁

① 玉牒書옥첩서

신주 황제가 봉선례를 행할 때의 고천문告天文을 말한다. 고천문을 간책簡策에 써서 옥으로 장식했는데, 제를 올리려 할 때 함봉緘封해서 땅에 묻었다고 한다.

② 자후子侯

신주 당시 관군후冠軍侯이며, 곽거병霍去病의 아들 곽선霍嬗으로, 자가 자후子侯이다.

다음날에 북쪽 길로 내려왔다. 병진일에, 태산 아래 산기슭의 동북쪽 숙연산肅然山에서 선제를 지내는데, 후토신에게 제사 지내는 예와 같았다. 천자는 모두 몸소 배견했으며 의복은 황색을 높이고 모두 음악을 사용했다. 강수江水와 회수淮水 사이에서 나는 한 포기 세 줄기의 띠풀로 명품 깔개를 만들고 5색 흙을 섞어서 봉封을 만들었다. 먼 지방에서 온 기이한 짐승과 날짐승과 흰 꿩 등의 여러 물건으로 자못 예를 더했다. 그러나 외뿔소, 물소, 코끼리 종류는 사용하지 않았다. 이 모두가 태산에 이르자 지신에게 제사 지냈다. 봉선을 지낸 그날 밤에 광채와 같은 것이 있었고 낮에는 흰 구름이 봉단의 가운데에서 일었다.

明日 下陰道 丙辰 禪泰山下阯東北肅然山 如祭后土禮 天子皆親拜見 衣上黃而盡用樂焉 江淮間一茅三脊爲神藉 五色土益雜封 縱遠方奇獸蜚禽及白雉諸物 頗以加禮 兕牛犀象之屬不用 皆至泰山祭后土 封禪祠 其夜若有光 晝有白雲起封中

무제가 봉선을 하고 돌아와서 명당明堂[①]에 앉자 모든 신하들이 번갈아 장수를 빌었다. 이에 어사에게 조서를 내려 말했다.

"짐이 하찮은 몸으로 지존의 자리를 계승해 조마조마하고 마음을 놓지 못하여 임무를 제대로 못할까 두려워했다. 짐은 덕이 보잘것 없고 예악에도 밝지 못하다. 태일신에게 제사를 지내는데 길조의 광채가 있는 듯했고 문득 무슨 소리가 들리는 것[②]도 같았다. 괴이한 신물에 떨려 멈추려고 했으나 감히 그러지 못했다. 결국 태산에 올라 봉제를 지내고 양보산梁父山에 이르렀다가 뒤에 숙연산에서 선제를 올렸으니, 스스로 새로워져서 즐거이 사대부들과 함께 다시 시작하리라. 백성 백 가구 당 소 한 마리와 술 열 섬을 내리고, 80세의 노인과 고아 및 과부에게는 베와 비단 두 필씩을 더하라. 또 박博, 봉고奉高, 사구蛇丘, 역성歷城에서는 금년의 조세를 걷지 말라. 천하에 대사면을 시행코자 하니 을묘년(원정 3년)의 대사면과 같게 하라. 짐이 행차했던 곳에는 복작復作[③]을 면제하라. 사건이 2년 전이면 모두 치죄하지 말라."

天子從禪還 坐明堂[①] 群臣更上壽 於是制詔御史 朕以眇眇之身承至尊 兢兢焉懼不任 維德菲薄 不明于禮樂 脩祠太一 若有象景光 屑如有望[②] 震於怪物 欲止不敢 遂登封太山 至于梁父 而後禪肅然 自新 嘉與士大夫更始 賜民百戶牛一酒十石 加年八十孤寡布帛二匹 復博奉高蛇丘歷城 無出今年租稅 其大赦天下 如乙卯赦令 行所過毋有復作[③] 事在二年前 皆勿聽治

① 明堂명당

신주 천자가 의례를 행하는 궁이다. 조상인 선조들이나 태일신太一神 등에게 제사를 지내고, 정령政令을 반포하며 제후들의 조회를 받는 곳으로 궁궐의 정전이 된다.

② 望망

신주 《한서》에는 '문聞'으로 되어 있다.

③ 복작復作

신주 복작은 죄를 지은 자들의 차꼬와 족쇄를 풀어 노역을 시키는 형벌을 말한다.

또 조서를 내려 말했다.

"옛날 천자는 5년에 한 번 순수하고 태산에서 봉선을 거행했는데, 제후들이 조회하러 올 때 묵는 숙소가 있었다. 제후들에게 명하노니 각각 태산 아래에 저택을 짓도록 하라."

천자가 이미 태산에서 봉제를 마쳤는데, 바람이나 비의 재해가 없었다. 방사들이 번갈아 봉래산의 여러 신선을 장차 찾을 것 같다고 말했다. 이에 무제는 흔연히 신선을 만날 것을 기대했다. 이에 동쪽으로 돌아와 해상에 이르러서 망제를 지내고 봉래산의 신선을 만나기를 바랐다. 그런데 봉거 자후子侯가 갑자기 병이 들어 하루 만에 죽었다.① 무제가 이에 드디어 떠나 해상을 따라 북쪽으로 갈석산에 이르고, 요서遼西로부터 순회하여 북쪽 변방을 거쳐 구원九原[②]에 이르렀다. 5월에 돌아오다가 감천에 이르렀다. 담당 관리가 말하기를 보정이 나타난 해를 원정元鼎이라고 하고 금년은 원봉元封 원년으로 해야 한다고 했다.

又下詔曰 古者天子五載一巡狩 用事泰山 諸侯有朝宿地 其令諸侯各治邸泰山下 天子既已封泰山 無風雨災 而方士更言蓬萊諸神若將可得 於是上欣然庶幾遇之 乃復東至海上望 冀遇蓬萊焉 奉車子侯暴病 一日死[①] 上乃遂去 並海上 北至碣石 巡自遼西 歷北邊至九原[②] 五月 反至甘泉 有司言寶鼎出爲元鼎 以今年爲元封元年

① 子侯暴病一日死자후폭병일일사

색은 《신론》에서 "무제가 도장 새기는 돌을 꺼냈는데, 재물의 조짐이 있어 자후子侯가 도장을 숨기자 무제가 두렵고 꺼려하여 죽였다."라고 했다. 《풍속통》에서도 또한 그렇다고 했다. 고윤이 살펴보니 《무제집》에서 무제가 자후의 집에서 말하기를 "도사들은 모두 자후가 신선이 되었다고 말하니, 슬퍼하기에는 부족하다."라고 했는데, 이 설명이 옳다.

新論云 武帝出璽印石 財有朕兆 子侯則沒印 帝畏惡 故殺之 風俗通亦云然 顧胤按 武帝集帝與子侯家語云 道士皆言子侯得仙 不足悲 此說是也

② 九原구원

신주 한무제의 행선지를 보면 고조선과 국경이 그대로 드러난다. 산동성 태산에서 봉제를 하고 갈석산과 요서를 지나서 구원에 이르는 노선이었다. 갈석산이 한반도 내에 있으면 불가능한 노선이다. 이때의 갈석산은 둘로 상정할 수 있는데 하나는 산동성 빈주시濱州市 무체현無棣縣 갈석산이고, 다른 하나는 하북성 창려시昌黎市 갈석산이다. 무체 갈석산을 이 갈석산으로 볼 경우 무제가 태산에서 봉선을 행한 후 동북쪽으로 갔다가 다시 요서로 올라갔다는 것이다. 그러나 진시황을 비롯한 역대 황제들이 마음먹고 올랐다고 보기에는 낮고 작은 산이며, 무엇보다 내륙에 있다. 위魏나라 조조曹操는 갈석산에 올라 "동쪽으로 갈석산에 임해서 창해를 바라보노라[碣石篇東臨碣石 以觀滄海]"라는 유명한 〈관창해觀滄海〉라는 시를 읊었는데, 무체 갈석산에서는 창해가 보이지 않는다.

하북성 창려현 갈석산 지역이 고대의 요동이었으므로 이 갈석산이라면 한무제가 태산에서 봉선을 행한 후 북쪽으로 요동 갈석산에 올랐다가 서쪽의 요서를 거쳐 산서성을 지나 구원을 경유하고 감천甘泉으로 돌아오는 경로에 알맞다. 사료에 어긋나지 않으며 무엇보다도 이 갈석산에서는 과거 창해(발해)가 보인다는 점에서도 설득력이 있다.

> 그해 가을 동정東井에 혜성이 있었다. 십여 일이 지나서 삼능三能①에 혜성이 있었다. 하늘의 기운을 살펴보고 왕삭王朔이 말했다.
> "살펴보니 진성塡星(토성)②이 홀로 나타났을 때는 호리병박 모양과 같다가 한 식경쯤 지나 다시 들어갔습니다."
> 담당 관리들이 모두 말했다.
> "폐하께서 한나라 황가皇家를 세우는 봉선을 하자, 하늘이 덕성德星③으로 보답한 것입니다."
> 그 다음해 겨울에 옹에서 5제에게 교사를 지냈다. 돌아와 태일신에게

축원하며 절했다. 제관이 축문에 말했다.

"덕성이 찬란하니, 이는 오직 길조입니다. 수성壽星(남극노인성)이 거듭 나타나 광채가 깊이 빛났습니다. 신성信星이 밝게 나타났으니 황제께서는 태축이 올리는 제사에 경배하옵소서."

其秋 有星茀于東井 後十餘日 有星茀于三能① 望氣王朔言 候獨見塡星② 出如瓜 食頃復入焉 有司皆曰 陛下建漢家封禪 天其報德星③ 云 其來年冬 郊雍五帝 還 拜祝祠太一 贊饗曰 德星昭衍 厥維休祥 壽星仍出 淵耀光明 信星昭見 皇帝敬拜太祝之享

① 三能삼능

신주 삼태성三台星이다. 자미원紫微垣 주변의 별로 상태上台, 중태中台, 하태下台 각각 두 별로 이루어져 있다.

② 塡星진성

색은 악산과 포개는 함께 '기성旗星'이라고 했다. 기성은 곧 덕성이다. 《부서도》에서 "기성旗星의 끝은 고운 빛살이 기旗와 같다."라고 했다. 본래 또한 '기旗' 자로 되어 있다.

欒產 包愷並作旗星 旗星即德星也 符瑞圖云 旗星之極 芒豔如旗 本亦作旗也

③ 德星덕성

신주 한때 갑자기 나타나는 별이다. 이 별이 나타났다가 사라지면 길조로 받아들였다. 그래서 덕성이라고 했다. 여기서 덕성은 앞서 나온 혜성 등을 가리킨다.

그해 봄에 공손경이 신인神人을 동래산에서 보았다고 말하고 천자를 뵙고 싶어 하는 것 같다고 했다. 무제가 이에 구지성에 이르러 공손경에게 벼슬을 제수하여 중대부로 삼았다. 드디어 동래에 이르러 여러 날을 숙박했으나 나타나지 않았고 대인의 발자국만 보았다고 했다. 다시 방사를 보내 신선을 찾고 기이한 불사약을 캐오도록 했는데, 그 수가 수천 명이나 되었다.
이 해에 가뭄이 들었다. 이에 천자는 이미 출타할 명분이 없어 만리사萬里沙에서 기도하고 지나는 길에 태산에서 제사 지냈다. 돌아오다가 호자瓠子①에 이르러 스스로 터진 하수를 막기 위해 2일간 머물러서 침제沈祭를 지내고 떠났다. 두 명의 경卿으로 하여금 장졸들을 거느려서 하수가 터진 곳을 막게 하고, 두 개의 도랑으로 옮겨서 우임금의 옛 자취를 회복했다.
其春 公孫卿言見神人東萊山 若云欲見天子 天子於是幸緱氏城 拜卿爲中大夫 遂至東萊 宿留之數日 無所見 見大人跡云 復遣方士求神怪采芝藥以千數 是歲旱 於是天子既出無名 乃禱萬里沙 過祠泰山 還至瓠子① 自臨塞決河 留二日 沈祠而去 使二卿將卒塞決河 徙二渠 復禹之故跡焉

① 瓠子 호자

신주 호자에 이르러 하수를 막은 일은 〈하거서〉에 자세히 나온다.

정삭을 바꾸다

이때 이미 남월과 동월을 멸했다.[①] 월나라 사람 용지勇之가 말했다.
"월나라 사람들의 풍속에는 귀신이 있어 제사를 지낼 때 모두가 귀신을 보며 자주 효험이 나타납니다. 옛날 동구왕東甌王이 귀신을 공경해 160세까지 장수했습니다. 후세에 태만히 했으므로 쇠퇴하여 망한 것입니다."
이에 월나라 무당에게 명해서 월나라 법식의 사당을 세우게 했는데, 대臺만 안치하고 단壇이 없었다. 또한 천신天神과 상제, 그리고 온갖 귀신들에게 제사를 지내면서 닭으로 점을 쳤다. 무제가 이를 믿고 월사越祠에서 닭점을 처음으로 쳤다.
是時既滅兩越[①] 越人勇之乃言 越人俗鬼 而其祠皆見鬼 數有效 昔東甌王敬鬼 壽百六十歲 後世怠慢 故衰秏 乃令越巫立越祝祠 安臺無壇 亦祠天神上帝百鬼 而以雞卜 上信之 越祠雞卜始用

① 既滅兩越기멸양월

신주 무제 원봉元封 원년, 서기전 110년의 일이다.

공손경이 말했다.

"선인仙人을 뵐 수 있는데 주상께서는 늘 오셨다가 갑자기 떠나시므로 뵐 수 없습니다. 지금 폐하께서 관觀을 짓고 구성緱城①에서처럼 육포와 대추를 차려놓으실 수 있다면 신인이 마땅히 이를 것입니다. 또 선인은 누대에서 거처하기를 좋아합니다."

이에 무제가 영을 내려 장안에는 비렴계관蜚廉桂觀을 짓고, 감천에는 익수관益壽觀과 연수관延壽觀②을 짓게 했다. 공손경에게는 부절을 가지고 제구를 설치하여 신인을 기다리게 했다. 마침내 통천경대通天莖臺③를 짓고 제구를 그 아래에 두어, 장차 신선과 신인의 무리를 부르려고 했다. 이에 감천궁에 다시 전전前殿을 짓고 처음으로 여러 궁실을 넓혔다. 여름에 영지가 궁전 방 안에서 자랐다.④ 천자가 하수의 터진 곳을 막고 통천대를 세우자 광채가 있는 듯하였다. 이에 조서를 내려 말했다.

"감천궁의 방 안에서 영지 아홉 줄기가 자라니 천하에 사면을 시행하고 복작이 없게 하라."

公孫卿曰 仙人可見 而上往常遽 以故不見 今陛下可爲觀 如緱城① 置脯棗 神人宜可致也 且僊人好樓居 於是上令長安則作蜚廉桂觀 甘泉則作益延壽觀② 使卿持節設具而候神人 乃作通天莖臺③ 置祠具其下 將招來僊神人之屬 於是甘泉更置前殿 始廣諸宮室 夏 有芝生殿房內中④ 天子爲塞河 興通天臺 若見有光云 乃下詔 甘泉房中生芝九莖 赦天下 毋有復作

① 緱城구성

색은 서광이 말했다. “다른 판본에는 ‘여구지성如緱氏城’이라고 했다.”

徐廣曰 一云 如緱氏城

② 益延壽觀익연수관

색은 안사고는 익수와 연수의 두 관을 지었다고 여겼다. 살펴보니 《한무고사》에서 “연수관을 지었는데 높이가 30장이었다.”라고 했다.

小顏以爲作益壽延壽二館 案 漢武故事云 作延壽觀 高三十丈

③ 通天莖臺통천경대

집해 서광이 말했다. “감천에 있다.”

徐廣曰 在甘泉

색은 살펴보니 《한서》에 모두 ‘경莖’ 자가 없으니, ‘경’ 자는 연문衍文인 듯하다.

案 漢書並無莖字 疑衍也

④ 芝生殿房內中지생전방내중

집해 서광이 말했다. “원봉 2년이다.”

徐廣曰 元封二年

그 다음해에 조선을 침략했다.① 여름에 가뭄이 들었다. 공손경이 말했다.
"황제黃帝 때에 봉제를 올렸는데 하늘이 가물어 봉封을 세운 것이 3년 동안 말랐습니다."
무제가 이에 조서를 내려 말했다.
"하늘이 가물어 봉을 세운 것을 말리려고 한다. 천하에 영을 내리니 영성靈星②을 높이 받들어 제사하라."
其明年 伐朝鮮① 夏 旱 公孫卿曰 黃帝時封則天旱 乾封三年 上乃下詔曰 天旱 意乾封乎 其令天下尊祠靈星②焉

① 伐朝鮮 벌조선

신주 한무제는 원봉 2년(서기전 109) 좌장군 순체荀彘와 누선장군 양복楊僕에게 육군 5만 명과 수군 7,000명을 주어 위만조선을 공격했다. 전쟁의 계기는 위만조선에서 주변 국가들이 한나라에 조공하러 가는 것을 막는다는 것이었다. 만약 위만조선이 강단사학의 주장대로 평양 일대에 있었다면 만주에 있는 나라들이 한나라로 가는 것을 막을 수 있는 방법이 없었다는 점에서 위만조선이 대륙에 있었던 것은 분명하다. 사마천은 〈조선열전〉에서 위만조선 지배층의 내분으로 멸망한 상황를 서술했는데, 이 전쟁에 참여했던 위산衛山, 순체, 공손수公孫遂 등 한나라의 장수와 귀족들은 모두 사형당했고, 양복은 서인으로 강등되었다. 반면 고조선에서 항복했던 귀족들은 모두 제후로 봉해졌는데, 그 봉지는 대부분 지금의 산동반도 부근이었다. 이는 위만조선을 멸망시키고 설치했던 한사군漢四郡이 한반도가 아니라 모두 고대 요동에 있었음을 말해준다. 당시 한나라 사람들은 한반도에 대한 지식 자체가 없었고, 그래서 《한서》 〈지리지〉 등에 한반도에 대한 기술 자체가 없다. 한사군이 한반도 내에 있었다는 것은 조선의 사대주의 유학자들이 뒤늦게 기자조선을 평양으로 끌어들이면서 비롯되었다가 일제 식민사학을 거쳐 지금의 중국 동북공정에서 주장하는 것으로 사실과는 다르다.

② 靈星영성

신주 농업을 관장하는 별의 이름이다.

그 다음해에 무제가 옹에서 교사를 지내고 회중回中의 길을 통해 순시했다. 봄에 명택鳴澤에 이르고 서하를 따라 돌아왔다. 그 다음해 겨울에 무제가 남군을 순회하고① 강릉에 이르렀다가 동쪽으로 갔다. 잠현灊縣의 천주산天柱山②에 올라 예를 드리고 '남악'이라고 호칭했다. 양자강에서 배를 타고 심양으로부터 종양으로 나가 팽려彭蠡를 지나면서 명산대천에 예를 다했다. 북쪽으로 낭야에 이르고 아울러 바닷가로 갔다. 4월 중에 봉고奉高에 이르러 봉제를 지냈다.

其明年 上郊雍 通回中道 巡之 春 至鳴澤 從西河歸 其明年冬 上巡南郡① 至江陵而東 登禮灊之天柱山② 號曰南岳 浮江 自尋陽出 樅陽 過彭蠡 禮其名山川 北至琅邪 並海上 四月中 至奉高脩封焉

① 巡南郡순남군

집해 서광이 말했다. "원봉 5년이다."

徐廣曰 元封五年

② 天柱山천주산

신주 안휘성 안경시安慶市에 위치한다. 주봉이 기둥처럼 하늘을 찌른다고 해서 붙여진 이름이다. 천주산은 일명 환산皖山 또는 환공산皖公山이고, 예부터 호산, 형산으로도 불렸으며 '강회江淮 제일의 산'으로 꼽힌다.

애초에, 무제가 태산에서 봉제를 지낼 때, 태산의 동북쪽 기슭에 옛 명당 터가 있었는데 험난하고 앞이 확 트이지 않았다. 무제는 봉고의 곁에 명당을 다시 짓고 싶었으나 그 제도를 알지 못했다. 이때 제남 사람 공옥대公玉帶가 황제黃帝 때의 명당도明堂圖를 바쳤다. 명당도에는 중앙에 전각 하나가 있고 사면에는 벽이 없었다. 지붕은 띠풀로 덮었으며, 물이 통하게 했다. 궁에는 담을 둘러 복도複道를 만들었으며, 위에는 누대가 있어서 서남쪽을 따라 들어가는데 '곤륜昆侖'이라고 명명했다. 천자가 이 길로 들어가 상제에게 절하고 제사 지내게 설계되었다. 이에 무제는 봉고현에 명하여 문수汶水 가에 명당을 세우되① 공옥대의 그림과 같도록 했다.

初 天子封泰山 泰山東北阯古時有明堂處 處險不敞 上欲治明堂奉高旁 未曉其制度 濟南人公王帶上黃帝時明堂圖 明堂圖中有一殿 四面無壁 以茅蓋 通水 圜宮垣爲複道 上有樓 從西南入 命曰昆侖 天子從之入 以拜祠上帝焉 於是上令奉高作明堂汶上① 如帶圖

① 作明堂汶上 작명당문상

집해 서광이 말했다. "원봉 2년 가을에 있었다."

徐廣曰 在元封二年秋

원봉 5년이 되어 봉제를 지내는데, 태일신과 5제는 명당의 상좌上坐에서 제사 지내고 고황제高皇帝는 맞은편에 모시고 제사 지내게 했다. 지신에게 지내는 제사는 아랫방에서 하고 큰 희생 20마리를 사용하게 했다.

천자는 곤륜의 길을 따라 들어가 처음으로 명당에서 절하고 교사를 지내는 예와 같이 했다. 예가 끝나고 당 아래에 화톳불을 피웠다. 무제는 또 태산에 올라 스스로 몰래 정상에서 제사 지냈다. 태산의 아래에서는 5제에게 제사를 지냈는데 각각 그 방향에 따랐으며, 황제黃帝는 적제赤帝를 아울렀고 제관이 제사를 도왔다. 태산 위에서 불을 올리자 아래에서도 모두 응답했다.

及五年脩封 則祠太一 五帝於明堂上坐 令高皇帝祠坐對之 祠后土於下房 以二十太牢 天子從昆侖道入 始拜明堂如郊禮 禮畢 燎堂下 而上又上泰山 自有祕祠其巔 而泰山下祠五帝 各如其方 黃帝并赤帝 而有司侍祠焉 山上舉火 下悉應之

그 2년 후, 11월 갑자일 삭단이 동짓날이 되니, 역법을 계산하는 자가 본통本統(새로운 정삭)으로 삼아야 한다고 했다. 천자는 친히 태산에 이르러, 11월 갑자일 삭단 동짓날에 명당에서 상제에게 제사 지냈지만 봉선은 하지 않았다.① 축관이 올리는 제문에 이렇게 말했다.

"하늘이 거듭 황제에게 태원太元의 신책神策을 주시어, 일주해서 다시 시작하게 되었습니다. 황제가 태일신께 경배 올립니다."

동쪽으로 바닷가에 이르러, 바다로 들어간 방사들이 신인을 찾았는지 살펴보았으나 효과가 없었다. 그러나 더 많이 보내서 만나기를 바랐다.

11월 을유일에 백량柏梁에 화재가 있었다.

12월 갑오 초하루에 무제는 몸소 고리산高里山②에서 선제로 지신에 제사 지냈다. 발해에 다다라 장차 봉래산의 무리에게 망제望祭를 지내고서 수정殊廷③에 이르기를 바랐다.

其後二歲 十一月甲子朔旦冬至 推曆者以本統 天子親至泰山 以十一月甲子朔旦冬至日祠上帝明堂 毋脩封禪① 其贊饗曰 天增授皇帝太元神策 周而復始 皇帝敬拜太一 東至海上 考入海及方士求神者 莫驗 然益遣 冀遇之 十一月乙酉 柏梁烖 十二月甲午朔 上親禪高里② 祠后土 臨勃海 將以望祀蓬萊之屬 冀至殊廷③焉

① *毋脩封禪*무수봉선

집해 서광이 말했다. "항상 5년마다 한 번 지낼 뿐이다. 지금은 2년이 지났기 때문에 다만 명당에만 제사 지냈다."

徐廣曰 常五年一脩耳 今適二年 故但祠於明堂

② 高里고리

신주 산 이름이다. 산동성 태안시泰安市 서남쪽에 위치하고 있다. 태산에서 갈라진 낮은 산이다.

③ 殊庭수정

신주 봉래산蓬萊山에 있다는, 신선이 사는 곳이다.

> 무제가 돌아와서 백량대柏粱臺에 화재가 있었던 까닭으로 감천궁에서 조회를 받았다. 공손경이 말했다.
> "황제는 청령대靑靈臺를 짓고 12일 만에 불나자 곧 명정明廷에서 다스렸습니다. 명정이 감천입니다."
> 방사들도 대부분 옛날의 제왕 중 감천에 도읍한 이가 있었다고 말했다. 그 뒤 무제는 또 감천에서 제후들의 조회를 받고 감천에 제후들의 사저를 짓게 했다. 용지가 이에 말했다.
> "월나라 풍속에는 화재가 있으면 다시 집을 짓는데 반드시 더 크게 지어, 불을 복종시켜 이겼습니다."
> 이에 건장궁建章宮을 지었는데, 문이 1,000개에 방이 1만 개나 되는 규모였다. 전전前殿은 미앙궁보다 더 높고, 그 동쪽에는 봉궐鳳闕이 있는데 높이가 20여 장이며, 서쪽의 당중唐中에는 수십 리의 호랑이 우리가 있었다. 북쪽에는 큰 연못을 파고 점대漸臺의 높이는

20여 장이었는데, 태액지太液池라고 명명했다. 못 안에는 봉래산, 방장산, 영주산, 호량壺梁[①]이 있고, 바닷속의 신산神山과 거북과 물고기 등을 본떠 놓았다. 남쪽에는 옥당, 벽문, 대조 등이 있었다. 또 신명대, 정간루를 세웠는데 규모가 50장이고 연도輦道가 서로 이어졌다.

上還 以柏梁烖故 朝受計甘泉 公孫卿曰 黃帝就青靈臺 十二日燒 黃帝乃治明廷 明廷 甘泉也 方士多言古帝王有都甘泉者 其後天子又朝諸侯甘泉 甘泉作諸侯邸 勇之乃曰 越俗有火烖 復起屋必以大 用勝服之 於是作建章宮 度爲千門萬戶 前殿度高未央 其東則鳳闕 高二十餘丈 其西則唐中 數十里虎圈 其北治大池 漸臺高二十餘丈 命曰太液池 中有蓬萊方丈瀛洲壺梁[①] 象海中神山龜魚之屬 其南有玉堂璧門大鳥之屬 乃立神明臺井幹樓 度五十丈 輦道相屬焉

① 壺梁호량

신주 신산神山으로 가는 전설의 다리를 이른다.

여름에 한나라는 역법을 고쳐 정월正月을 한 해의 시작으로 삼았다. 색은 황색을 숭상하고 관직명의 도장을 다섯 글자로 고치며, 태초太初 원년(서기전 104)으로 삼았다. 이 해에 서쪽으로 대원大宛(오늘날 중앙아시아 키르키즈스탄)을 정벌했다. 황충 떼가 크게 일어났다.

정부인丁夫人과 낙양 사람 우초虞初 등이 방술로써 흉노와 대원을 저주하는 제사를 지냈다.

이듬해에 담당 관리가 주상에게 옹雍 땅의 5치에 익힌 희생을 갖추지 못하고 향기로운 음식이 갖추어지지 않았다고 아뢰었다. 이에 제관에게 명령하여 치에 송아지 희생을 갖춰 올리게 하고 음식을 방위의 색깔을 상극相剋으로 차리게 했으며, 나무로 만든 말로써 망아지를 대신하게 했다. 다만 5월 제사와 황제가 친히 교사를 지낼 때만 말을 쓰도록 했다. 모든 명산과 대천에서 망아지를 썼던 것도 모두 나무로 깎은 말로 대신하되 무제의 행차가 지나는 곳에서는 망아지를 사용했다. 다른 의례는 옛날과 같게 했다.

夏 漢改曆 以正月爲歲首 而色上黃 官名更印章以五字 爲太初元年 是歲 西伐大宛 蝗大起 丁夫人雒陽虞初等以方祠詛匈奴大宛焉 其明年 有司上言雍五時無牢熟具 芬芳不備 乃令祠官進時犢牢具 色食所勝 而以木禺馬代駒焉 獨五月[①]嘗駒 行親郊用駒 及諸名山川用駒者 悉以木禺馬代 行過 乃用駒 他禮如故

① 月월

신주 〈무제본기〉에는 '帝'로 되어 있다.

그 다음해에 동쪽으로 바닷가를 순수하며 신선술을 익힌 무리를 살폈으나 체험한 자가 없었다. 방사가 아뢰었다.
"황제黃帝 때 다섯 개의 성과 열두 개의 누대[①]를 만들고 집기執期[②]에서 신인을 기다렸는데, 이를 '영년迎年'이라고 했습니다."
무제가 허락하고 그의 말과 같이 집을 짓고 '명년明年'이라고 명명했다. 무제가 몸소 상제에게 예로 제사 지냈다.
其明年 東巡海上 考神僊之屬 未有驗者 方士有言黃帝時爲五城十二樓[①] 以候神人於執期[②] 命曰迎年 上許作之如方 命曰明年 上親禮祠上帝焉

① 十二樓십이루

신주 전설상 선인이 머무는 곳을 이른다.

② 執期집기

신주 지명이다.

공옥대가 말했다.
"황제 때는 비록 태산에서 봉제를 올렸으나 풍후, 봉거, 기백 등이 황제에게 동태산東泰山에서 봉제를 지내고 범산凡山[①]에서 선제를 지내게 해서 부절에 합치한 연후에야 죽지 않는다고 했습니다."

무제가 이윽고 제구를 설치하라고 명하고 동태산에 이르렀는데 동태산이 낮고 작아서 그 명성에 알맞지 않았다. 이에 제관에게 예로 제사하라고 명하고 봉선을 지내지 않았다. 그 뒤에 공옥대에게 제사를 받들고 신물神物을 살피라고 명했다.

여름에 드디어 태산으로 돌아와 5년마다의 예를 전과 같이 하고 석려산石閭山에서 선제禪祭를 지냈다. 석려산은 태산 아래 남쪽 터에 있다. 방사들이 이곳이 선인의 마을이라고 했으므로 무제가 친히 선제를 올린 것이다. 그 5년 뒤 다시 태산에 이르러 봉제를 지냈다.[2] 돌아오며 지나는 길에 항산恆山에서 제사를 지냈다.

公玊帶曰 黃帝時雖封泰山 然風后封巨岐伯令黃帝封東泰山 禪凡山[1] 合符 然後不死焉 天子既令設祠具 至東泰山 〔東〕泰山卑小 不稱其聲 乃令祠官禮之 而不封禪焉 其後令帶奉祠候神物 夏 遂還泰山 脩五年之禮如前 而加以禪祠石閭 石閭者 在泰山下阯南方 方士多言此僊人之閭也 故上親禪焉 其後五年 復至泰山脩封[2] 還過祭恆山

① 凡山범산

집해 서광이 말했다. "다른 판본에는 '환丸'으로 되어 있다."

徐廣曰 一作丸

② 泰山脩封태산수봉

집해 서광이 말했다. "무제 천한 3년이다."

徐廣曰 天漢三年

지금의 천자가 일으킨 제사로 태일과 지신에게 지내는 제사는 3년마다 친히 지내는 교사와 한나라에서 세운 봉선封禪으로 5년에 한 번 봉제를 지냈다.

박유기가 건의하여 지내는 태일, 삼일, 명양, 마행, 적성의 5사祠는 관서寬舒가 제관으로① 계절마다 의례를 올렸다. 무릇 6개의 제사는 모두 태축太祝이 주관했다. 8신神과 여러 신 및 명년明年과 범산凡山 등 다른 이름의 제사는 천자가 행차하다가 지나가면 제사 지내고 행차가 떠나면 그만두었다. 방사들이 일으킨 제사는 각각 스스로 주관하게 했는데 그 사람이 죽으면 그만두었고 사관이 주관하지 않았다. 그 밖의 제사는 모두 예전과 같았다.

今天子所興祠 太一后土 三年親郊祠 建漢家封禪 五年一脩封 薄忌太一及三一冥羊馬行赤星 五 寬舒之祠官① 以歲時致禮 凡六祠 皆太祝領之 至如八神諸神 明年 凡山他名祠 行過則祠 行去則已 方士所興祠 各自主 其人終則已 祠官不主 他祠皆如其故

① 寬舒之祠관서지사

색은 살펴보니《한서》〈교사지〉에서 "사관祠官 관서寬舒에게 지신에 제사 지내는 것을 의논해 5단壇을 만들었다."라고 했다. 그러므로 "5사祠는 관서가 제관이다."라고 한 것이다.

案 祀志云 祠官寬舒議祠后土爲五壇 故謂之五寬舒祠官也

지금 주상의 봉선은 그 뒤로 12년 동안 오악五岳과 사독四瀆을 두루 돌면서 지냈다. 방사들은 신인神人을 기다리고 제사 지내며 바다로 들어가 봉래산을 찾았으나 끝까지 효험이 없었다. 공손경이 신선을 기다려 대인大人의 발자국이 신선과 유사하다고 해명했으나 아무런 효험은 없었다. 천자는 갈수록 방사들의 괴이하고 에두르는 말에 싫증을 느꼈다. 그러나 얽매인 것을 끊지 못하고 그 진인과 만나기를 바랐다. 이 뒤로부터 방사들이 신의 제사를 말하는 것이 더욱 많았으나, 그 효험은 눈에 보듯 뻔하였다.

今上封禪 其後十二歲而還 徧於五岳四瀆矣 而方士之候祠神人 入海求蓬萊 終無有驗 而公孫卿之候神者 猶以大人之跡爲解 無有效 天子益怠厭方士之怪迂語矣 然羈縻不絕 冀遇其真 自此之後 方士言神祠者彌衆 然其效可睹矣

태사공은 말한다.

"나는 천자의 순수를 따라 천지의 여러 신과 명산대천에 제사 지내고 봉선에도 참여했다. 수궁壽宮에 들어가 제사를 모시며 하는 신묘한 말을 듣고, 방사方士와 제관의 뜻을 살펴 탐구했다. 이에 물러나와 옛날부터 지금까지 귀신에게 제사 지내는 일을 차례로 논해서, 그 겉과 속을 구체적으로 나타냈다. 후대에 군자가 있다면, 이를 통해 살펴볼 수 있을 것이다. 조두(제기)와 규옥에 대한 상세한 것과 헌주의 예절 같은 것은 제관들이 보존하고 있다."

太史公曰 余從巡祭天地諸神名山川而封禪焉 入壽宮侍祠神語 究觀方士祠官之意 於是退而論次自古以來用事於鬼神者 具見其表裏 後有君子 得以覽焉 若至俎豆珪幣之詳 獻酬之禮 則有司存

신주 사마천은 〈봉선서〉에서 한무제에 대해서 국정에 전념해 왕조를 발전시키는 것보다는 자신의 불사不死를 위한 방사方事에 더 집착하는 임금으로 묘사했다. 국가 발전을 위해서 현량을 등용하는 것보다 방사方士를 찾아 영원히 살기 위한 헛된 일에 매달리는 임금으로 그려놓은 것이다. 그래서 훗날 무제가 사마천을 죽이지 않아서 이런 비방서가 돌아다니게 되었다는 말까지 생겨났다. 이것이 사마천이 궁형을 당한 원망에서 비롯된 것인지는 몰라도, 만약 없는 이야기를 썼다면 사마천은 살아남지 못했을 것이란 점에서 그 내용 자체는 사실일 것이다. 또한 이는 역사가의 붓이 어떠해야 하는지를 보여주는 사례다. 역사가의 붓은 임금이라도 거리낌 없이 비판해야 함을 말해준다.

색은술찬 사마정이 펼쳐서 밝히다.

《예기》에는 〈승중〉에 실려 있고 서전書傳에는 〈사류〉에서 일컬었다. 고금의 찬란한 법도가 있어 제왕들이 능히 섬겼다. 태산에 올라 봉제를 지내 하늘에 보답하고, 내려와 선제를 올려 땅에 빌었다. 화려하고 훌륭한 문장으로 축문을 채워 금니金泥로 봉인하고 비석에 기록했다. 한나라가 유업을 계승하니, 이 도가 타락하지 않았다. 석려石閭와 숙연산의 선제는 아름답게 드날릴 만하기에 기록에 남겼다.

禮載升中 書稱肆類 古今盛典 皇王能事 登封報天 降禪除地 飛英騰實 金泥石記 漢承遺緒 斯道不墜 仙閭肅然 揚休勒誌

[지도 1] 오악五嶽과 사독四瀆

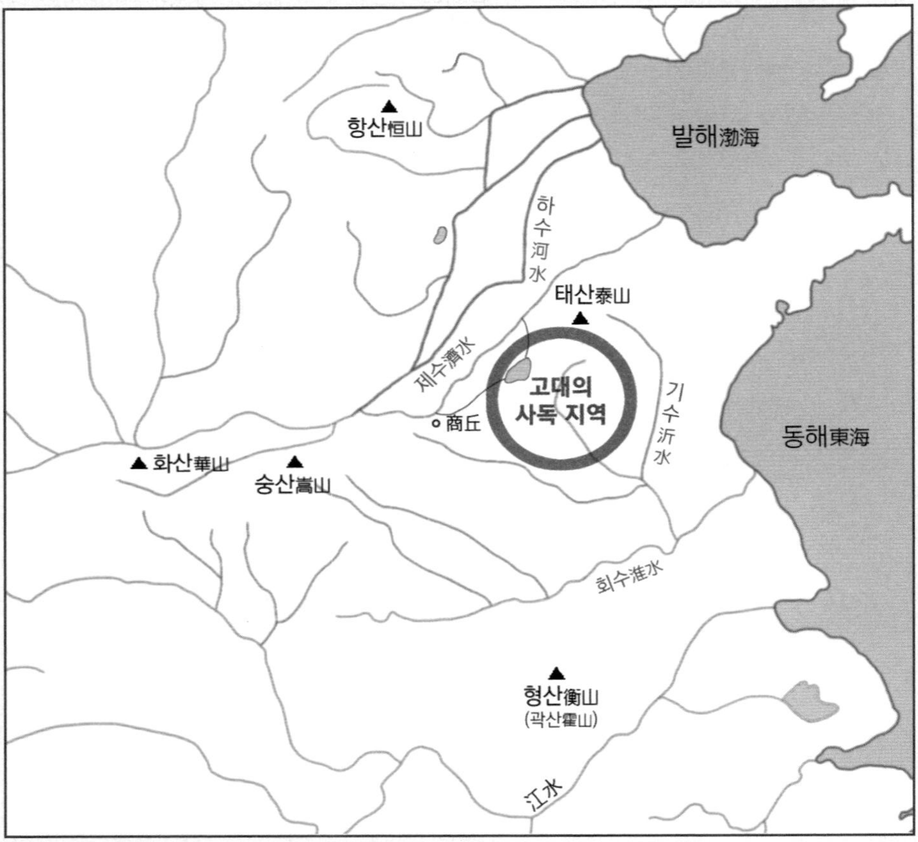

【참고문헌】

司馬遷,《史記》〈本紀〉〈封禪書〉

오악五嶽은 동악(泰山), 서악(華山), 남악(衡山), 북악(恒山), 중악(嵩山)을 가리키는데, 한무제는 천주산天柱山(곽산霍山)을 남악이라 칭했다. 사독四瀆은 황하黃河, 제수濟水, 회수淮水, 장강長江을 가리키는데, 고대에는 사독이 모두 산동 지방에 있었다. 그것을 방위별로 나누면 기수가 동독東瀆, 제수가 서독西瀆, 회수가 남독南瀆, 하수가 북독北瀆이 된다.

[지도 2] 진秦과 서한西漢의 봉선 및 제사 관련 주요 지명(서기전 109년 이전)

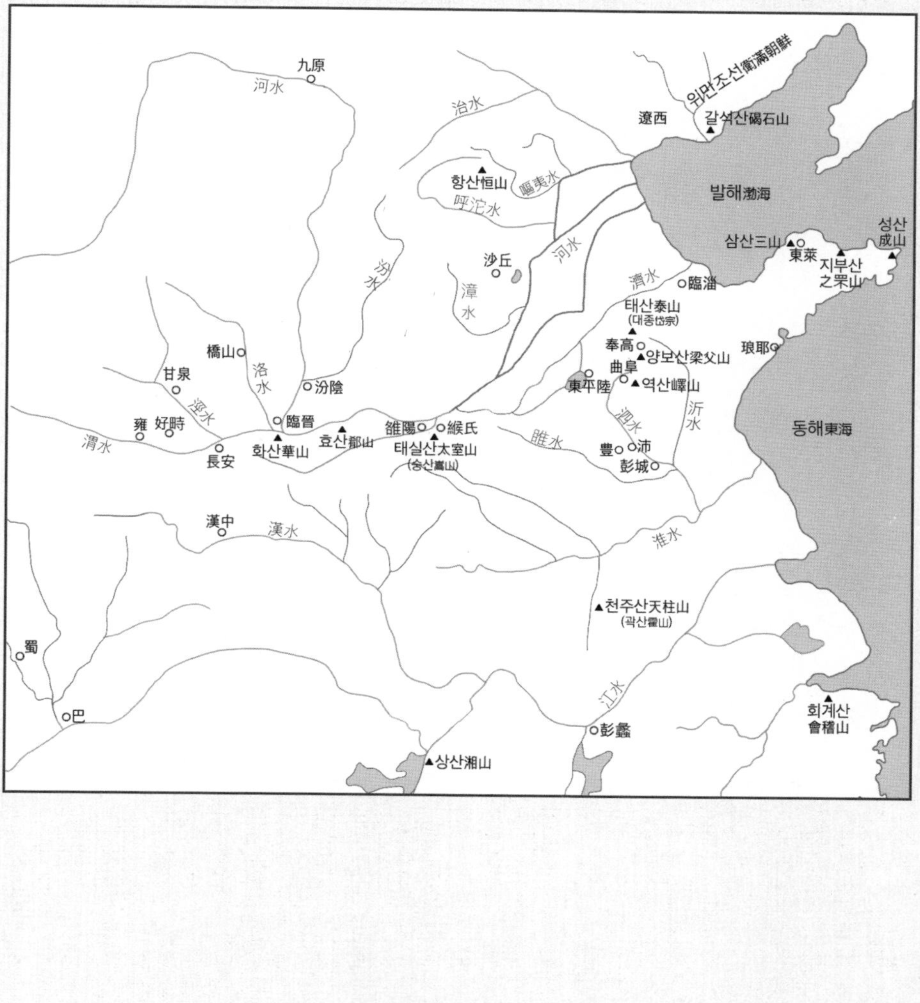

【참고문헌】

丁範鎭 외 옮김, 《司馬遷 史記2: 表序·書》, 1994, 까치

譚其驤, 《中國歷史地圖集》 第二冊, 1982, 中國社會科學院

사기 제29권 史記卷二十九

하거서 河渠書

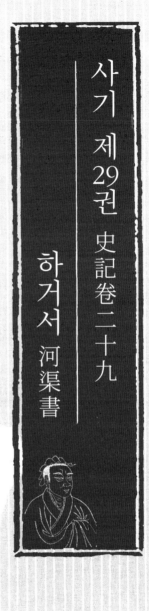

사기 제29권 하거서 제7

史記卷二十九　河渠書第七

신주 〈하거서〉는 수리水利사업에 관한 글이다. 우임금부터 춘추, 전국을 거쳐 진秦과 한漢에 이르기까지 황하를 비롯한 여러 강을 다스려 재해를 방지하고, 길을 뚫고, 운수 및 관개를 통해 국가 및 백성들의 생활을 편하게 하기 위한 온갖 노력을 기술하였다. 사마천은 〈태사공자서〉에서 〈하거서〉에 관해 이렇게 말했다.

"우禹임금이 하천의 물길을 준설해서 구주의 백성들이 편안해졌다. 이에 선방궁에 이르기까지 물길을 트고 도랑을 팠다. 이 때문에 7장에 〈하거서〉를 기술한다.[維禹浚川 九州攸寧 爰及宣防 決瀆通溝 作河渠書第七]"

〈하거서〉는 우임금이 기주冀州의 호구산壺口山에서 물길을 튼 것을 시작으로 한나라 효무제 때 하수의 호자瓠子에서 범람하여 터진 둑을 막고 그 자리에 선방궁을 지을 때까지 치수治水와 관련하여 서술한 기록이다. 황하 치수의 문제는 역대 왕조 및 군주들의 치적治績 성패를 좌우할 만큼 대단히 중요했다. 수해를 다스리고, 물길을 이용한 조운과 농사와 관련한 관개灌漑사업은 민생에 직결되는 문제였다.

우禹는 순임금으로부터 치수의 명을 받은 후 13년 동안 집 앞을 지나면서도 집에 들르지 않을 정도로 노심초사하며 치수와 길을 뚫는 일에 몰두했다. 그 결과 길은 9주로 통했고 9주의 못을 쌓았으며, 황하의 물길을 뚫어 9주의 하천을 소통하게 하니 그 공로가 3왕에까지 베풀어졌다고 했다. 그 후 전국시대에 홍구鴻溝가 만들어지고 제수濟水, 여수汝水, 회수淮水, 사수泗水가 합쳤으며, 이빙李氷, 서문표西門豹와 같은 사람들은 적극적으로 치수사업을 펼쳤다. 또한 진나라 시황제 때 정국鄭國은 관중關中에 관개사업을 벌였는데, 이것이 '정국거鄭國渠'였다. 이로 인해 관중은 기름진 들판으로 변했고, 진의 국력도 빠르게 신장하는 계기가 되었다.

한나라는 효문제 때 황하가 산조酸棗에서 터져 금제金隄가 무너져 이를 막았는데, 40년이 지난 효무제 원광元光 연중에는 호자가 터져 막게 했으나 역부족이었다. 호자에서 터진 둑을 막고 선방궁을 세우는 과정에서 무제는 사마천과 함께 직접 호자에 가는데 이때 무제가 부른 호자가瓠子歌를 직접 적어 놓은 것으로 보아 사마천이 이 문제에 관해서는 무제에 대하여 긍정적으로 평가하고 있음을 알 수 있다. 정당시鄭當時가 대농大農이 되어 주장한 수로 및 운하사업과 하동태수 파계播係가 주장한 분수汾水의 관개사업, 포야도褒斜道의 건설 등도 좋은 성과를 거두었다고 서술하고 있다. 이는《한서》〈구혁지溝洫志〉의 모범이 되었다.

제一장

고대의 치수

《서경》 〈하서〉에서 말한다.

“우禹는 홍수를 막은 지 13년 동안 집 앞을 지나면서도 문안으로 들어가지 않았다.① 뭍에서는 수레를 타고, 물에서는 배를 타고, 진흙길에서는 배 모양의 썰매를 타고 다녔으며, 산길에서는 징을 박은 덧신을 신었다.② 그리하여 9주를 나누어서 산의 형세에 따라 강줄기를 내고 토질의 좋고 나쁨에 따라 공물을 정했다. 그리고 9주로 통하는 도로를 뚫어 교통 편의를 도모하고, 9주의 물길에 제방을 쌓고③ 9주에 있는 산들을 다스렸다.④”

夏書曰 禹抑洪水十三年 過家不入門① 陸行載車 水行載舟 泥行蹈毳 山行即橋② 以別九州 隨山浚川 任土作貢 通九道 陂九澤③ 度九山④

① 禹抑洪水十三年 過家不入門우억홍수십삼년 과가불입문

색은 抑은 ‘억憶’으로 발음한다. 억抑은 막는 것이다. 홍수가 하늘까지 넘치므로 우임금이 막아서 사람들을 해치지 않게 했다. 《한서》 〈구혁지〉에는 ‘인堙’으로 되어 있다. 인堙과 억抑은 모두 막는 것이다.

抑音憶 抑者 遏也 洪水滔天 故禹遏之 不令害人也 漢書溝洫志作堙 堙抑 皆塞也

② 陸行乘車～山行卽橋육행승거～산행즉교

집해 서광이 말했다. "橋는 '교[近遙反]'로 발음한다. 교橋(징 박은 신)는 다른 판본에는 '국檋'으로 되어 있다. 檋은 곧은 끌채의 수레이며, '곡[己足反]'으로 발음한다. 《시자》에서 '산길에는 류樏(징 박은 신)를 신었다.'라고 했다. 樏는 '루[力追反]'로 발음한다. 또 '진흙길을 갈 때는 방패 모양의 썰매를 타고, 험한 곳을 갈 때는 취樶(덧신)를 신고, 모래밭을 갈 때는 궤軌(수레)를 탄다.'라고 했다. 또 '풍거風車를 탄다.'라고 했다. 車는 '교[去喬反]'로 발음한다."

徐廣曰 橋 近遙反 一作檋 檋 直轅車也 音己足反 尸子曰 山行乘樏 音力追反 又曰 行塗以楯 行險以樶 行沙以軌 又曰 乘風車 音去喬反

색은 절毳은 '취橇'로도 되어 있는데 같은 음이고 '체[昌芮反]'로 발음한다. 주석에는 '최樶'라 하여, '제[子芮反]'로 발음하거나 '절[子絕反]'로 발음하는데 '절蕝'과 같은 발음이라고 했다.

毳字亦作橇 同音昌芮反 注以樶 子芮反 又子絕反 與蕝音同

신주 취毳는 '진흙길을 갈 때 타는 배 모양의 썰매'를 말한다.

③ 陂九澤피구택

정의 안사고가 말했다. "9주의 길을 내고 9주의 못을 막는 데 이르렀다."

顏師古云 通九州之道 及障遏其澤也

④ 度九山탁구산

정의 度은 '작[田洛反]'으로 발음한다. 《이아》 〈석명〉에는 "산山은 산産(낳다)이다. 물을 다스리는 것은 9주의 산과 못에서 나는 물산物産에 목적을 둔다."라고 했다. 토질의 좋고 나쁨을 헤아려 공물과 부세를 정한다는 말이다.

度 田洛反 釋名云 山者 產也 治水以志九州山澤所生物產 言於地所宜 商而度之 以制貢賦也

그러나 하수가 넘치는 재앙으로 인해 중국의 피해가 더욱 심해져서[①] (우는) 오직 수해에 대처하는 것을 첫 번째 책무로 삼았다. 그래서 하수의 물을 이끌어 적석산積石山[②]에서부터 용문龍門 주위를 거쳐[③] 남쪽으로 화음華陰[④]에 이르고, 동쪽으로 지주산砥柱山[⑤]을 지나 맹진孟津[⑥]과 (낙수가 흘러드는) 낙예雒汭를 거쳐 대비산大邳山[⑦]에 이르게 했다.

이에 우는 하수가 여기까지 흘러온 수로가 높고 흐름이 빨라 물살이 급하고 세기 때문에[⑧] 평평하게 흐르는데 어려움이 있어서 자주 무너진다고 여겼다. 이에 2개의 큰 도랑으로 나누고[⑨] 하수를 이끌어 (낙차를 줄이기 위해) 북쪽의 높은 땅에 실어 강수降水[⑩]를 지나 대륙택大陸澤[⑪]에 이르러서 아홉 줄기[⑫]로 나누어져 흐르다가 함께 역하逆河를 이루어 발해勃海[⑬]로 들어가게 했다. 9주의 하천이 트이고 9택이 깨끗해지고 나서, 온 나라가 잘 다스려지고 편안해졌으며 그 공로가 삼대(하, 은, 주)에 베풀어졌다.

然河菑衍溢 害中國也尤甚[①] 唯是爲務 故道河自積石[②]歷龍門[③] 南到華陰[④] 東下砥柱[⑤] 及孟津[⑥]雒汭 至于大邳[⑦] 於是禹以爲河所從來者高 水湍悍[⑧] 難以行平地 數爲敗 乃厮二渠以引其河[⑨] 北載之高地 過降水[⑩] 至于大陸[⑪] 播爲九河[⑫] 同爲逆河 入于勃海[⑬] 九川既疏 九澤既灑 諸夏艾安 功施于三代

① 害中國也尤甚해중국야우심

신주 여기에서 말하는 중국은 곧 중원中原이라는 뜻으로 황하 중하류 일대를 말한다. 이 지역을 천하의 중심이란 뜻에서 중원으로 불렀고, 나중에 중국으로 그 개념이 확대되었다.

② 積石적석

신주 산의 이름이다. 곧 적석산인데, 지금의 청해성青海省 동남부에 있다. 황하가 그 남쪽에서부터 동쪽으로 흘러 지나간다.

③ 龍門용문

정의 동주同州 한성현 북쪽 50리에 있다. 넓이 80보로 파서 만들었다.

在同州韓城縣北五十里 爲鑿廣八十步

신주 용문은 산의 입구 이름인데, 지금의 섬서성 한성시에 용문진龍門鎭이 있다.

④ 華陰화음

정의 화음현이다. 위나라의 음진陰晉을 진혜문왕이 영진寧秦으로 이름을 바꾸었고 한고제가 화음으로 고쳤다.

華陰縣也 魏之陰晉 秦惠文王更名寧秦 漢高帝改曰華陰也

⑤ 砥柱지주

정의 지주산의 세속 이름은 삼문산이며 협석현 동북쪽 50리 황하 안에 있다.

底柱山俗名三門山 在硤石縣東北五十里 在河之中也

⑥ 孟津맹진

정의 낙주 하양현 남문 밖에 있다.

在洛州河陽縣南門外也

⑦ 大邳대비

정의 공안국이 말했다. "산이 연속해 있는 것이 비邳이다. 살펴보니 위주 여양현 남쪽 7리에 있는 것이 이것이다."

孔安國云 山再成曰邳 按 在衛州黎陽縣南七里是也

⑧ 湍悍단한

집해 위소가 말했다. "단湍은 질疾(빠름)이다. 한悍은 강한 것이다."

韋昭曰 湍 疾 悍 強也

⑨ 厮二渠以引其河시이거이인기하

집해 《한서음의》에서 말한다. "시厮는 '나눔'이다. 두 도랑은 그 하나가 패구貝丘의 서남쪽에서 나와 두 번 꺾이고, 다른 하나는 탑천漯川이다."

漢書音義曰 厮 分也 二渠 其一出貝丘西南二折者也 其一則漯川

색은 시厮는《한서》에는 '시釃'로 되어 있고《사기》의 구본에는 '쇄灑'로 되어 있는데 글자는 '수水' 자를 따른 것이다. 살펴보니 위소는 "막힌 것을 트는 것을 시釃(나뉘어 흐름)라고 한다."라고 했는데, 글자는 '슈[疏跬反]'로 발음한다. 시厮는 곧 그 흐름을 나누어 그 세찬 물줄기를 누그러뜨리는 것이 이것이다. 또 살펴보니 두 도랑에서 그 하나는 곧 탑천漯川이고, 또 하나는 왕망王莽 때 마침내 말라버렸다.

厮 漢書作釃 史記舊本亦作灑 字從水 按 韋昭云 疏決爲釃 字音疏跬反 厮 即分

其流泄其怒是也 又按 二渠 其一卽漯川 其二王莽時遂空也

⑩ 降水강수

정의 강수의 근원은 노주 둔류현 서남쪽 산의 동북쪽에서 나온다.

降水源 出潞州屯留縣西南方山東北

⑪ 大陸대륙

정의 대륙택은 형주와 조주의 경계에 있는데, 광하택이라고도 하고 거록택이라고도 한다.

大陸澤 在邢州及趙州界 一名廣河澤 一名鉅鹿澤也

⑫ 九河구하

정의 강수와 대륙수의 입구를 지나 기주에 이르러 9하河로 나누어진다는 말이다.

言過降水及大陸水之口 至冀州分爲九河

⑬ 勃海발해

집해 신찬이 말했다. "《서경》 〈우공〉에서 '갈석을 오른쪽에 끼고 바다로 들어간다.'라고 했으니, 하구에서 바다로 들어가는 곳에 바로 갈석이 있는 것이다. 무제 원광 2년에는 하수가 동군을 거쳐 다시 발해로 흘러들었는데, 우임금 때는 발해로 물이 흘러들지 않았다."

瓚曰 禹貢云夾右碣石入于海 然則河口之入海乃在碣石也 武帝元光二年 河徙東郡 更注勃海 禹之時不注勃海也

그 뒤로부터 형양滎陽 아래에서 동남쪽으로 하수를 끌어들여 홍구鴻溝[①]를 만들고, 송宋, 정鄭, 진陳, 채蔡, 조曹, 위衛를 연결시켜 제수濟水, 여수汝水, 회수淮水, 사수泗水와 합하게 했다. 그리고 초楚에서는 서쪽에서 도랑을 파 한수漢水와 운몽雲夢의 들로 연결하고, 동쪽에서는 대수로를 파 장강과 회수 사이를 연결했다. 오吳에서는 도랑을 파 삼강三江과 오호五湖[②]를 연결했다. 제齊에서는 치수菑水와 제수濟水 사이를 연결했다. 촉에서는 촉군수 이빙李冰[③]이 어지럽게 흐르는 이퇴離碓[④]의 기슭을 깍아 넓혀 말수沫水[⑤]의 해를 피하고 (별도로) 두 개의 강을 성도成都의 가운데로[⑥] 뚫었다. 이 도랑들은 모두 배를 띄울 수 있었고 여유가 있으면 관개에도 쓰여 백성이 그 이로움을 누렸다. 도랑이 지나가는 지방에서는 자주 여기저기서 그 물을 끌어들여 논밭에 물을 대는 봇도랑으로 이용하여 억만億萬을 헤아렸으니, 족히 헤아릴 수 없다. 위나라의 서문표西門豹는 장수漳水를 끌어다가 업鄴 땅의 논밭에 물을 댐으로써[⑦] 위나라의 하내河內를 부유하게 했다.

自是之後 滎陽下引河東南爲鴻溝[①] 以通宋鄭陳蔡曹衛 與濟汝淮泗會于楚 西方則通渠漢水雲夢之野 東方則通溝江淮之間 於吳 則通渠三江五湖[②] 於齊 則通菑濟之間 於蜀 蜀守冰[③]鑿離碓[④] 辟沫水[⑤]之害 穿二江成都之中[⑥] 此渠皆可行舟 有餘則用溉 百姓饗其利 至于所過 往往引其水益用溉田疇之渠 以萬億計 然莫足數也 西門豹引漳水溉鄴[⑦]以富魏之河內

① 鴻溝홍구

색은 초楚와 한漢을 나눈 경계이다. 문영은 곧 지금의 관도수官渡水라고 일렀다. 아마 두 도랑에서 하나는 남쪽으로 양무陽武를 거쳐서 관도수가 되고, 하나는 동쪽의 대량성大梁城을 거치니 곧 홍구이며, 지금의 변하汴河가 이것이다.

楚漢中分之界 文穎云即今官渡水也 蓋爲二渠 一南經陽武 爲官渡水 一東經大梁城 即鴻溝 今之汴河是也

② 三江五湖삼강오호

집해 위소가 말했다. "오호五湖는 호수 이름이고 실제로 하나의 호수인데 지금의 태호太湖가 이것이다. 오吳의 서남쪽에 있다."

韋昭曰 五湖 湖名耳 實一湖 今太湖是也 在吳西南

색은 세 강에 대해서는 〈지리지〉를 살펴보니, 북강北江은 회계군 비릉현毗陵縣으로부터 북동쪽으로 바다로 들어가고, 중강中江은 단양군 무호현蕪胡縣으로부터 동북쪽으로 회계 양선현陽羨縣에 이르렀다가 동쪽으로 바다로 들어가며, 남강南江은 회계 오현吳縣으로부터 남동쪽의 바다로 들어간다. 그러므로 〈우공〉에는 북강과 중강이 있다. 오호는 곽박의 〈강부〉에서 "구구具區, 조격洮滆, 팽려彭蠡, 청초青草, 동정洞庭이 이것이다."라고 했다. 또 "태호太湖는 주위가 500리이므로 '오호'라고 한다."라고 했다.

三江 按 地理志 北江從會稽毗陵縣北東入海 中江從丹陽蕪湖縣東北至會稽陽羨縣東入海 南江從會稽吳縣南東入海 故禹貢有北江 中江也 五湖者 郭璞江賦云 具區 洮滆 彭蠡 青草 洞庭是也 又云太湖周五百里 故曰五湖

③ 冰빙

집해 《한서》에서 말한다. "빙의 성은 이李이다."
漢書曰 冰姓李

④ 碓대

집해 진작이 말했다. "옛날 '퇴堆' 자이다."
晉灼曰 古堆字也

⑤ 辟沫水피말수

색은 辟는 '피避'로, 沫은 '말末'로 발음한다. 살펴보니 《설문》에는 "말수沫水는 촉의 서남쪽 변방 밖에서 나와 청의수青衣水와 합류하여 동남에서 장강으로 들어간다."라고 했다.
辟音避 沫音末 按 說文云 沫水出蜀西南徼外 與青衣合 東南入江也

⑥ 二江成都之中이강성도지중

정의 《괄지지》에서 말한다. "대강大江은 문강汶江이라고도 하고, 관교수管橋水라고도 하며, 청강淸江이라고도 하고, 수강水江이라고도 하는데 서남쪽 온강현溫江縣 경내에서 흘러온다."

또 《괄지지》에서 말한다. "비강郫江은 성도강成都江이라고도 하고, 시교강市橋江이라고도 하며, 또한 중일강中日江이라고도 하고 내강內江이라고도 하는데 서북쪽 신번현新繁縣 경내에서 흘러온다. 두 강은 나란히 익주 성도현 경내에 있다. 임예의 《익주기》에서 '두 강은 비강郫江과 유강流江이다.'라고 했다. 《풍속통》에서 '진소왕秦昭王이 이빙李冰을 촉의 수령으로 삼아 성도현의 두 강을 열고 1만 경頃의 밭에 물을 대게 했다. 신神이 반드시 두 여자를 얻어 부인으로 삼으려고 하자 이빙은 스스로 여인을 신과 혼인시키고 지름길로 사당에 이르러 신에게 술을 권했다. 술잔이 출렁거리자 신이 사나운 소리로 꾸짖고, 홀연히 보이지 않았다. 한참 있다가 두 마리의 푸른 소가 강기슭에서 싸우는 틈새에 갑자기 돌아와 땀을 흘리며 관리들에게 말하길 「나는 싸우다 피로가 극에 달했으니 도와주는 것이 마땅하지 않겠는가? 남쪽을 향하고 허리에 흰 점이 박힌 것이 나의 도장 끈이다.」라고 했다. 주부主簿가 북면北面한 자를 찔러 죽이자 강江의 신이 마침내 죽었다.'라고 했다. 《화양국지》에서 '촉나라 때는 비단을 유강流江에서 세탁하면 선명해진다.'라고 했다."

括地志云 大江 一名汶江 一名管橋水 一名清江 亦名水江 西南自溫江縣界流來 又云 郫江 一名成都江 一名市橋江 亦名中日江 亦曰內江 西北自新繁縣界流來 二江並在益州成都縣界 任豫益州記云 二江者 郫江流江也 風俗通云 秦昭王使李冰爲蜀守 開成都縣兩江 溉田萬頃 神須取女二人以爲婦 冰自以女與神爲婚 徑至祠勸神酒 酒杯澹澹 因厲聲責之 因忽不見 良久 有兩蒼牛鬬於江岸有閒 輒還流汗 謂官屬曰 吾鬬疲極 不當相助耶 南向腰中正白者 我綬也 主簿刺殺北面者 江神遂死 華陽國志云 蜀時濯錦流江中 則鮮明也

⑦ 漳水溉鄴장수개업

정의 《괄지지》에서 말한다. "장수漳水는 일명 탁장수濁漳水인데 노주潞州 장자현 서쪽 역황산에서 발원한다. 〈지리지〉에서 '탁장수는 장자현 녹곡산에 있고 동쪽으로 업鄴에 이르러 청장수로 들어간다.'라고 했다." 살펴보니 역황과 녹곡 두 산은 북록北鹿이다. 업은 상주의 현이다.

括地志云 漳水一名濁漳水 源出潞州長子縣西力黃山 地理志云 濁漳水在長子鹿谷山 東至鄴 入清漳 按 力黃鹿谷二山 北鹿也 鄴 相州之縣也

한韓나라는 진秦나라가 사업을 일으키기 좋아한다는 소식을 들었다. 진나라가 피곤해져서 동쪽을 정벌[①]하지 않게 하려고 치수 기술자 정국鄭國[②]을 진나라에 첩자로 보내 설득하게 했다. 경수涇水를 뚫어 중산中山으로부터 서쪽 저호邸瓠 입구까지 도랑을 만들고[③] 북산北山과 나란히 동쪽으로 낙수洛水[④] 300여 리의 물을 터서 전답에 관개하게 했으나, 중간에 발각되어 진나라에서 정국을 살해하려 했다. 이에 정국이 "처음에는 신이 첩자였으나 도랑이 완성되면 또한 진나라가 이롭게 됩니다."[⑤]라고 하자, 진나라도 옳다고 여겨 마침내 도랑을 완성하게 했다.

도랑이 완성되자 진알塡閼의 물을 터서 소금기가 많은 땅 4만여 경頃에 물을 대어[⑥] 모두 1무畝마다 1종鍾의 곡식을 수확했다. 이에 관중이 기름진 들판으로 변하여 흉년이 없어지고 진나라가 부강해져 마침내 제후들을 병탄하게 되었다. 이로 인하여 '정국거'라고 명명했다.

而韓聞秦之好興事 欲罷之 毋令東伐[①] 乃使水工鄭國[②]間說秦 令鑿涇水自中山西邸瓠口爲渠[③] 並北山東注洛[④]三百餘里 欲以漑田 中作而覺 秦欲殺鄭國 鄭國曰 始臣爲間 然渠成亦秦之利也[⑤] 秦以爲然 卒使就渠 渠就 用注填閼之水 漑澤[⑥]鹵之地四萬餘頃 收皆畝一鐘 於是關中爲沃野 無凶年 秦以富彊 卒并諸侯 因命曰鄭國渠

① 東伐동벌

집해 여순이 말했다. "지치고 피로하게 하여 진나라가 한나라를 정벌하는 것을 그만두게 하려는 계책이다."

如淳曰 欲罷勞之 息秦伐韓之計

② 水工鄭國수공정국

집해 위소가 말했다. "정국이 물을 잘 다스렸으므로 수공水工이라고 했다."

韋昭曰 鄭國能治水 故曰水工

신주 정국은 전국시기 한韓나라의 수리 전문가이다. 한나라 도읍 신정新鄭 출신인데 한나라에서 수리를 관리하는 책임자인 수공水工이었다. 옛날 제수濟水가 형택滎澤으로 넘쳐 자주 수해가 났는데, 이를 정비해서 홍구거鴻溝渠를 만들었다. 원래는 첩자로 진나라에 갔으나 정국거鄭國渠를 완성시킨 이후 관중이 천하의 곡창지대가 되어 '천부지국天府之國'이란 이름을 얻었다. 정국거와 도강언都江堰과 영거靈渠를 진나라의 3대 수리 공정이라고 한다.

③ 涇水自 中山西邸瓠口爲渠경수자 중산서저호구위거

색은 소안(안사고)은 "中은 '중仲'으로 발음한다. 곧 지금의 구종산 동쪽 중산仲山이 이곳이다. 저邸는 이르는 것이다."라고 했다. 호구瓠口는 곧 곡구谷口인데 〈교사지〉에서 이른바 '한문곡구寒門谷口'가 이곳이다. 지양池陽과 서로 가까웠으므로 "어느 곳에서 사냥했는가? 지양과 곡구이다."라고 했다.

小顏云 中音仲 即今九嵏山之東仲山是也 邸 至也 瓠口即谷口 乃郊祀志 所謂寒門谷口是也 與池陽相近 故曰 田於何所 池陽谷口也

정의 《괄지지》에서 말한다. "중산中山은 일명 중산仲山인데 옹주 운양현 서쪽 15리에 있다. 또 이르기를 초확수焦穫藪는 호瓠라고도 이름하는데 경양涇陽 북쪽 성 밖에 있다." 저邸는 '이르는 것'이다. 도랑이 처음 운양현 서남쪽 25리에서 처음 시작되기에 이르렀으나 지금은 말라버렸다.

括地志云 中山一名仲山 在雍州雲陽縣西十五里 又云 焦穫藪 亦名瓠 在涇陽北城外也 邸 至也 至渠首起雲陽縣西南二十五里 今枯也

④ 洛락

집해 서광이 말한다. "(낙수는) 풍익군 회덕현에서 발원한다."

徐廣曰 出馮翊懷德縣

신주 여기 낙수는 섬서 지방의 낙수로, 이른바 낙양洛陽에 흐르는 낙수와는 별도의 물길이다.

⑤ 秦之利也진지리야

색은 〈구혁지〉에서 정국이 이르기를 "신은 여러 해 동안 한韓나라의 명에 끌려왔으나 진秦나라를 위해 만대의 공을 세우겠다."라고 한 것이 이것이다.

溝洫志 鄭國云臣爲韓延數歲之命 爲秦建萬代之功 是也

⑥ 漑澤개택

색은 漑는 '개[古代反]'로 발음한다. 택澤은 다른 판본에는 '석舃'으로 되어 있다. 舃은 '석昔' 또는 '척尺'으로 발음한다. 다른 판본에는 '척斥'으로도 되어 있는데, 글자대로 발음한다.

漑音古代反 澤 一作舃 音昔 又並音尺 本或作斥 則如字讀之

제二장

하수가 호자瓠子에서 터지다

한나라가 일어난 지 39년, 효문제 때에 하수가 산조酸棗에서 터져 동쪽 금제金隄[①]를 무너뜨렸다. 이에 동쪽 군郡에서 많은 인부들을 징발해서 터진 곳을 막았다. 그 후 40여 년이 지나 금상(무제)의 원광(서기전 134~서기전 129) 연간에 하수가 호자瓠子에서 터져 동남쪽 거야鉅野[②]로 쏟아져서 회수淮水와 사수泗水로 통했다.

이에 천자는 급암汲黯[③]과 정당시鄭當時에게 인부들을 징발하여[④] 막게 했으나 번번이 다시 무너졌다. 이때에 무안후武安侯 전분田蚡[⑤]이 승상이었는데 그가 식읍으로 봉해진 곳이 수현鄃縣[⑥]이었다. 수현은 하수 북쪽에 있었다. 하수가 터진 곳은 남쪽이어서 수현에는 수재가 없었고 읍의 수확도 많았다. 전분이 주상에게 말했다.

"장강과 하수가 터지는 것은 모두 하늘의 일이어서 사람의 힘으로 억지로 막기는 쉽지 않으며, 막는 것은 반드시 하늘의 뜻에 응하는 것이 아닐 것입니다."

망기望氣술[⑦]을 쓰는 여러 사람들도 그렇다고 여겼다. 이에 무제는 오래도록 하수를 다시 막지 않았다.

漢興三十九年 孝文時河決酸棗 東潰金隄[①] 於是東郡大興卒塞之 其後四十有餘年 今天子元光之中 而河決於瓠子 東南注鉅野[②] 通於淮 泗 於是天子使汲黯[③]鄭當時興[④]人徒塞之 輒復壞 是時武安侯田蚡[⑤]爲丞相 其奉邑食鄃[⑥] 鄃居河北 河決而南則鄃無水菑 邑收多 蚡言於上曰 江河之決皆天事 未易以人力爲彊塞 塞之未必應天 而望氣[⑦]用數者亦以爲然 於是天子久之不事復塞也

① 金隄금제

정의 《괄지지》에서 말한다. "금제는 일명 천리제이고 백마현 동쪽 5리에 있다."

括地志云 金隄一名千里隄 在白馬縣東五里

② 鉅野거야

정의 《괄지지》에서 말한다. "단주鄆州 거야현 동북쪽 대택大澤이 이곳이다."

括地志云 鄆州鉅野縣東北大澤是

③ 汲黯급암

신주 급암(?~서기전 108)은 자가 장유長孺이며 복양현濮陽縣 사람이다. 그의 선조가 위衛나라에서 임금의 총애를 입은 이후 그로부터 7대인 급암에 이르기까지 대대로 경이나 대부를 지냈다. 급암은 경제 때 태자세마太子洗馬가 되었는데, 사람됨이 엄정했다. 경제가 붕어한 후 태자 유철劉徹이 무제로 즉위하자, 알자謁者가 되었다.

④ 興흥

신주 '徵징'과 같다. '징발하다'의 뜻이다.

⑤ 田蚡전분

신주 전분田蚡(?~서기전 130)은 지금의 섬서성 함양咸陽 동북쪽 장릉長陵 출신으로 한무제의 외숙부이며, 무안후武安侯에 봉해졌다. 문제의 황후 두씨竇氏 종형의 아들인 두영竇嬰이 군공을 세워 위기후魏其侯가 되었는데, 조서를 위조한 죄로 두영을 모함해 참수당하게 했고, 그와 어울리던 관부灌夫도 죽게 했다. 전분은 풍瘋(나병)이 발작해 죽었는데, 점복사占卜師는 두영과 관부의 영혼이 몸으로 들어와 죽은 것이라고 여겼다.

⑥ 鄃수

색은 鄃는 '수輸'로 발음한다. 위소가 말했다. "청하현이다."

音輸 韋昭云 清河縣也

정의 패주의 현이다.

貝州縣也

⑦ 望氣망기

신주 관천망기법觀天望氣法이다. 하늘과 해, 달, 구름, 바람 등의 빛과 모양과 움직임을 관찰해서 날씨, 미래의 징후 등을 예측하는 것을 말한다.

이때 정당시鄭當時[①]가 대사농이 되어 말했다.

"예전에는 관동에서 양곡을 배로 운반할 때 위수渭水를 따라 올라와서 6개월이 걸려야 끝이 나고, 뱃길로 900여 리나 운반해야 하는 어려움이 있었습니다. 위수를 끌어 장안을 시작으로 도랑을 파서 남산의 아래로 함께 흐르게 하면, 하수까지가 300여 리로 지름길이 되어 쉽게 운반할 수 있어 3개월이면 끝낼 수 있습니다. 그리고 도랑 아래 백성의 논밭 1만여 경頃에 또 물을 댈 수가 있습니다. 이것으로 운반 시간을 덜고 인부도 줄게 되며 관중의 땅은 더욱 비옥해져서 곡식도 풍족해질 것입니다."

천자가 그렇다고 여기고 제나라 출신 하천 기술자 서백표徐伯表[②]에게 영을 내려 모두 인부 수만 명을 징발하여[③] 조운漕運용 수로를 뚫었는데, 3년 만에 개통되었다. 개통되자 조운에 크게 편리했다. 그 뒤로는 조운이 점점 많아지고 도랑 아래의 백성은 자못 논밭에 물을 댈 수 있었다.

是時鄭當時爲大農[①] 言曰 異時關東漕粟從渭中上 度六月而罷 而漕水道九百餘里 時有難處 引渭穿渠起長安 並南山下 至河三百餘里 徑易漕 度可令三月罷 而渠下民田萬餘頃 又可得以溉田 此損漕省卒 而益肥關中之地 得穀 天子以爲然 令齊人水工徐伯表[②] 悉發卒[③]數萬人穿漕渠 三歲而通 通 以漕 大便利 其後漕稍多 而渠下之民頗得以溉田矣

① 鄭當時정당시

신주 정당시는 자는 장莊이고 진군陳郡 사람이다. 그는 청렴하고 결백

하며, 공평하고 겸손해서 아랫사람으로부터 존경을 받았다. 한무제가 즉위한 후 제남태수, 우내사 등을 역임하고 후에 대사농大司農에 임명되었다. 이때가 무제 원광 6년(서기전 129)이다.

② 徐伯表서백표

색은 구설에 서백표는 수공水工의 성명이라고 했다. 소안(안사고)은, 표表는 도랑을 뚫는 곳을 순행하고 표기하는 것으로 지금 표標를 세우는 것과 같으니, 표表는 이름이 아니라고 주장했다.

舊說 徐伯表水工姓名也 小顏以爲表者 巡行穿渠之處而表記之 若今竪標 表不是名也

③ 悉發卒실발졸

집해 서광이 말했다. "다른 판본에는 '실중悉衆(모든 백성)'이라고 했다."

徐廣曰 一云悉衆

그 후 하동태수 파계番係①가 말했다.

"조운은 산동②에서 서쪽으로 해마다 100만 섬을 운송하는데, 지주산砥柱山의 험난한 곳을 지나므로 손해를 보는 경우가 매우 많고 또한 번잡하고 비용이 듭니다. 도랑을 파고 분수汾水③의 물을 끌어 피지皮氏와 분음汾陰④ 아래로 물을 대고, 하수의 물을 끌어 분음과 (그 남쪽) 포판蒲坂 아래로 물을 대면 어림잡아 5,000경頃의 농경지를 얻을 것입니다. 5,000경은 지난날 모두 하수 가의 빈터⑤로 황무지이며, 백성은 그 안에서 목축[⑥]을 했을 뿐입니다. 지금 밭에 물을 대면 추측건대 대략 곡식을 200만 섬 이상 얻을 수 있습니다. 이 곡식을 위수를 통해 올리면 관중에서 (수확하는 것과) 다름이 없고 다시 지주산 동쪽에서 조운할 필요도 없습니다."

천자가 그렇다고 여기고 인부 수만 명을 징발해 도랑과 밭을 만들었다. 그러나 여러 해 동안 하수 물길이 바뀌었기 때문에[⑦] 도랑은 쓸모없어지고 농사를 짓는 사람은 종자種子조차 건질 수 없었다. 그렇게 오랜 시간이 지나자 하동의 도랑과 밭은 못 쓰게 되었으므로, (이주한) 월인越人들에게 주고 경작시켜 세금을 싸게 해서 소부少府에 납부하도록 했다.[⑧]

其後河東守番係[①]言 漕從山東[②]西 歲百餘萬石 更砥柱之限 敗亡甚多 而亦煩費 穿渠引汾[③]溉皮氏 汾陰下 引河溉汾陰[④]蒲坂下 度可得五千頃 五千頃故盡河壖[⑤]棄地 民茭牧[⑥]其中耳 今溉田之 度可得穀二百萬石以上 穀從渭上 與關中無異 而砥柱之東可無復漕 天子以爲然 發卒數萬人作渠田 數歲 河移徙[⑦] 渠不利 則田者不能償種 久之 河東渠田廢 予越人 令少府以爲稍入[⑧]

① 番係 파계

색은 위의 番는 '파婆'로도 발음하고 또 '반潘'으로도 발음한다. 살펴보니 《시경》 〈소아〉에는 '파유사도番維司徒'라고 했는데 파番는 성씨이다. 아래의 係는 '계系'로 발음한다.

上音婆 又音潘 按 詩小雅云 番維司徒 番 氏也 下音系也

② 山東산동

[색은] 살펴보니 산동에서 조운하여 서쪽 관關으로 들어오는 것을 말한다.

按 謂從山東運漕而西入關也

③ 汾분

[정의] 《괄지지》에서 말한다. "분수汾水는 남주嵐州 정락현 북쪽 130리의 관잠산 북쪽에서 발원하여 동남쪽으로 흘러 병주로 들어가다가 곧 서남쪽으로 흘러 강주와 포주에 이르러서 하수로 들어간다."

括地志云 汾水源出嵐州靜樂縣北百三十里管涔山北 東南流 入并州 即西南流入至絳州 蒲州入河也

④ 皮氏汾陰피지분음

[정의] 《괄지지》에서 말한다. "피지皮氏 옛 성은 강주 용문현 서쪽 130보에 있다. 진秦, 한漢, 위魏, 진晉부터 피지현은 모두 이곳에 치소를 두었다. 분음 옛 성은 세속의 이름이 은탕성殷湯城이고 포주 분음현 북쪽 9리에 있으며 한나라 분음현이 이곳이다."

括地志云 皮氏故城在絳州龍門縣西百三十步 自秦漢魏晉 皮氏縣皆治此 汾陰故城俗名殷湯城 在蒲汾陰縣北九里 漢汾陰縣是也

⑤ 堧연

[집해] 위소가 말했다. "堧(빈 땅)은 '연[而緣反]'으로 발음하고 하수 물가 땅이 잇닿은 것을 말한다."

韋昭曰 堧音而緣反 謂 緣河邊地也

[색은] 또 '연[人兗反]'으로 발음한다.

又音人兗反

⑥ 茭교

색은 교茭(꼴)는 건초이다. 사람이 건초를 거두어 방목지에서 목축하는 것을 말한다.

茭 乾草也 謂人收茭及牧畜於中也

⑦ 河移徙하이사

신주 황하는 청해성青海省 파안객랍산巴顏喀拉山의 잡일곡卡日谷에서 발원해서 내몽고를 거쳐 산서山西, 섬서陝西, 하남河南, 산동山東을 거쳐 발해로 들어가는 대장정의 강이다. 이에 이 강으로 합류하는 지류가 많고 대량의 황사를 머금고 흘러서 하류로 흐를수록 토사가 쌓인다. 특히 하남과 산동 지방에서는 강의 범람이 잦았으며, 또 강이 범람할 때마다 물길이 바뀌어서 개간한 땅이 쓸모없어지는 경우가 많았다.

⑧ 少府以爲稍入소부이위초입

집해 여순이 말했다. "당시 월나라에서 이주해 온 자가 있어 밭을 주고 그 조세는 소부少府에 납입하게 했다."

如淳曰 時越人有徙者 以田與之 其租稅入少府

색은 그 밭이 이미 척박했는데, 월나라에서 이주해온 사람들이 수리에 익숙했으므로 그들에게 땅을 주고 세를 적게 매겨서, 그 세금이 소부로 들어가게 했다.

其田既薄 越人徙居者習水利 故與之 而稍少 其稅入之于少府

그 후 어떤 사람이 글을 올려 포야도褒斜道(포수와 야수 사이의 산길)① 를 열어 조운을 편하게 하고자 했는데, 그 일이 어사대부 장탕張湯에게 하달되었다. 장탕이 그 일에 대해 사람들에게 물은 뒤에 다음과 같이 아뢰었다.

"촉蜀에 이르려면 고도故道②를 지나야 하는데, 고도에는 비탈길이 많아 멀리 돌아가야 합니다. 지금 포야도를 뚫으면 비탈이 적어져 400리나 가까워집니다. 그리고 포수褒水는 면수沔水로 통하고, 야수斜水는 위수渭水로 통하게 되어 배를 운행할 수 있습니다. 뱃길은 남양南陽③에서 면수로 올라가서 포수로 들어갑니다. 포수의 물이 끝나면 물은 야수에 이르니 그 사이 100여 리에서는 수레를 굴리고, 야수를 따라 내려가면 위수로 내려갑니다. 이와 같이 하면 한중漢中의 곡식이 도착할 수 있고 산동에서도 면수를 따르는 것이 많으며④ 지주산의 뱃길보다 편합니다. 게다가 포수와 야수 유역에는 목재와 죽전竹箭(살대)이 많아 파촉과 견줄 정도입니다."

천자가 그렇다고 여기고 장탕의 아들 장앙張卬⑤을 제수하여 한중태수로 삼고 수만 명을 징발해서 포야도褒斜道 500여 리를 만들었다. 길이 과연 편리하고 가까워졌으나 물에 여울과 돌이 많아⑥ 조운에 이용할 수 없었다.

其後人有上書欲通褒斜道①及漕事 下御史大夫張湯 湯問其事 因言 抵蜀從故道② 故道多阪 回遠 今穿褒斜道 少阪 近四百里 而褒水通沔 斜水通渭 皆可以行船漕 漕從南陽③上沔入褒 褒之絕水至斜 間百餘里 以車轉 從斜下下渭 如此 漢中之穀可致 山東從沔無限④ 便於砥柱之漕 且褒斜材木竹箭之饒 擬於巴蜀 天子以爲然 拜湯子卬⑤爲漢中守 發數萬人作褒斜道五百餘里 道果便近 而水湍⑥石 不可漕

① 褒斜道포야도

[색은] 위소가 말했다. "포중현褒中縣이다. 斜는 계곡 이름인데 '야邪'로 발음한다." 신찬이 말했다. "포와 야는 2개의 물 이름이다."

韋昭曰 褒中縣也 斜 谷名 音邪 瓚曰 褒斜 二水名

[정의] 《괄지지》에서 말한다. "포곡褒谷은 양주梁州 포성현 북쪽 50리에 있다. 야수斜水는 포성현 서북쪽 98리 아령산衙嶺山에서 발원하는데 포수褒水와 근원이 같으나 갈라져 흐른다." 《한서》 〈구혁지〉에 "포수는 면수沔水로 통하고 야수는 위수渭水로 통하는데 모두 배로 다닌다."라고 한 것이 이것이다. 살펴보니 포성褒城은 곧 포중현이다.

括地志云 褒谷在梁州褒城縣北五十里 斜水源出褒城縣西北九十八里衙嶺山與褒水同源而派流 漢書溝洫志云 褒水通沔 斜水通渭 皆以行船 是也 按 褒城即褒中縣也

신주 포야도는 이른바 야곡도斜谷道이다. 관중에서 한중으로 가려면 동쪽에서부터 자오도子午道, 야곡도, 산관도山關道를 통해야 한다. 이 중에 자오도는 장안에서 한중에 이르는 가장 빠른 길이고, 산관도는 진창陳倉을 통해 들어간다. 모두 《삼국지》에 자주 등장하는 길목 이름이다.

② 故道고도

[정의] 《괄지지》에서 말한다. "봉주 양당현은 본래 한나라 고도현이다. 봉주 서쪽 50리에 있다."

括地志云 鳳州兩當縣 本漢故道縣也 在州西五十里

신주 이 고도현의 길이 바로 산관도이다. 한중에 갇혀 있던 한고조 유방이 한신韓信을 등용하여 이곳으로 빠져나왔고, 나중에 삼국시대 촉한의 제갈량이 마지막에 한중을 거쳐 이곳을 통해 오장원으로 진출하여 위나라 사마의와 정면 대결했다.

③ 南陽남양

[정의] 남양현은 곧 지금의 등주이다.

南陽縣 即今鄧州也

④ 沔無限면무한

[정의] 무한無限은 많다는 말이다. 산동은 하남河南의 동쪽을 말하며 산남山南의 동쪽과 강남과 회남에서는 모두 주로 지주산을 거쳐 운송한다. 지금 아울러 면수沔水를 따른다면 3문門에서 조운하는 것보다 편리하기 때문이다.

無限 言多也 山東 謂河南之東 山南之東及江南淮南 皆經砥柱(主)〔上〕運 今並從沔 便於三門之漕也

⑤ 湯子卬탕자앙

[신주] 장탕張湯(서기전 155~서기전 115)은 지금의 섬서성 서안시 동남쪽 두릉杜陵 사람이다. 유후留侯 장량張良의 먼 친척으로 한무제 때 혹리酷吏로 유명했다. 〈혹리열전〉에 자세히 기록되어 있다. 그의 아들로는 양도애후陽都哀侯 장하張賀, 부평경후富平敬侯 장안세張安世, 장앙張卬이 있다.

⑥ 湍단

[집해] 서광이 말했다. "단湍은 다른 판본에는 '수溲(씻어 내다)'로 되어 있다."

徐廣曰 湍 一本作溲

그 후 장웅비莊熊罷가 말했다.

"임진臨晉①의 백성들은 낙수洛水를 뚫어 중천重泉의 동쪽 1만여 경의 옛 소금밭 땅에 물 대기②를 원합니다. 진실로 물을 댈 수 있다면 1무畝당 10석을 얻게 될 것입니다."

이에 인부 1만여 명을 징발해 도랑을 파고 징徵 땅③으로부터 낙수를 끌어 상애산商顔山④ 아래까지 이르게 했다. 그러나 산기슭이 잘 무너져서⑤ 우물을 팠는데 깊은 곳은 40여 길이나 되었다. 군데군데⑥ 우물을 파고 우물 아래로 서로 통해서 물을 흐르게 했다. 물이 지하로 흘러서⑦ 상애산을 끊었다. 동쪽에서 산 고개까지 10여 리의 간격이 있었다. 우물 도랑(암거暗渠)이 만들어진 것은 이것이 처음이다. 도랑을 뚫다가 용의 뼈⑧가 나왔으므로 '용수거龍首渠'라 이름했다. 만든 지 10여 년이 되어 도랑에 물이 잘 흘렀으나 아직 수확은 넉넉하지 않았다.

其後莊熊羆言 臨晉①民願穿洛 以溉重泉②以東萬餘頃故鹵地 誠得水可令畝十石 於是爲發卒萬餘人穿渠 自徵③引洛水至商顔山④下 岸善崩⑤ 乃鑿井 深者四十餘丈 往往⑥爲井 井下相通行水 水穨⑦以絕商顔東至山嶺十餘里間 井渠之生自此始 穿渠得龍骨⑧ 故名曰龍首渠 作之十餘歲 渠頗通 猶未得其饒

① 臨晉임진

정의 《괄지지》에서 말한다. "동주同州는 본래 임진성이다. 일명 대려성大荔城이고 또한 풍익성이라고 한다."

括地志云 同州本臨晉城也 一名大荔城 亦曰馮翊城

② 洛以溉重泉낙이개중천

정의 낙洛은 칠저수漆沮水이다.《괄지지》에서 말한다. "중천의 옛 성은 동주 포성현 동남 45리에 있고 동주의 서북에서 또한 45리에 있다."

洛 漆沮水也 括地志云 重泉故城在同州蒲城縣東南四十五里 在同州西北亦四十五里

③ 徵징

집해 응소가 말했다. "징 땅은 풍익에 있다."

應劭曰 徵在馮翊

색은 徵은 '징懲'으로 발음한다. 징은 현 이름이다. 소안(안사고)은 "곧 지금의 징성이다."라고 했다.

音懲 縣名也 小顏云即今之澄城也

④ 商顏山상애산

집해 복건이 말했다. "顏는 '애崖'로 발음한다. 어떤 이는 상애는 산 이름이라고 했다."

服虔曰 顏音崖 或曰商顏 山名也

색은 顏는 발음이 '애崖'인데, 또 글자와 같이 '안'으로 발음한다. 상애는 산 이름이다.

顏音崖 又如字 商顏 山名也

⑤ 岸善崩안선붕

집해 여순이 말했다. "낙수 기슭이다."

如淳曰 洛水岸

정의 상원의 절벽은 흙의 성질이 단단하지 않아 잘 부서져 허물어진다는 말이다.

言商原之崖岸 土性疏 故善崩毁也

⑥ 往往왕왕

신주 왕왕은 주로 시간을 나타내는 말로 쓰이지만 여기서는 형태를 나타내는 뜻으로 쓰였다.

⑦ 穨퇴

집해 신찬이 말했다. "지하로 흐르는 것을 퇴穨라 한다."

瓚曰 下流曰穨

⑧ 龍骨용골

정의 《괄지지》에서 말한다. "복룡사伏龍祠는 동주同州 풍익현 서북쪽 40리에 있다. 옛 노인들이 이르기를 한나라 때 징徵에서 도랑을 뚫어 낙수洛水를 끌어오는데 (공사 중에) 용골龍骨이 나왔으므로 그 뒤에 사당을 세워 복룡사伏龍祠라고 이름했다고 한다. 지금 사당은 자못 영험이 있다."

括地志云 伏龍祠在同州馮翊縣西北四十里 故老云 漢時自徵穿渠引洛 得龍骨 其後立祠 因以伏龍爲名 今祠頗有靈驗也

제三장

하수를 다스리다

하수가 호자에서 터지고[①] 20여 년 뒤에도 해마다 이 때문에 자주 흉년이 들었는데, 양梁과 초楚의 땅은 더욱 심했다. 천자가 이미 봉선하고 명산대천을 순회하여 제사를 올렸지만 그 다음해에도 가물어 건봉乾封(봉토가 마름)[②]하고 비는 적었다. 그래서 천자는 급인汲仁과 곽창郭昌에게 인부 수만 명을 징발해서 호자의 터진 곳을 막게 했다.

이에 천자는 이미 만리사萬里沙[③]에서 제사 지내고 돌아오다 하수의 터진 곳에 임해서 백마와 옥벽[④]을 하수에 던지고(제사하는 의미), 군신과 따르는 관리에게 영을 내려 장군 이하부터 모두 나무 섶을 져다가 터진 하수를 메우게 했다. 이때 동군에서는 풀로 불을 지폈기 때문에 섶이 적었다. 그래서 기원淇園의 대나무[⑤]를 베어 건楗[⑥]을 만들었다.

自河決瓠子[①]後二十餘歲 歲因以數不登 而梁楚之地尤甚 天子既封禪巡祭山川 其明年 旱 乾封[②]少雨 天子乃使汲仁 郭昌發卒數萬人塞瓠子決 於是天子已用事萬里沙[③] 則還自臨決河 沈白馬玉璧[④]于河 令群臣從官自將軍已下皆負薪寘決河 是時東郡燒草 以故薪柴少 而下淇園之竹[⑤]以爲楗[⑥]

① 河決瓠子하결호자

신주 무제 원광 3년(서기전 132)에 호자에서 황하가 터져 16개 군이 피해를 입었다. 호자는 지금의 하남성 복양현 서남쪽에 있다.

② 乾封건봉

신주 건봉乾封은 《사기》 〈효무본기〉에 공손홍公孫弘이 "황제 때 봉선을 하니, 하늘이 가뭄을 들게 해서 봉토를 3년 동안 마르게 했습니다.[黃帝時封則天旱 乾封三年]"라고 한 말에서 비롯되었다. 그래서 봉선封禪할 때의 제단을 말한 것인데, 그 이후 가뭄을 의미하는 말로도 쓰였다.

③ 萬里沙만리사

정의 《괄지지》에서 말한다. "만리사는 화주 정현 동북쪽 20리에 있다."
括地志云 萬里沙在華州鄭縣東北二十里也

④ 옥벽玉璧

신주 편평한 원반 모양의 옥 가운데에 크고 둥근 구멍을 뚫은 것이다.

⑤ 淇園之竹기원지죽

집해 진작이 말했다. "위나라의 정원이다. 줄기가 가는 대나무가 많다."
晉灼曰 衛之苑也 多竹篠

⑥ 楗건

집해 여순이 말했다. "대나무를 심어 물이 터진 입구를 막는데 점점 펼치며 꽂아 가깝게 심고, 물이 점점 약해지면 보충해서 빽빽하게 하는데,

이를 건楗이라고 이른다. 풀로 그 속을 막고 곧바로 흙으로 메웠다. 돌이 있으면 돌로 만들었다. 楗은 '건建'으로 발음한다."

如淳曰 樹竹塞水決之口 稍稍布插接樹之 水稍弱 補令密 謂之楗 以草塞其裏 乃以土填之 有石 以石爲之 音建

색은 楗은 '견[其免反]'으로 발음한다. 건楗은 물속에 심는데, 점차 대나무와 토석을 쌓는 것이다.

楗音其免反 楗者 樹於水中 稍下竹及土石也

천자가 하수가 터진 곳에 임한 뒤에 공사가 이루어지지 못하는 것을 애달프게 여겨 시가를 지었다. 그 한 수는 다음과 같다.

호자에서 터지니 장차 이를 어찌할꼬?
*큰물 불어 마을마다 모두*① *하수가 되었구나.*
모두 하수가 되었으니 땅이 편치 않고
*공사는 끝날 날 없어 오산吾山*②*마저 평평해졌구나.*
*오산마저 평평해지니 거야택鉅野澤*③ *도 넘쳤고*
*물고기 신나게 뛰어오르지만 겨울날이 닥치리라.*④
*뻗친 물길 풀어져서 일상의 흐름에서 벗어나고*⑤
교룡은 내키는 대로 멀리까지 노니는구나.
*옛 물길로 돌아오도록 하신河神이여 힘내시고*⑥
봉선封禪하지 않았다면 어찌 밖의 일을 알리오!
날 위해 하백河伯에게 말해주오 어찌 어질지 못하냐고

범람이 멈추지 않으니 우리에게 시름이구나!
설상齧桑[7]은 떠다니고 회수와 사수도 가득 찼으며,
오래도록 되돌리지 않으니 물이여, 자못 느긋하구려!

天子既臨河決 悼功之不成 乃作歌曰 瓠子決兮將柰何 晧晧旰旰兮閭殫[1]爲河 殫爲河兮地不得寧 功無已時兮吾山平[2] 吾山平兮鉅野[3]溢 魚沸鬱兮柏冬日[4] 延道弛兮離常流[5] 蛟龍騁兮方遠遊 歸舊川兮神哉沛[6] 不封禪兮安知外 爲我謂河伯兮何不仁 泛濫不止兮愁吾人 齧桑[7]浮兮淮 泗滿 久不反兮水維緩

① 殫탄

집해 여순이 말했다. "탄殫은 '모두'이다. 나(배인)는 주의 마을이 모두 하수가 되었다고 말한 것이라고 여긴다.

如淳曰 殫 盡也 駰謂州閭盡爲河

② 吾山오산

집해 서광이 말했다. "동군 동아현에 어산魚山이 있는데 혹시 이것인가?" 내가 살펴보니 여순은 "아마 물이 점점 산을 평평하게 했을 것이다."라고 했고, 위소는 "산을 파서 하수를 메웠다."라고 했다.

徐廣曰 東郡東阿有魚山 或者是乎 駰按 如淳曰 恐水漸山使平也 韋昭曰 鑿山以填河也

③ 鉅野거야

집해 여순이 말했다. "호자에서 터져 거야택으로 물을 대어 넘치게 했다."
如淳曰 瓠子決 灌鉅野澤使溢也

④ 柏冬日백동일

집해 서광이 말했다. "백柏은 '닥치는 것'과 같다. 겨울에 해가 하늘가를 운행하니, 물이 서로 이어진 것과 같다." 내가 살펴보니 《한서음의》에서 "거야가 가득 차 넘치자 곧 많은 물고기가 많이 뛰며 길게 뻗쳤다. 겨울날이 닥치자 그쳤다."라고 했다.
徐廣曰 柏猶迫也 冬日行天邊 若與水相連矣 駰按 漢書音義曰 鉅野滿溢 則衆魚沸鬱而滋長也 迫冬日乃止

⑤ 延道弛兮離常流연도이혜리상류

집해 서광이 말했다. "연延은 다른 판본에는 '정正'으로 되어 있다." 내가 살펴보니 진작은 "하수의 물길이 모두 풀어져 무너졌다는 말이다."라고 했다.
徐廣曰 延一作正 駰按 晉灼曰 言河道皆弛壞也

색은 하수가 터져 그 근원의 물길이 연장되어 풀어지고 넘쳤다. 그러므로 그 물길이 모두 평소의 흐름을 벗어났다는 말이다. 그러므로 진작은 "하수의 물길이 모두 풀어져 무너졌다는 말이다."라고 했다.
言河之決 由其源道延長弛溢 故使其道皆離常流 故晉灼云 言河道皆弛壞

⑥ 神哉沛신재패

집해 신찬이 말했다. "물이 옛 길로 돌아오면, 곧 여러 해로운 것이 점차 없어지니 신이 왕성하게 돕는 것이다."

瓚曰 水還舊道 則群害消除 神祐滂沛

⑦ 齧桑설상

집해 장안이 말했다. "설상齧桑은 지명이다." 여순이 말했다. "읍명이고 물에 표류하게 되었다."

張晏曰 齧桑 地名也 如淳曰 邑名 爲水所浮漂

또 한 수는 다음과 같다.

하수가 넓고도 넓게 세차게 흐르니
북쪽으로 건너기 멀고 물줄기를 준설하기 어렵구나.
*긴 망태에 토석을 퍼 올리고 옥벽 물에 담그니*①
*하백이 허락했건만 섶이 부족하구나.*②
섶이 부족함은 위衛나라 사람의 죄이지만
불태워 산야마저 쓸쓸하니 아! 무엇으로 물을 막을까!
*대나무를 베어 재앙을 건과 돌로 막고*③
선방宣房이 막히면 만복이 오리라.

이에 마침내 호자를 막고 그 위에 궁을 지어 선방궁宣房宮④이라고 했다. 하수의 물길을 북쪽으로 이끌어 2개의 도랑으로 흘러가게 하니 우임금의 옛 자취가 회복되었고, 양梁과 초楚의 땅이 다시 편안해져 수재가 없었다.

一曰 河湯湯兮激潺湲 北渡污兮浚流難 搴長茭兮沈美玉[①] 河伯許兮薪不屬[②] 薪不屬兮衛人罪 燒蕭條兮噫乎何以禦水 穨林竹兮楗石菑[③] 宣房塞兮萬福來 於是卒塞瓠子 築宮其上 名曰宣房宮[④] 而道河北行二渠復禹舊迹 而梁 楚之地復寧 無水災

① 搴長茭兮沈美玉 건장교혜침미옥

집해 여순이 말했다. "건搴은 취하는 것이다. 교茭(꼴)는 풀이다. '교郊'로 발음한다. 일설에는 교茭는 간竿(장대)이라고 한다. 장대 나무를 취해 세워 돌 사이에 드러나게 해 터진 하수를 막았다." 신찬이 말했다. "대와 갈대를 밧줄로 엮은 것을 교茭라고 하는데 아래로 끌어서 흙과 돌에 이르게 한다."

如淳曰 搴 取也 茭 草也 音郊 一曰茭 竿也 取長竿樹之 用著石間 以塞決河 瓚曰 竹葦絙謂之茭 下所以引致土石者也

색은 搴은 '견[己免反]'으로 발음한다. 茭는 '교交'로 발음하고, 대와 갈대를 밧줄로 묶은 것이다. 다른 판본에는 발茇로 되어 있고 발음은 '폐廢'이며, 추탄생은 또 '불紼'로 발음한다고 했다.

搴音己免反 茭音交 竹葦絙也 一作茇 音廢 鄒氏又音紼也

② 薪不屬 신불속

집해 여순이 말했다. "가뭄에 불태웠다. 그러므로 섶나무가 부족하다."

如淳曰 旱燒 故薪不足

③ 楗石菑 건석치

집해 여순이 말했다. "하수가 터져 건楗으로 막을 수 없었기 때문에 재앙이라고 한 것이다." 위소가 말했다. "건(둑을 쌓기 위해 박는 말뚝)은 기둥이다. 나무가 서서 죽은 것을 치菑라고 한다."

如淳曰 河決 楗不能禁 故言菑 韋昭曰 楗 柱也 木立死曰菑

④ 宣房宮선방궁

신주 무제 원광 3년(서기전 132) 황하가 호자에서 범람하고 20여 년 후 무너진 둑을 수리할 때 그 자리에 궁을 지었는데, 이것이 선방궁이다.

이후부터 용사用事하는 자들이 다투어 수리사업에 대하여 말했다. 삭방·서하·하서·주천 등에서는 모두 하수나 계곡의 물을 끌어 밭에 댔다. 관중의 보거輔渠와 영지靈軹①는 도수堵水②를 끌어왔다. 여남과 구강에서는 회수를, 동해에서는 거정택鉅定澤③을, 태산 아래에서는 문수汶水를 끌어 왔다. 모두 도랑을 파고 밭에 물을 댄 것이 각각 1만여 경에 이르렀다. 그 밖의 작은 도랑과 산을 파헤쳐 물길을 낸 것들은 말로 다할 수가 없다. 그러나 유명한 곳은 선방宣房에 있다.

自是之後 用事者爭言水利 朔方西河河西酒泉皆引河及川谷以溉田 而關中輔渠靈軹①引堵水② 汝南九江引淮 東海引鉅定③ 泰山下引汶水 皆穿渠爲溉田 各萬餘頃 佗小渠披山通道者 不可勝言 然其著者在宣房

① 靈軹영지

집해 여순이 말했다. "〈지리지〉에는 주질에 영지거가 있다고 했다."

如淳曰 地理志 盩厔有靈軹渠

색은 살펴보니 《한서》 〈구혁지〉에는 "아관兒寬이 좌내사가 되어 여섯 보거輔渠(보조 도랑)를 뚫을 것을 주청했다."라고 했다. 소안(안사고)은 "지금 오히려 보거라 이르고 육거라고도 한다."라고 했다.

按 溝洫志 兒寬爲左內史 奏請穿六輔渠 小顏云 今尚謂之輔渠 亦曰六渠也

② 堵水도수

집해 서광이 말했다. "다른 판본에는 '제천諸川'으로 되어 있다."

徐廣曰 一作諸川

③ 鉅定거정

집해 신찬이 말했다. "거정鉅定은 연못의 이름이다.

瓚曰 鉅定 澤名

태사공은 말한다.

"나는 남쪽으로 여산廬山에 올라 우임금이 구강九江[①]을 소통시킨 것을 보고, 이어 회계의 태황太湟[②]에 이르러 고소姑蘇에 올라 5호五湖를 바라보았다. 동쪽으로 낙예(낙수가 하수로 흘러드는 곳)와 대비大邳를 살피고 하수를 영견迎見했으며 회수, 사수, 탑수, 낙수의 수로를 순행하였다. 서쪽으로 촉의 민산岷山과 이퇴산離碓山을 둘러

보았고, 북쪽으로 용문에서부터 삭방까지 이르렀다. 그리고 말한다. 심하구나, 물이 이롭기도 하고 해롭기도 한 것이! 나는 섶을 져 날라 선방을 막고, 호자의 시를 지은 것을 슬퍼하며 〈하거서〉③를 지었다."

太史公曰 余南登廬山 觀禹疏九江① 遂至于會稽太湟② 上姑蘇 望五湖 東闚洛汭大邳 迎河 行淮泗濟漯洛渠 西瞻蜀之岷山及離碓 北自龍門 至于朔方 曰 甚哉 水之爲利害也 余從負薪塞宣房 悲瓠子之詩而作河渠書③

① 구강九江

신주 구강은 동정호洞庭湖의 별명이라고도 하지만, 여기서는 장강 하류의 구강군(회남군) 일대를 말한다. 구강군이란 이름이 구강으로 인해 지어졌다.

② 湟황

집해 서광이 말했다. "다른 판본에는 '습濕' 자로 되어 있다."

徐廣曰 一作濕

③ 河渠書하거서

집해 서광이 말했다. "〈구혁지〉에는 밭 200무畝를 농사짓는데, 사람마다 200무를 주어 세금을 나누어 내게 했다. 밭이 나빴으므로 해를 걸러 농사를 지었다고 한다."

徐廣曰 溝洫志 行田二百畝 分賦田與一夫二百畝 以田惡 故更歲耕之

색은술찬 사마정이 펼쳐서 밝히다.

물이 이롭기도 하고 해롭기도 한 것은 예로부터 그러했다. 우가 하천을 트고 산의 형세에 따라 물길을 통하게 했다. 후세에 이르러서도 성현이 없는 것은 아니었다. 홍구가 이미 나누어지고 도랑을 파니 용골을 얻었다. 전알塡閼을 개간하니 백성들에게는 풍년이 들었다. 선방에서 시가를 읊으니 양과 초 땅은 안전을 얻었구나!

水之利害 自古而然 禹疏溝洫 隨山濬川 爰洎後世 非無聖賢 鴻溝既劃 龍骨斯穿 塡閼攸墾 黎蒸有年 宣房在詠 梁楚獲全

[지도 3] 하거河渠 관련 지명

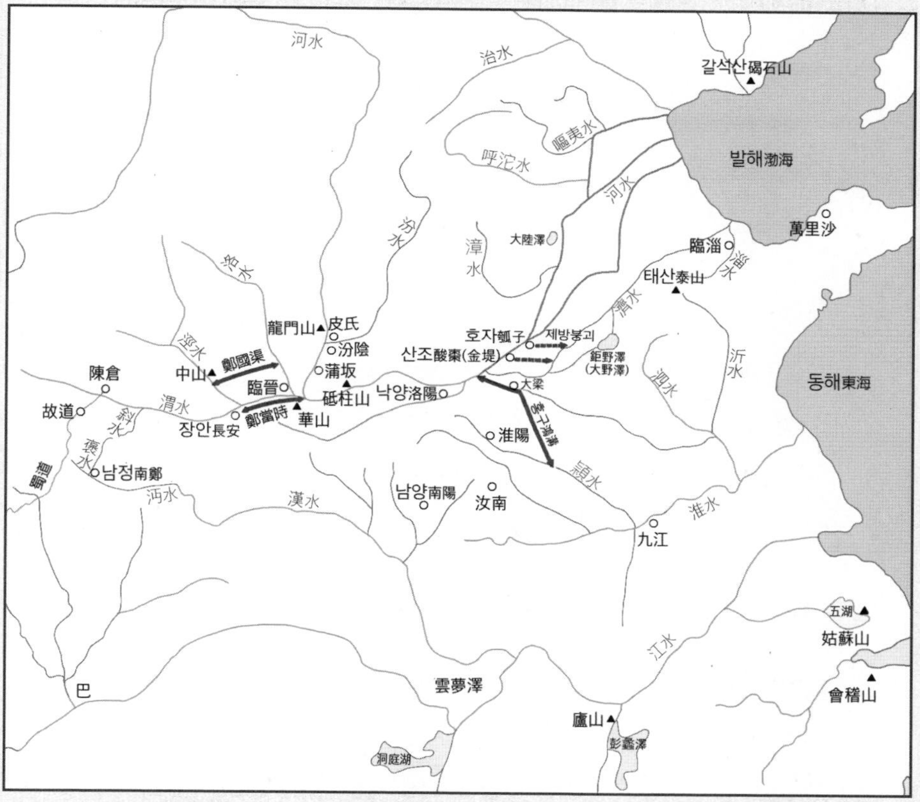

【참고문헌】

丁範鎮 외 옮김, 《司馬遷 史記2: 表序·書》, 1994, 까치

譚其驤, 《中國歷史地圖集》 第二冊, 1982, 中國社會科學院

사기 제30권 史記卷三十

평준서 平準書

사기 제30권 평준서 제8
史記卷三十 平準書第八

집해 《한서》〈백관표〉에서 말한다. "대사농의 소속 관리에 평준령이 있다."

漢書百官表曰大司農屬官有平準令

색은 대사농의 속관으로 평준령승이 있어 천하의 군국을 옮겨다니며 사고파는 값을 균등하게 하였다. 값이 비싸면 팔고 값이 싸면 사서 값이 비싸고 싼 것을 저울질해 경도로 실어 보냈다. 그러므로 '평준'이라고 명명했다.

大司農屬官有平準令丞者 以均天下郡國轉販 貴則賣之 賤則買之 貴賤相權輸歸于京都 故命曰平準

신주 〈평준서〉는 하夏, 은殷, 주周 이래 경제 상황 및 역대 임금들의 경제 정책의 득실에 대해 서술한 책이다. 사마천은 〈하거서〉나 〈평준서〉에서 국가의 흥망성쇠는 백성들의 경제생활에 달려 있다는 것을 표현했다. 사마천은 〈태사공자서〉에서 〈평준서〉에 관해 이렇게 말했다.

"화폐의 통용은 농업과 상업을 유통시킨다. 그러나 그 폐단이 극에 달하면 투기가 교묘해지고 아울러 재물을 늘리게 된다. 투기와 이익 때문에 싸운다면 농사일을 버리고 상업을 좇게 된다. 이로써 〈평준서〉를 지어 일의 변화를 살폈는데, 이것이 8장이다.[維幣之行 以通農商 其極則玩巧 竝兼茲殖 爭於機利 去本趨末 作平準書以觀事變 第八]”

평준平準은 값이 비싸면 팔고 값이 싸면 사들이는 것으로 값이 비싸고 싼 것을 저울질해서 물가를 고르게 하는 것을 말한다. 〈평준서〉에서는 무제 때의 화폐제도, 조세제도, 유통제도와 염철전매제도 등에 관해서 심도 있게 다루었다.

사마천은 〈평준서〉에서 효무제가 추진한 각종 경제정책을 비판하고 있다. 무제는 대규모 전쟁을 여러 차례 일으켰기 때문에 새로운 경제정책을 단행해 재정 부족을 메워야 했다. 무제는 상홍양桑弘羊을 등용해 염철전매제, 균수均輸, 평균책平均策 등의 경제정책을 실시했는데, 이는 정부가 직접 염철을 전매하고 상품을 구입, 수송, 판매하여 물가를 조절하는 국가 전제주의적 경제정책들이었다. 무제는 장탕張湯을 등용해 이를 위반하는 자들을 강력하게 처벌했는데, 사마천은 개인들의 공상工商 행위를 옹호하고 관공官工과 관상官商을 반대하고 있다. 사마천은 무제가 일으킨 여러 정복 전쟁이 한나라의 정치, 경제, 법률, 도덕 등에 악순환적 변화를 일으켰다고 비판하고 있는 것이다. 〈평준서〉는 〈화식열전貨殖列傳〉과 함께 역대로 많은 논란이 되었던 글이다.

제一장

한나라 초기 경제 상황

한나라가 흥기한 때는 진秦나라가 멸망하던 즈음이었으므로 장부들은 군대에 종군했고, 노약자들은 군량미를 실어 날랐다. 이러한 일이 심해져서 물자가 부족해지니, 자연히 천자는 같은 색깔의 말이 끄는 수레①를 갖출 수 없었고 장군과 재상도 혹은 소가 끄는 수레를 탔으며 일반 백성은 저장할 만한 재물이 없었다.② 여기에 진나라 화폐가 무거워 사용하기 어려웠다.③ 그래서 다시 백성이 화폐를 주조하도록④ 하여 1금을 1근의 무게로⑤ 하고 법령을 간략하게 해서 금지 조항을 줄였다.

그러나 법을 지키지 않고 이익을 좇는 백성들이 축재해서 사업하는 데에 여유가 생기자 시장의 물건들을 (사서) 쌓아놓았다. 이에 물가가 뛰어⑥ 쌀이 한 섬에 1만 전이나 하고 말 한 필이 100금⑦이나 되었다.

漢興 接秦之獘 丈夫從軍旅 老弱轉糧饟 作業劇而財匱 自天子不能具鈞駟① 而將相或乘牛車 齊民無藏蓋② 於是爲秦錢重難用③ 更令民鑄錢④ 一黃金一斤⑤ 約法省禁 而不軌逐利之民 蓄積餘業以稽市物 物踊騰糶⑥ 米至石萬錢 馬一匹則百金⑦

① 鈞駟균사

색은 천자의 수레는 네 마리 말이 끄는데 그 색이 가지런히 같아야 마땅하다. 지금은 국가가 가난해서 천자도 같은 색의 말을 구비할 수 없다는 말이다. 《한서》에는 '순사醇駟'로 되어 있는데 醇은 '순純' 자와 동일하며 純은 한 가지 색이다. 어떤 이는 '성騂(붉은 말)'이라고 했는데 잘못이다.

天子駕駟馬 其色宜齊同 今言國家貧 天子不能具鈞色之駟馬 漢書作醇駟 醇與純同 純一色也 或作騂 非也

② 齊民無藏蓋제민무장개

집해 여순이 말했다. "평등해서 귀하고 천한 차이가 없으므로 제민이라고 이른다. 지금 '평민'이라는 말과 같다." 진작이 말했다. "중국에서 가르침을 입은 백성이다." 소림이 말했다. "쌓아놓거나 저장할 만한 재물이 없는 것이다."

如淳曰 齊等無有貴賤 故謂之齊民 若今言平民矣 晉灼曰 中國被教之民也 蘇林曰 無物可蓋藏也

③ 秦錢重難用진전중난용

색은 고씨가 살펴보니 《고금주》에는 "진나라의 돈 반량半兩은 지름이 1치 2푼이고 무게는 12수銖이다."라고 했다.

顧氏按 古今注云 秦錢半兩 徑一寸二分 重十二銖

신주 수銖는 기장의 무게를 가지고 중량을 재는 것이다. 《한서》 〈율력지〉에 따르면 수銖는 무게의 기본 단위였다. 기장 100톨의 무게가 1수이고, 24수가 1냥兩, 16냥이 1근斤, 30근이 1균鈞, 4균이 1섬石이라고 했다.

④ 鑄錢주전

집해 《한서》〈식화지〉에서 말한다. "유협전을 주조했다."

漢書食貨志曰 鑄榆莢錢

색은 〈식화지〉에서 "협전을 주조했다."라고 했다. 살펴보니 《고금주》에는 "유협전은 무게가 3수이다."라고 했다. 《전보》에서 말한다. "문양이 '한흥漢興'으로 되어 있다."

食貨志云 鑄莢錢 按 古今注云榆莢錢重三銖 錢譜云文爲漢興也

⑤ 一黃金一斤일황금일근

색은 살펴보니 여순은 "당시에 전錢으로 화폐를 삼아 황금 1근은 1만 전에 상당하는 것이었다."라고 했는데, 잘못이다. 또 신찬은 아래의 주석에서 "진나라에서는 1일鎰의 무게로 1금을 만들고 한나라에서는 1근의 무게로 1금을 만든다."라고 했는데, 그의 뜻이 옳다.

按 如淳云 時以錢爲貨 黃金一斤直萬錢 非也 又臣瓚下注云 秦以一溢爲一金 漢以一斤爲一金 是其義也

신주 위 주석으로 보나 본문 내용으로 보나, 본문의 '黃金'은 '黃' 자가 빠져야 옳다. 金은 화폐의 단위이고, 1금의 무게를 1근으로 삼는다는 의미이다.

⑥ 稽市物 物踊騰糶계시물 물용등조

집해 이기가 말했다. "계稽는 쌓아놓고 팔지 않는 것이다." 여순이 말했다. "계는 고考이다. 시장의 물가를 비교하여 고찰하면 비싸고 싼 것이 때가 있다." 진작이 말했다. "용踊은 심甚이다. 시장의 물가가 싼 것을 헤아려 미리 더 쌓아둔다는 말이다. 물가가 비싸면 내다 팔기 때문에 물가가 심하게 오르게 만든다."《한서》에는 '조糶' 자가 '약躍' 자로 되어 있다.

李奇曰 稽 貯滯也 如淳曰 稽 考也 考校市物價 貴賤有時 晉灼曰 踊 甚也 言計市物賤而豫益稸之也 物貴而出賣 故使物甚騰也 漢書糶字作躍

색은 이기가 말했다. "계稽는 쌓아놓고 팔지 않는 것이다." 위소가 말했다. "계는 유대留待(묵혀 기다림)이다." '계' 자는 마땅히 이기와 위소의 두 해석과 같다. 진작과 마융은 '계' 자의 뜻은 계計와 고考가 된다고 했는데 뜻에 소홀함이 있다. 여순이 말했다. "용등踊騰은 오히려 저앙低昂과 같다. 저앙은 잠깐 값이 오르내리는 것이다. 지금 살펴보니 《한서》에 '조糶' 자는 '약躍' 자로 되어 있다. 물가가 뛰어올라 귀해져 가치가 올라가는 것이 마치 물건이 솟구쳐 높은 곳으로 갑자기 올라가는 것과 같다는 말이다. 그러나 조糶는 내다 파는 명칭이다. 그러므로 〈식화지〉에는 "크게 풍년이 들면 위에서 쌀 3을 내다 팔고 1을 보관한다."라고 한 것이 이것이다.

李奇云 稽 貯滯 韋昭云 稽 留待也 稽字當如李韋二釋 晉灼及馬融訓稽爲計及考 於義爲疏 如淳云 踊騰猶低昂也 低昂者 乍賤乍貴也 今按 漢書糶字作躍者 謂物踊貴而價起 有如物之騰躍而起也 然糶者出賣之名 故食貨志云 大熟則上糶三而舍一是也

⑦ 百金백금

집해 신찬이 말했다. "진나라에서는 1일로 1금을 만들고 한나라에서는 1근으로 1금을 만들었다."

瓚曰 秦以一溢爲一金 漢以一斤爲一金

신주 일鎰은 고대 중량의 단위인데, 20량兩이 1일이다. 24량이 1일이라는 설도 있다.

천하가 평정되자, 고조는 영을 내려 상인商人들에게 비단옷을 입고 수레를 타지 못하게 하고 세금을 무겁게 해서 그들을 곤욕스럽게 했다. 효혜제와 고후 때, 천하가 비로소 안정되자 다시 상인에 대한 법률을 완화했다. 그러나 상인의 자손들은 역시 벼슬길로 나아가 관리가 될 수는 없었다. 관리들의 녹봉과 관청의 경비를 헤아려 백성에게 세금을 부과했다. 그리고 산천, 원지園池, 시정市井① 의 조세 수입은 천자(가 관할하는 군현)부터 봉군封君의 탕목읍湯沐邑에 이르기까지 모두 각각 사사로이 봉양하게 하고 천하를 다스리는 경비②로는 들이지 않았다. 산동 지방의 곡식을 수로로 운송하여 중도관中都官③에게 납부하는데, 해마다 수십만 섬을 넘지 않았다.

天下已平 高祖乃令賈人不得衣絲乘車 重租稅以困辱之 孝惠 高后時 爲天下初定 復弛商賈之律 然市井之子孫亦不得仕宦爲吏 量吏祿 度官用 以賦於民 而山川園池市井①租稅之入 自天子以至于封君湯沐邑 皆各爲私奉養焉 不領於天下之經費② 漕轉山東粟 以給中都官③ 歲不過數十萬石

① 市井시정

정의 옛사람은 시장이 있지 않았지만 아침에 우물에 모여 물을 길을 때면 우물가에 물건을 두고 팔았다. 그러므로 '시정'이라고 말했다.

古人未有市 (及井)若朝聚井汲水 便將貨物於井邊貨賣 故言市井也

② 經費경비

색은 살펴보니 경經의 뜻은 상常이다. 봉군 이하는 모두 탕목읍湯沐邑이 사사로운 봉양을 위한 것이기 때문에 천자의 일정한 세금으로 들이지 않고, 한 해의 비용으로 쓴다는 말이다.

按 經訓常 言封君已下皆以湯沐邑爲私奉養 故不領入天子之常稅 爲一年之費也

③ 中都官중도관

색은 살펴보니 중도中都는 도내都內와 같은데 모두 천자의 창고이다. 중도관에게 공급한다는 것은 곧 지금 태창에서 관청 창고에 쌓는 것이다.

按 中都猶都內也 皆天子之倉府 以給中都官者 即今太倉以畜官儲是也

효문제 때에 이르러 협전莢錢①이 더욱 많아지고 가벼워졌다. 이에 다시 사수전四銖錢을 주조해 '반량半兩'이라 새기고 백성이 자기 마음대로 돈을 주조하게 했다. 그런 까닭으로 오吳나라는 제후였음에도 구리 광산을 개발하여 돈을 주조해서② 천자에 손색이 없을 정도로 부유해졌고③ 그 뒤에 마침내 반역했다.④ 등통鄧通은 대부였으나 돈을 주조해서 재물이 왕들보다 많았다. 이 때문에 오나라와 등통의 돈이 천하에 유포되자, 돈을 주조하는 것을 금하는 법이 생겼다.

至孝文時 莢錢①益多 輕 乃更鑄四銖錢 其文爲半兩 令民縱得自鑄錢 故吳諸侯也 以即山鑄錢② 富埒天子③ 其後卒以叛逆④ 鄧通 大夫也 以鑄錢財過王者 故吳 鄧氏錢布天下 而鑄錢之禁生焉

① 莢錢협전

집해 여순이 말했다. "유협楡莢과 같다."

如淳曰 如楡莢也

신주 유협楡莢은 느릅나무 씨의 꼬투리처럼 생겼기 때문에 붙여진 명칭이다. 액면은 반량半兩이지만 가운데에 구멍이 있어 실제 무게는 3수銖(1/8냥)였는데, 이는 동전의 원료인 구리가 부족해서 무게를 줄인 것이다.

② 卽山鑄錢즉산주전

색은 살펴보니 즉卽의 뜻은 취就(나아가다)이다. 산에 나아가 돈을 주조했다. 그러므로 아래의 글에 '구리산'이라고 이른 것이 이것이다. 어떤 사람은 즉산卽山을 산 이름이라고 해석했다.

按 卽訓就 就山鑄錢 故下文云 銅山是也 一解 卽山 山名也

③ 富埒天子부날천자

집해 서광이 말했다. "날埒은 제반際畔(경계)이다. 인접하여 차례로 이어짐을 말한다." 살펴보니 맹강은 "부유함이 천자와 같으면서 약간 덜한 것이다."라고 하였고, 어떤 이는 "날埒은 등等이다."라고 했다.

徐廣曰 埒者 際畔 言鄰接相次也 駰按 孟康曰 富與天子等而微減也 或曰 埒 等也

④ 其後卒以叛逆기후졸이반역

신주 한나라는 개국 후 황실 자제와 공신들을 제후로 봉하고 중앙 정부와 가까운 지역만을 직접 통치했다. 그 결과 돈을 주조하는 데 필요한 구리 광산을 중앙 정부가 직접 통제할 수가 없었다. 특히 오吳왕 유비의 영지인 지금의 소주지방은 구리 생산량이 많아 대량의 화폐를 주조했는데, 실제 무게가 액면가액인 반량半兩보다 적은 악화惡貨였다. 사천지방에서 큰 구리 광산이 개발되자 효문제는 등통을 시켜 돈을 주조하게 해서 오왕 유비가 주조한 화폐와 경쟁하게 하였다. 그래서 오왕 유비의 영향력이 줄어든 데다가 효경제 때 중앙집권을 강화하기 위해 제후들의 영지를 삭감하자 오왕 유비를 중심으로 소위 오초칠국의 난(서기전 154)이 일어나게 된다.

> 흉노가 자주 북쪽 변방을 침략해 도둑질하자 변경에 주둔해 지키는 자가 많아져서 변방의 곡식으로는 이들이 먹는 식량을 대기에 부족했다. 이에 백성 중에 곡식을 헌납하거나 변방으로 운송할 수 있는 자를 모집하여 작위를 제수했는데, 작위는 대서장大庶長①까지 이를 수 있었다.
> 匈奴數侵盜北邊 屯戍者多 邊粟不足給食當食者 於是募民能輸及轉粟於邊者拜爵 爵得至大庶長①

① 大庶長대서장

색은 살펴보니 《한서》 〈식화지〉에는 문제가 조조晁錯의 말을 채용해 "가령 어떤 이가 곡식 600섬을 변방에 납입하면 상조上造(2등급)의 작위를 주고 점점 더해서 4,000섬에 이르면 오대부五大夫(9등급)로 삼고, 1만 2,000섬이면 대서장(18등급)으로 삼았다."라고 했다. 각각 많고 적음에 따라 차등을 두었다.

按 漢書食貨志云文帝用晁錯言 令人入粟邊六百石 爵上造 稍增至四千石 爲五大夫 萬二千石 爲大庶長 各以多少爲差

신주 대서장은 작위 20등급 중 고위직인 18등급에 해당한다. 오대부 이상은 각종 부역에서 면제되었다고 한다.

> 효경제 때, 상군의 서쪽에 가뭄이 들어 또한 다시 매작령賣爵令을 내리고 작위의 가격을 낮추어 백성을 불러 모았다. 도형수徒刑囚와 복작復作[①]들에게는 조정에 곡식 나르는 일을 하게 해서 죄를 면해주었다. 원마苑馬(말 목장)를 더 조성하여 넓게 활용하고[②] 궁실의 열관列觀과 가마와 거마를 더욱 더 정비했다.
>
> 孝景時 上郡以西旱 亦復脩賣爵令 而賤其價以招民 及徒復作[①] 得輸粟縣官以除罪 益造苑馬以廣用[②] 而宮室列觀輿馬益增脩矣

① 徒復作도복작

신주 도형徒刑은 일정한 장소에서 죄의 경중에 따라 길게는 3년 동안 노역을 하게 하는 형벌이며, 복작復作은 경범죄를 지었을 경우 1년 간 관의 잡역에 종사하게 하는 것으로 주로 여자에게 내린다.

② 益造苑馬以廣用익조원마이광용

색은 동산을 더 늘리고 마구간을 만들어 말을 길러 널리 사용하게 한 것을 이른다. 말은 곧 군대와 국가의 용도였다.

謂增益苑囿 造廄而養馬以廣用 則馬是軍國之用也

금상이 즉위하고 나서 여러 해가 되었고 한나라가 발흥한 지 70여 년이 되었는데 국가는 평화롭고 수해나 가뭄의 재해도 당하지 않아 백성은 사람마다 넉넉하고 집마다 풍족했다. 또 도시와 시골의 창고들도 모두 가득 차 부고府庫에는 쌓아놓은 재물에 여유가 있었다. 수도首都의 전창錢倉에 거만금巨萬金① 이나 쌓여 돈꿰미가 썩을 정도로 헤아릴② 수가 없었다. 태창太倉의 곡식은 묵고 묵은 것들이 차고 넘쳐서 밖에다가 쌓았지만 심하게 부패해서 먹을 수 없었다. 백성이 사는 길거리에도 말이 있었고 밭두둑 사이에도 말이 무리를 이루었는데, 암말을 탄 사람은 모임에 끼지 못했다.③

至今上即位數歲 漢興七十餘年之間 國家無事 非遇水旱之災 民則人給家足 都鄙廩庾皆滿 而府庫餘貨財 京師之錢累巨萬① 貫朽而不可校② 太倉之粟陳陳相因 充溢露積於外 至腐敗不可食 衆庶街巷有馬 阡陌之間成群 而乘字牝者儐而不得聚會③

① 巨萬거만

집해 위소가 말했다. "거만은 지금의 만만(억)이다."

韋昭曰 巨萬 今萬萬

② 校교

집해 여순이 말했다. "교校는 헤아리는 것이다."

如淳曰 校 數也

③ 乘字牝者～不得聚會승자빈자～부득취회

집해 《한서음의》에서 말한다. "모두 수말을 타는데 암말이 그 사이에 끼어 있으면 서로 밟고 깨문다. 그러므로 배척을 받고 회동에 나가지 못한다."

漢書音義曰 皆乘父馬 有牝馬間其間則相踶齧 故斥不得出會同

마을 문을 지키는 자도 기름진 밥과 맛좋은 고기를 먹고 관리들은 자손이 장성하도록 재직했으며,① 관직에 있는 자는 관직의 호칭을 성씨로 삼기도 했다.② 그러므로 사람마다 스스로 아끼고 범법 행위를 자중했으며, 먼저 의를 행하고 나중에 치욕스러운 일을 물리쳤다.

이러한 때에 법망은 느슨하고 백성은 부유했으니 재물에 의지하여 교만함이 넘쳐흘러 어떤 자는 세력 있는 무리를 겸병하여 시골 구석까지 위세를 휘둘렀다.③ 종실과 봉토를 가진 공경대부 이하에서는 사치를 다투어 궁실, 저택, 수레, 의복 등이 윗사람을 뛰어넘어 법도에 한정이 없었다. 그러나 만물은 성대했다가 쇠약해지니, 진실로 그것들은 변화하기 마련이다.

守閭閻者食粱肉 爲吏者長子孫① 居官者以爲姓號② 故人人自愛而重犯法 先行義而後絀恥辱焉 當此之時 網疏而民富 役財驕溢 或至兼并豪黨之徒 以武斷於鄉曲③ 宗室有土公卿大夫以下 爭于奢侈 室廬輿服僭于上 無限度 物盛而衰 固其變也

① 爲吏者長子孫위리자장자손

집해 여순이 말했다. "당시에는 일이 없어 관리는 자주 옮기지 않았고 자손들이 어른이 되어도 맡은 직분을 옮기지 않았다."

如淳曰 時無事 吏不數轉 至于子孫長大而不轉職任

② 姓號성호

집해 여순이 말했다. "창씨, 유씨가 이들이다."

如淳曰 倉氏庾氏是也

색은 주석에 '창씨, 유씨'라고 하였다. 살펴보니 〈식화지〉에 나왔다.

注倉氏庾氏 按出食貨志

③ 以武斷於鄕曲이무단어향곡

색은 시골의 부호들이 관직의 지위가 없는데도, 그 위세로 옳고 그른 것을 재단한 것을 이른다. 그러므로 무단이라고 했다.

謂鄕曲豪富無官位 而以威勢主斷曲直 故曰武斷也

제二장

막대한 전쟁 비용

이러한 일들이 있은 뒤, 엄조嚴助①와 주매신朱買臣 등이 동구東甌②를 불러들이고 양월兩越③을 평정하는 전쟁을 벌이니, 강수와 회수 사이가 시끄러워지고 비용이 많이 들었다. 당몽唐蒙과 사마상여司馬相如는 서남이西南夷에 길을 열었는데, 산을 깎아 1,000여 리의 길을 통하고 파巴와 촉蜀 땅을 개척하니, 파촉의 백성들은 피폐해졌다. 팽오彭吳④는 예濊와 조선을 매수하고⑤ 창해군滄海郡을 설치하자, 곧 연燕과 제齊 사이가 휩쓸려 동요하였다.

自是之後 嚴助① 朱買臣等招來東甌② 事兩越③ 江淮之間蕭然煩費矣 唐蒙 司馬相如開路西南夷 鑿山通道千餘里 以廣巴蜀 巴蜀之民罷焉 彭吳④賈滅朝鮮⑤ 置滄海之郡 則燕齊之間靡然發動

① 嚴助엄조

신주 한무제 시대에 현량賢良에 천거되어 중대부中大夫, 회계태수會稽太守 등이 되었지만 나중에 회남왕淮南王 반란에 연좌되어 사형되었다.

② 甌구

정의 甌는 발음이 '우[烏侯反]'다. 동구는 지금의 대주 영녕이 이곳이다.

烏侯反 今台州永寧是也

신주 동구東甌(서기전 472~서기전 138)는 동월東越이라고도 한다. 백월百越 민족이 건립한 국가인데, 지금의 절강성 동남부의 온주溫州와 태주台州 중남부 일대로 추정한다.

③ 兩越양월

정의 남월과 민월이다. 남월은 지금의 광주 남해이다. 민월은 지금의 건주 건안이다.

南越及閩越 南越 今廣州南海也 閩越 今建州建安也

④ 彭吳팽오

색은 사람의 성명이다.

人姓名

신주 팽오가 한나라 사람인지 동방제국의 사람인지는 모른다. 위 본문 등으로 보건대, 예濊나 예맥濊貊의 고위층일 가능성이 높다. 위만의 무리가 속임수로 조선을 차지하고 주변 예맥 등을 압박하자, 그 반감으로 한나라와 접촉했을 가능성이 높다.

⑤ 賈滅朝鮮가멸조선

색은 팽오가 처음으로 길을 개척해서 조선을 멸했다.

彭吳始開其道而滅之也

신주 본문과 위 주석은 잘못이다. 滅은 당연히 濊로 고쳐야 한다. 한무제 때 두 번의 동방 침략이 있었다. 이것이 첫 번째로, 서기전 128년의 일이다. 《한서》 〈식화지〉에 "무제가 즉위하고 수년 만에 팽오彭吳가 예맥과 조선의 길을 몰래 뚫고 창해군을 설치하자 곧 연燕과 제齊 지방이 크게 소란해졌다.[武帝卽位數年 彭吳穿濊貊朝鮮 置滄海之郡 則燕齊之間 騷然騷動]"라고 말하고 있다. 현재 중국에서는 이 창해군을 강원도라고 설명하고 있는데, 창해군을 설치하자 연과 제가 소란해졌다는 점에서 맞지 않는 위치 비정이다. 연은 지금의 북경 지역, 제는 지금의 산동반도 북쪽인데 강원도에 창해군을 설치했다고 지금의 북경과 산동반도 북쪽이 소란해질 수는 없다. 따라서 예맥, 조선은 북경과 산동반도에 직접적인 영향을 미칠 수 있는 북경 및 산동반도 북부 가까운 지역에 있었던 것이다.

단재 신채호는 《조선상고사》에서 무제가 침략한 조선을 둘로 나누었다. 하나는 팽오가 침략한 예맥조선으로서 이것이 동부여이고, 다른 하나는 《사기》 〈조선열전〉에서 양복楊僕과 순체荀彘가 공격한 위씨 조선이라는 것이다. 《후한서》 〈예전〉에 "한나라 무제 원삭 원년(서기전 128)에 예군 남려南閭 등이 우거에 반기를 들고 28만 호구를 거느리고 요동에 내속하자, 무제는 그 땅을 창해군으로 삼았다가 몇 년 만에 폐지했다.[元朔元年 濊君南閭等叛右渠 率二十八萬口詣遼東內屬 武帝以其地爲蒼海郡 數年乃罷]"라는 구절이 있고, 《한서》 〈무제본기〉에 "원삭 3년 봄에 창해군을 폐지하였다.[元朔三年春罷滄海郡]"라는 구절이 있고, 《사기》 〈공손홍전〉에 "공손홍이 여러 번 간하여 창해군을 폐지하고 오로지 삭방朔方만 받들게 하기를 청하여 주상이 이를 허락하였다."라는 구절이 있는데, 종래 학자들이 이 구절들을 가지고 예맥조선은 예임금 남려의 나라로 지금의 강릉으로 보고, 무제가 창해군을 설치했다가 그 땅이 너무 멀고 비용이 많이 들어서 폐지한 것으로 잘못 보았다는 것이다. 신채호는 중국 사서는 동부여를 예

濊로 잘못 기재하였다고 하면서 동부여는 북부의 훈춘과 남부의 함흥에 있었는데, 신라가 동북계 천여 리를 잃고 함흥 동부여의 고적을 지금의 강릉으로 옮기면서 생긴 위설僞說이라고 하였다. 그러나 신채호가 창해군을 함흥으로 본 것은 '연과 제가 소란해졌다.'라는 《한서》 〈식화지〉의 기술과 맞지 않으므로 이 역시 지금의 북경과 산동반도 북쪽 가까운 곳에서 찾아야 할 것이다.

조선 중기 홍만종洪萬宗(1643~1725)은 《동국역대총목》의 단군조선조에서 "팽오彭吳에게 명하여 국내의 산천을 다스려 백성들의 생활을 안정시켰다."라고 기술했다. 팽오가 한 무제의 신하가 아니라 단군의 신하라는 것이다. 《환단고기》에 수록된 〈단군세기〉에도 팽오가 단군조선의 신하로 나오는데, 이 글들의 원출처가 어디인지는 알 수 없지만 홍만종 등이 참고했던 사료들에 이런 내용이 나왔던 것으로 추측할 수 있다.

왕회王恢가 마읍馬邑에서 계책① 을 꾸미자 흉노가 화친을 끊고 북쪽 변방을 침략했는데 전쟁이 이어져 끊이지 않았다. 천하 백성들은 그 노역에 괴로워하고 전쟁은 날로 많아졌다. 출정하는 자는 식량을 꾸려갔고 남아 있는 자는 군량을 보내야 했다. 중원과 번국藩國이 시끄럽고 어지러운데도 서로 봉납하게 하자 백성들은 생계가 소진되었다는 명목으로 교묘하게 법망을 피해 나가니② 재정이 줄어들어 넉넉하지 못했다.

(조정에) 재물을 들이는 자는 관리에 보임하고 재화를 내는 자는 죄를 면제하자 관리를 뽑는 제도가 쇠락해져 염치를 무릅쓰며 무력

으로 나아가 등용되었다. 이에 법령을 엄격하게 갖췄으나 이익으로 일어나는 신하가 이로부터 비롯되었다.[3]

及王恢設謀[1]馬邑 匈奴絶和親 侵擾北邊 兵連而不解 天下苦其勞 而干戈日滋 行者齎 居者送 中外騷擾而相奉 百姓抏獘以巧法[2] 財賂衰秏而不贍 入物者補官 出貨者除罪 選擧陵遲 廉恥相冒 武力進用 法嚴令具 興利之臣自此始也[3]

① 謀모

신주 병사들을 매복해놓고 흉노를 끌어들이려는 군사 작전이다.

② 百姓抏獘以巧法백성완폐이교법

색은 살펴보니 《삼창》에 抏은 '완[五官反]'으로 발음한다고 되어 있다. 추탄생은 또 '안[五亂反]'으로 발음한다고 했다. 살펴보니 완抏은 모秏(닳아 없어지다.)이고 소모를 지칭한다. 백성은 가난하고 피폐해져서 교묘하게 저항하는 방법을 행했다는 말이다.

按 三蒼音五官反 鄒氏又五亂反 按 抏者 秏也 消秏之名 言百姓貧獘 故行巧抵之法也

③ 興利之臣自此始也흥리지신자차시야

집해 위소가 말했다. "상홍양과 공근 부류이다."

韋昭曰 桑弘羊 孔僅之屬

그 뒤 한나라 장수들은 해마다 수만의 기병을 이끌고 호胡를 쳤다. 거기장군 위청[①]이 흉노의 하남(오르도스) 땅[②]을 빼앗고 삭방朔方[③]을 구축하기에 이르렀다.
이때에 한나라는 서남이로 길을 통하는데, 길을 닦는 사람만 수만 명이었다. 식량을 지고 메어 천 리를 운반하면 대개 10여 종鍾[④]의 곡식 중에 한 섬 정도만 도착할 뿐이었다. 공邛과 북僰[⑤] 사람들에게 화폐를 나눠주고 식량을 모았으나 여러 해가 지나도록 길이 개통되지 못했다. 만이蠻夷들이 이를 틈타서 자주 공격하자, 관리들이 군사를 일으켜서 그들을 주벌했다.[⑥]
其後漢將歲以數萬騎出擊胡 及車騎將軍衛青[①]取匈奴河南地[②] 築朔方[③] 當是時 漢通西南夷道 作者數萬人 千里負擔饋糧 率十餘鍾[④]致一石 散幣於邛僰[⑤]以集之 數歲道不通 蠻夷因以數攻 吏發兵誅之[⑥]

① 衛青 위청

신주 위청(?~서기전 106)은 지금의 산서성 임분시 서남쪽인 하동군 평양平陽 출신으로 본명은 정청鄭靑이었다. 무제의 황후가 되는 위자부衛子夫가 이부동복 누이였으므로 위衛를 성으로 삼았다. 무제 원광 6년(서기전 129) 흉노가 지금의 하북성 북부 상곡上谷지구를 공격하자 거기장군으로서 이광李廣과 함께 출전했다. 원삭 2년(서기전 127) 위청은 지금의 산서성 북부 운중雲中을 공격한 흉노를 격퇴하고 삭방군을 구축해 장평후長平侯로 봉해졌고 이후로도 조카 곽거병霍去病(서기전 140~서기전 117)과 여러 차례 흉노를 격퇴해 늘 수세였던 대흉노전을 우위로 바꾸어 놓은 전공을 세웠다.

② 匈奴河南地흉노하남지

정의 영주와 하주의 삼주 땅을 취한 것이 원삭 2년이라고 한다.

謂靈夏三州地 取在元朔二年

③ 朔方삭방

정의 지금의 하주夏州이다.《괄지지》에서 말한다. "하주는 진나라 상군인데 한나라에서 나누어 삭방군을 설치했다. 위魏에서 고치지 않았고 수나라에서 하주를 두었다."

今夏州也 括地志云 夏州 秦上郡 漢分置朔方郡 魏不改 隋置夏州也

④ 鍾종

집해 《한서음의》에서 말한다. "종鍾은 6섬 4말이다."

漢書音義曰 鍾六石四斗

⑤ 邛僰공북

색은 응소가 말했다. "공邛은 임공으로 촉에 속하고 북僰은 건위에 속한다."

應劭云 臨邛屬蜀 僰屬犍爲

⑥ 吏發兵誅之이발병주지

색은 관리가 발동하여 주벌한 것이다. 군대를 징발해 일으켜서 주벌한 것을 이른다.

吏發興誅之 謂發軍興以誅之也

파촉의 조세를 다 써도 정벌을 다시 하기에는① 부족했다. 이에 호족과 백성을 모집해 남이에서 농사를 짓게 해서 곡식은 (파촉의) 관청에 들이게 하고, (대납한) 돈은 국고에서 받게 했다.② 동쪽으로 창해군滄海郡에 이르는 길을 열었는데 인건비가 남이와 비슷해졌다.③ 또 10만여 명을 동원해 삭방에 성을 쌓아 지켰는데, 뱃길로 운송하기에 너무 멀어④ 산동 지방부터 온갖 고난을 겪어야 했다. 그 비용은 백수십억에 달해 국가의 창고는 더욱 비어 갔다. 이에 백성을 모집하고 노비를 헌납하는 자는 종신토록 부역을 면제하고 이미 낭관郎官이 된 자에게는 품계를 더해주었다. 또 양을 바치면 낭관으로 삼은 것이 이때부터 시작되었다.

悉巴蜀租賦不足以更之① 乃募豪民田南夷 入粟縣官 而內受錢於都內② 東至滄海之郡 人徒之費擬於南夷③ 又興十萬餘人築衛朔方 轉漕④甚遼遠 自山東咸被其勞 費數十百巨萬 府庫益虛 乃募民能入奴婢得以終身復 爲郎增秩 及入羊爲郎 始於此

① 更之경지

집해 위소가 말했다. "경更은 '잇다'이다. 어떤 이는 경은 '갚다'라고 한다."

韋昭曰 更 續也 或曰 更 償也

② 入粟縣官～於都內입속현관～어도내

집해 복건이 말했다. "바깥(파촉지방)의 현縣에 곡물로 납입하게 하고 조정의 창고에서 돈으로 받았다."
服虔曰 入穀於外縣 受錢於內府也

③ 東至滄海之郡 人徒之費擬於南夷동지창해지군 인도지비의어남이

신주 창해군은 이름 그대로 바다를 건너고 바다에 면한 군이라는 뜻이다. 고대 요동에서 동쪽 대릉하 유역의 위만조선을 지나 오늘날 발해 요동만 지역 예맥으로 가려면, 연과 제 지방에서 배로 가야 한다. 한나라에 내속한 그쪽 사람들을 지원해야 하고, 막대한 물자를 배로 날라야 하니, 그 인건비가 남쪽을 지원하는 인건비와 맞먹는다고 한 것이다. 이렇듯 예맥과 그때 임시 설치한 창해군은 오늘날 요서 일대를 벗어나지 못한다. 그 창해군이 훗날 위만조선을 멸하고 세운 진번과 임둔군이다. 따라서 임둔이란 이름도 예전에 잠시 임시로 군을 두었었다는 뜻에서 붙인 이름이라고 보아야 한다.

④ 轉漕전조

색은 살펴보니 《설문》에 "조漕는 수로로 곡식을 운반하는 것이다."라고 했다. 다른 판본에는 "수레로 운반하는 것을 전轉이라 하고, 수로로 운반하는 것을 조漕라 한다."라고 했다.
按 說文云 漕 水轉穀也 一云車運曰 轉 水運曰漕也

그 뒤 4년[1]이 지나 한나라에서는 대장군 위청을 보내 여섯 명의 장군[2]을 거느리고 10여만 명의 군사로 우현왕을 공격해 적군의 목을 베고 1만 5,000명을 사로잡았다. 다음해에 대장군이 6명의 장군을 거느리고 다시 호를 공격해 참수자와 포로를 합해서 1만 9,000명을 얻었다. 적을 포획하거나 목을 벤 군사들에게 황금 20여만 근을 하사하고, 포로가 된 수만 명에게도 모두 후한 상을 내렸다. 그리고 의복과 식량은 조정이 지급하도록 분부했다. 한나라의 군사와 말도 죽은 수가 십여 만이나 되었다. 그 외의 병기나 갑주, 식량을 운반한 비용은 그 속에 포함되지 않았다. 이에 대사농[3]이 오랫동안[4] 보관하고 있었던 돈은 모두 소모되었고, 조세 수입도 이미 고갈되어 전사들 봉급을 주기에도 부족했다.

其後四年[1] 而漢遣大將將六將軍[2] 軍十餘萬 擊右賢王 獲首虜萬五千級 明年 大將軍將六將軍仍再出擊胡 得首虜萬九千級 捕斬首虜之士受賜黃金二十餘萬斤 虜數萬人皆得厚賞 衣食仰給縣官 而漢軍之士馬死者十餘萬 兵甲之財轉漕之費不與焉 於是大農[3]陳[4]藏錢經秏 賦稅既竭 猶不足以奉戰士

① 四年사년

집해 서광이 말했다. "원삭 5년이다."

徐廣曰 元朔五年也

② 六將軍육장군

신주 유격장군游擊將軍 소건蘇建, 강노장군彊弩將軍 이저李沮, 기장군騎將軍 공손하公孫賀, 경거장군輕車將軍 이채李蔡, 이식李息, 장차공張次公을 말한다.

③ 大農대농

신주 대사농으로 관직명이다. 효무제 때 한나라의 구경九卿 중 하나로 국가 재정을 관장했으며, 당시의 염철鹽鐵 전매도 관리했다.

④ 陳진

집해 위소가 말했다. "진陳은 '오래'이다."
韋昭曰 陳 久也

담당 관리가 말했다.
"천자께서 말씀하시기를 '짐이 듣자니 오제의 가르침이 서로 겹치지 않았지만 잘 다스려졌다. 우禹와 탕湯의 법도는 방법이 같지 않았어도 성왕이 되었다. 가는 길이 달랐지만 덕을 세움은 하나였다. 지금 북쪽 변방이 편안하지 못해 짐이 매우 안타깝다. 이 무렵 대장군이 흉노를 공격해 머리를 베고 포로로 잡은 자가 1만 9,000명인데도 부자들은 곡식이 쌓여 있지만 병사들은 먹을 것이 없다.[①] 의논해 백성들이 작위를 살 수 있도록[②] 명하고, 또 금고형을 재물로 대신하게 하여 죄를 감면할 것을 의논하라.'라고 했습니다. 청하옵건대 포상하는 관리를 두고 '무공작武功爵(무공에 따른 작위)'[③]

이라고 명명하십시오. 등급마다 17만 전으로 하면 모두 30여만 금의 값어치가 됩니다.④ 무공작 관수官首를 사면 시험 삼아 관리로 보임하고 먼저 벼슬을 제수하십시오.⑤ 천부千夫는 오대부와 같게 하시고⑥ 죄가 있으면 또 2등급을 감하십시오. 작위는 악경樂卿⑦까지 이릅니다. 그러면 군공에 보답할 수 있습니다."

有司言 天子曰 朕聞五帝之教不相復而治 禹湯之法不同道而王 所由殊路 而建德一也 北邊未安 朕甚悼之 日者 大將軍攻匈奴 斬首虜萬九千級 留蹛無所食① 議令民得買爵②及贖禁錮免減罪 請置賞官 命曰武功爵③ 級十七萬 凡直三十餘萬金④ 諸買武功爵官首者試補吏 先除⑤ 千夫如五大夫⑥ 其有罪又減二等 爵得至樂卿⑦ 以顯軍功

① 留蹛無所食유체무소식

색은 유절무소식留墆無所食이다. 墆은 '질迭'로 발음하고 쌓는다는 뜻이다. 위소는 '체滯'로 발음하고 쌓는다는 뜻이라고 했다. 또 살펴보니 《고금자고》에 墆은 지금의 '체滯' 자이니, 동일하다고 했다. 살펴보니 부자들은 곡식이 쌓여 있고 가난한 자들은 먹을 것이 없다는 말이다.

留墆無所食 墆音迭 謂貯也 韋昭音滯 謂積也 又按 古今字詁墆今滯字 則墆與滯同 按 謂富人貯滯積穀 則貧者無所食也

② 民得買爵민득매작

신주 일반 백성은 작위를 사도 실제 관직에는 취임할 수 없고 대신 부역과 세금을 면제받았다. 당시 작위를 판 돈으로 흉노를 토벌하는 비용을 충당했으니 작위가 인기 있는 금융 상품이었다고 할 수 있다. 현대 경제학

적 관점에서 보면 그 당시 작위는 일종의 만기 없는 국채와 같다. 무기한 국채를 사면 이자만 받는데, 한나라 때 작위에 대한 이자가 요역과 세금 면제에 해당한다고 볼 수 있다.

③ 武功爵무공작

집해 신찬이 말했다. "《무릉중서》에 무공작이 있다. 1급은 조사, 2급은 한여위, 3급은 양사, 4급은 원융사, 5급은 관수, 6급은 병탁, 7급은 천부, 8급은 악경, 9급은 집융, 10급은 좌서장, 11급은 군위이다. 이는 무제 때 제정해서 군공을 높이게 했다."

瓚曰 茂陵中書有武功爵 一級曰造士 二級曰閑輿衛 三級曰良士 四級曰元戎士 五級曰官首 六級曰秉鐸 七級曰千夫 八級曰樂卿 九級曰執戎 十級曰左庶長 十一級曰軍衛 此武帝所制以寵軍功

④ 級十七萬凡直三十餘萬金급십칠만범치삼십여만금

색은 대안(안사고의 숙부 안유진)은 "1금은 만 전錢이다. 11급을 계산하면 1급당 17만이므로 도합 187만 금이다."라고 했다. 이곳의 '30여만 금'은 그 숫자가 틀림없이 잘못되었다. 고씨가 살펴서 해설하기를 "처음 1급은 17만이고 그 이상은 급마다 2만을 더해 11급에 이르면 합하여 37만이 된다."라고 했다.

大顏云 一金 萬錢也 計十一級 級十七萬 合百八十七萬金 而此云 三十餘萬金 其數必有誤者 顧氏按〔或〕解云初一級十七萬 自此已上每級加二萬 至十一級 合成三十七萬也

⑤ 官首者～先除관수자～선제

색은 관수는 무공작 5급이고 자리가 점점 높아진다. 그러므로 시험으로 관리로 삼아 먼저 벼슬을 주어 등용했다.
官首 武功爵第五也 位稍高 故得試爲吏 先除用也

⑥ 千夫如五大夫천부여오대부

색은 천부는 무공작 7급이다. 오대부는 20작의 9급이다. 천부작은 품계가 20작의 9급인 오대부에 비교된다는 말이다. 그러므로 양복楊僕이 천부로써 관리가 되었다고 한 것이 이것이다.
千夫 武功爵第七 五大夫 二十爵第九也 言千夫爵秩比於五大夫二十爵第九 故楊僕以千夫爲吏是也

⑦ 樂卿악경

집해 서광이 말했다. "악경은 작위 명칭이다." 살펴보니 《한서음의》에서 "10작 좌서장에서 18작에 이르러 대서장이 되는데 악경樂卿이라고 한다. 악경은 조정에서의 지위가 9경 다음으로, '악樂' 자를 더한 것은 별도의 정경임을 뜻한다. 또 19작이 악공으로 공경의 녹봉을 받지만 직분이 없다."라고 했다.
徐廣曰 爵名也 駰案 漢書音義曰 十爵左庶長以至十八爵爲大庶長也 名樂卿 樂卿者 朝位從九卿 加樂者 別正卿 又十九爵爲樂公 食公卿祿而無職也

색은 살펴보니 이것은 무공작은 오직 악경까지만 이르는 것을 말한다. 신찬이 인용한 《무릉서》는 아마 뒷사람들이 작위의 차례를 잘못 기록한 것일 뿐이다. 지금 주석에서는 10작으로부터 18작 서장에 이르러 악경이 되고, 19에서 20에 이르러 악공樂公이 된다. 그러나 옛날 20작으로 무공작을 해석함은 대개 또한 억지 설명이고 잘못이다. 대안 또한 그렇다고 여겼다.

按 此言武功置爵惟得至於樂卿也 臣瓚所引茂陵書 蓋後人記其爵失次耳 今注稱十爵至十八庶長爲樂卿 十九至二十爲樂公 乃以舊二十爵釋武功爵 蓋亦臆說 非也 大顔亦以爲然

군공이 등급을 뛰어넘어 큰 자는 제후나 경대부로 봉했고 작은 자는 낭관郎官이나 이속吏屬이 되었다. 벼슬길이 복잡해지고 일은 많아지자 관직이 별로 쓸모가 없어졌다.

공손홍은 《춘추》의 뜻을 가지고 신하들의 법도를 바로잡아 한나라 재상이 되었고, 장탕張湯은 준엄한 법령조문을 가지고 재판하고 심리함으로써 정위廷尉(형옥을 맡은 관리)가 되었다. 이때에 견지법見知法①이 생겨났고 폐각廢格과 저비沮誹②를 끝까지 다스려 옥사에 사용했다. 그 다음해에는 회남왕, 형산왕, 강도왕이 모반한 흔적이 드러나 공경들이 단서를 찾아 치죄하였는데, 결국 그 일당으로 연좌되어 죽은 자만 수만 명이었다. 장리들은 더욱 혹독하게 다스렸고 법령은 명확하고 자세해졌다. 이 당시에는 방정, 현량, 문학의 사대부를 초치하고 존대하여③ 더러는 공경이나 대부에까지 이르렀다.

軍功多用越等 大者封侯卿大夫 小者郎吏 吏道雜而多端 則官職秏廢

自公孫弘以春秋之義繩臣下取漢相 張湯用峻文決理爲廷尉 於是見知之法①生 而廢格沮誹②窮治之獄用矣 其明年 淮南 衡山 江都王謀反迹見 而公卿尋端治之 竟其黨與 而坐死者數萬人 長吏益慘急而法令明察 當是之時 招尊方正賢良文學之士③ 或至公卿大夫

① 見知之法견지지법

집해 장안이 말했다. "관리가 백성의 죄를 보아 알고도 거론하여 탄핵하지 않으면 일부러 석방한 것으로 여겼다."

張晏曰 吏見知不擧劾爲故縱

신주 견지법見知法은 관리가 백성의 범죄를 보고도 처벌하지 아니할 때는 그 관리도 방조한 것으로 보아 똑같이 처벌하는 법이다. 한나라 무제 때 장탕이 만든 법이다.

② 廢格沮誹폐각저비

집해 여순이 말했다. "폐각廢格은 천자의 문서화된 법령을 시행하지 못하게 하는 것이다. 비誹는 천자가 하는 일을 비방하는 것으로, 얼굴색이 다르거나 입술이 돌아가는 것에 견주는 것과 같다."

如淳曰 廢格天子文法 使不行也 誹謂非上所行 若顏異反脣之比也

색은 格은 '각閣'으로 발음한다. 또한 글자대로 '격'으로 발음한다. 沮는 '저[才緖反]'로, 誹는 '비非'로 발음한다. 살펴보니 천자의 명령을 무시하여 행하지 않거나, 거슬리고 비방하는 자는 모두 끝까지 다스리는 것을 이른다. 그러므로 폐각과 저비의 옥사를 사용했다고 한 것이다.

格音閣 亦如字 沮音才緖反 誹音非 按 謂廢格天子之命而不行 及沮敗誹謗之者 皆被窮治 故云廢格沮誹之獄用矣

③ 招尊方正賢良文學之士초존방정현량문학지사

신주 한문제 때, 조서를 내려 현량, 방정, 문학, 재력의 4과를 두고 이에 합당한 사대부를 차례를 따르지 않고 등용했다. 한무제도 이 제도를 써서 인재들을 등용했음을 이른다.

공손홍은 한나라 재상으로서 무명옷을 입고 반찬은 하나만 먹으며, 천하를 위해 솔선했다. 그러나 풍속에 이로움을 줄 수 없게 되었고 점점 공명과 이익만을 좇게 되었다. 그 다음해에 표기장군이 다시 호에 출격해 4만 명의 수급을 얻었다. 그해 가을에 혼야왕渾邪王[①]이 수만 명의 백성을 거느리고 항복해 왔다. 이에 한나라에서는 수레 2만 대를 징발해 그들을 맞이했다. 이윽고 이르자 상을 받았고, 하사품은 공이 있는 군사에까지 미쳤다. 이로써 이 해의 경비가 모두 100여만 금이나 되었다.

公孫弘以漢相 布被 食不重味 爲天下先 然無益於俗 稍騖於功利矣 其明年 驃騎仍再出擊胡 獲首四萬 其秋 渾邪王[①]率數萬之衆來降 於是漢發車二萬乘迎之 旣至 受賞 賜及有功之士 是歲費凡百餘巨萬

① 渾邪王혼야왕

신주 흉노 지역 한국汗國의 왕이다. 흉노는 선우 밑에 좌현왕과 우현왕이 있는데, 휴도왕休屠王은 우현왕이었고, 혼야왕이 좌현왕이었다. 한 무제 원수 2년(서기전 121) 곽거병이 수만 군사를 거느리고 공격하자 혼야왕은 휴도왕과 함께 항복하기로 하였다. 그러나 휴도왕이 항복을 거부하자 혼야왕은 휴도왕을 죽이고 한나라에 항복했는데, 이때 휴도왕의 태자를 비롯한 수많은 흉노인들이 한나라로 끌려갔다. 태자는 무제의 말을 관리하는 마감馬監이 되었다가 망하라莽何羅가 무제를 암살하려는 것을 막아내 그 공으로 무제의 신임을 사서 투후秺侯에 봉해졌다. 무제는 휴도왕이 금으로 만든 사람으로 하늘에 제사 지내는 제천금인祭天金人을 했다는 이유로 김씨 성을 내려주었다. 그 태자가 김일제金日磾(?~서기전 86)이다. 김일제는 한나라 조정의 실권을 장악했고, 무제가 죽은 후 곽거병의 이복동생 곽광霍光과 유조를 받들어 소제昭帝를 보필했다. 왕망王莽이 한나라를 무너뜨리고 신新나라(8~23년)를 세웠을 때 김일제의 후손들이 신나라 조정을 장악했는데, 신나라가 곧 망하고 후한後漢이 들어서자 대거 망명했다. 김일제의 후손들이 동방으로 진출했으니, 신라 문무왕 비문에 "투후秺侯 제천지윤祭天之胤"이라고 새겨져 있다.

화폐 발행과 염철 전매

애초에 이보다 10여 년 전에 황하가 관현觀縣[①]에서 터져 양梁과 초楚 땅이 참으로 자주 곤경에 처했다. 황하에 접한 군은 둑으로 황하를 막았으나 번번이 터지고 무너져 비용을 이루 다 계산할 수가 없었다. 그 뒤 파계番係(당시 하동태수)가 지주산底柱山의 뱃길을 줄이려고 분수와 황하의 도랑을 뚫어서 밭에 관개했는데 동원된 자가 수만 명이었다.

정당시鄭當時는 위수의 뱃길이 꼬불꼬불 도랑을 돌아 멀다고 여겼다. 이에 곧게 도랑을 뚫어서 장안으로부터 화음에 이르렀다. 동원된 인원이 수만 명이었다. 삭방에서도 도랑을 뚫었는데 동원된 자가 수만 명이었다. 각각 2~3년을 지났으나 공로는 다 이루지 못했고 비용 또한 각각 거만에서 십수 억을 헤아렸다.

初 先是往十餘歲河決觀[①] 梁楚之地固已數困 而緣河之郡隄塞河 輒決壞 費不可勝計 其後番係欲省底柱之漕 穿汾 河渠以爲漑田 作者數萬人 鄭當時爲渭漕渠回遠 鑿直渠自長安至華陰 作者數萬人 朔方亦穿渠 作者數萬人 各歷二三朞 功未就 費亦各巨萬十數

① 觀관

집해 서광이 말했다. "관觀은 현 이름이고 동군에 속한다. 광무제가 위衛로 고쳤다. 공국이다."

徐廣曰 觀 縣名也 屬東郡 光武改曰衛 公國

천자가 호를 정벌하려고 말을 많이 길렀기 때문에 장안으로 들여와 먹이는 말만 수만 필이었다. 마침내 말을 이끌고 관장할 자가 관중에서는 부족해 가까운 군에서 징발해야만 했다. 호의 항복한 자들의 의복과 음식을 관청에서 제공하게 했으나 관청에서 공급하지 못하자, 무제는 곧 자신의 반찬을 줄이고 수레를 끄는 네 필의 말도 해산시켰다. 또 어고御庫의 귀한 물건을 꺼내어 구휼했다.

天子爲伐胡 盛養馬 馬之來食長安者數萬匹 卒牽掌者關中不足 乃調旁近郡 而胡降者皆衣食縣官 縣官不給 天子乃損膳 解乘輿駟 出御府禁藏以贍之

그 다음해에 산동에서 수재를 당해 많은 백성이 굶주리고 궁핍하게 되었다. 이에 무제는 사자를 파견해 군국의 창고①를 비워서 빈민을 구제하게 했다. 하지만 아직도 부족하자 거듭 부호들을 모집해 서로 잠시 빌려주게 했다. 그런데도 서로 구제할 수 없게 되자 곧 가난한 백성을 함곡관 서쪽으로 옮겼다. 이때 삭방의 남쪽

신진중新秦中[2]에 70여만 명을 채웠는데, 의복과 식량은 모두 현의 관청에서 대주기를 바랐다. 여러 해 만에 임시로 산업을 주고 사자가 부분을 나누어 보호했는데, 오가는 사자의 관모와 수레의 덮개가 서로 바라볼 정도였다.[3] 그래서 비용은 억 금을 가지고 계산을 해도 이루 다 헤아릴 수 없을 정도였다. 이에 조정 국고가 크게 비었다.

其明年 山東被水菑 民多飢乏 於是天子遣使者虛郡國倉廥[1]以振貧民 猶不足 又募豪富人相貸假 尚不能相救 乃徙貧民於關以西 及充朔方以南新秦中[2] 七十餘萬口 衣食皆仰給縣官 數歲 假予產業 使者分部護之 冠蓋相望[3] 其費以億計 不可勝數 於是縣官大空

① 倉廥창회

집해 서광이 말했다. "廥는 '회膾'로 발음한다."

徐廣曰 音膾

② 朔方以南新秦中삭방이남신진중

집해 복건이 말했다. "지명이다. 북방 천 리에 있다." 여순이 말했다. "장안의 이북이고 삭방의 이남이다." 신찬이 말했다. "진秦나라에서 흉노를 쫓아내 하남의 땅을 거두고 백성을 이사시켜 그들을 채워 신진新秦이라고 일렀다. 그러나 지금은 땅이 비었기 때문에 다시 백성을 이사시켜 채웠다."

服虔曰 地名 在北方千里 如淳曰 長安已北 朔方已南 瓚曰 秦逐匈奴以收河南地 徙民以實之 謂之新秦 今以地空 故復徙民以實之

③ 冠蓋相望관개상망

신주 사신의 관과 수레의 덮개가 가까운 거리를 두고 잇달아 간다는 뜻으로, 사신의 왕래가 끊이지 않음을 이르는 말이다.

부유한 상인이나 큰 장사꾼은 늘 재물을 쌓아놓고 가난한 자들을 부려서① 백여 대의 수레②로 물건을 운반했다. 그들은 시세에 따라 내다 팔거나③ 읍邑에 쌓아놓고 비싸지기를 기다리는데④ 봉군들도 모두가 머리를 숙여 공급을 의뢰했다.⑤ 쇠를 주조하고 소금을 구워 재산이 어떤 자는 누만금累萬金이나 되었다. 그러나 국가가 위급해도 돕지 않아서 백성은 더욱 곤궁했다. 이에 천자는 공경들과 함께 의논해 돈을 바꾸고 새로 화폐를 만들어 재정을 넉넉하게 해서 거들먹거리고 음탕하며 사업을 겸병하는 무리들을 꺾고자 했다. 이때 황실의 정원에는 흰 사슴이 있었고, 황실 창고에는 은과 주석이 많았다.

而富商大賈或蹛財役貧① 轉轂②百數 廢居③居邑④ 封君皆低首仰給⑤ 冶鑄煮鹽 財或累萬金 而不佐國家之急 黎民重困 於是天子與公卿議 更錢造幣以贍用 而摧浮淫并兼之徒 是時禁苑有白鹿而少府多銀錫

① 蹛財役貧체재역빈

집해 《한서음의》에서 말한다. "체蹛는 '멈춤'이다. 일설에는 '쌓다'라고 한다."

漢書音義曰 蹛 停也 一曰貯也

색은 소해가 살펴보니 "《자림》에 저貯는 '티끌'이고 발음은 '저佇'라 한다."라고 했다. 이것은 쌓여서 정체된 먼지가 오래된 것을 이른다. 어떤 곳에는 '저貯' 자로 쓰여 있는데, 자공子貢이 쌓인 것을 일으켜 재물을 자랑했다고 한 것이 이것이다.

蕭該按 字林云 貯 塵也 音佇 此謂居積停滯塵久也 或作貯 子貢發貯鬻財是也

② 轂곡

집해 이기가 말했다. "곡轂은 수레이다."

李奇曰 車也

③ 廢居폐거

집해 서광이 말했다. "폐거廢居는 저축의 이름이다. 무너진 적이 있으면 쌓은 적도 있으니 그 시기를 타서 이익을 얻으려는 것을 말한다."

徐廣曰 廢居者 貯畜之名也 有所廢 有所畜 言其乘時射利也

색은 유씨는 "폐廢는 내어 파는 것이고, 거居는 머물러 쌓는 것이다."라고 했으니, 쌓은 것을 내어 파는 것이 폐廢이다. 그러므로 서광이 "무너진 적이 있으면 쌓은 적도 있다."라고 한 것이 이것이다.

劉氏云 廢 出賣 居 停蓄也 是出賣於居者爲廢 故徐氏云 有所廢 有所畜 是也

④ 居邑거읍

집해 살펴보니 복건은 "곡식을 읍에 쌓아둔다."라고 했다. 여순은 "값이 싼 물건을 읍邑 안에 쌓아두고서 비싸지기를 기다린다."라고 했다.

駰按 服虔曰 居穀於邑也 如淳曰 居賤物於邑中 以待貴也

색은 복건이 "곡식을 읍 안에 쌓아둔다."라고 한 것이 이것이다.

服虔云 居穀於邑中 是也

⑤ 封君皆低首仰給봉군개저수앙급

집해 진작이 말했다. "低의 발음은 '저[抵距反]'이다." 복건이 말했다. "장사치에게 공급을 의뢰한다."

晉灼曰 低音抵距 服虔曰 仰給於商賈

색은 살펴보니 복건이 "장사치에게 공급을 의뢰한다."라고 한 것이 옳다. 유백장이 "봉군과 큰 상인이 모두 머리를 숙이고 사사로이 경영해 자급하고 천자를 돕지 않았다."라고 한 것은 잘못이다.

按 服虔云 仰給於商賈 是也 而劉伯莊以爲 封君及大商皆低首營私以自給 不佐天子 非也

> 효문제가 돈을 새롭게 고쳐 4수전四銖錢을 제조한 지 이 해까지 40여 년이다. 건원建元 이래로 재용이 부족해서 조정에서는 이따금 동산銅山에 가서 돈을 주조했다. 백성들도 그 틈에 몰래 돈을 주조하였는데 이루 다 셀 수가 없었다. 돈이 더욱 많아지자 그 가치는 떨어지고① 물자는 더욱 부족해서 값이 올랐다.②
>
> 自孝文更造四銖錢 至是歲四十餘年 從建元以來 用少 縣官往往即多銅山而鑄錢 民亦間盜鑄錢 不可勝數 錢益多而輕① 物益少而貴②

① 錢益多而輕전익다이경

집해 여순이 말했다. "전錢을 갈아서 구리 가루를 취하기 때문이다." 신찬이 말했다. "돈을 주조한 자가 많으므로 돈이 가벼워졌다. 경輕은 또한 값이 싸진 것이다."

如淳曰 磨錢取鋊故也 瓚曰 鑄錢者多 故錢輕 輕亦賤也

② 物益少而貴물익소이귀

집해 여순이 말했다. "다만 주조해서 돈을 만들고 다른 물건은 만들지 않았다."

如淳曰 但鑄作錢 不作餘物

담당 관리가 말했다.

"옛날 가죽 화폐는 제후들이 예방禮訪할 때 사용했습니다. 금에는 세 등급이 있는데 황금은 상등이고 백금은 중등이며 적금은 하등입니다.① 지금 반량전의 법정 중량은 4수銖인데② 간악한 어떤 자는 몰래 돈의 안쪽을 갈아내어 구리가루③를 취하니 돈은 더욱 엷어 가벼워지고 물가가 비싸지며, 먼 지방에서는 화폐로 사용하기가 번거로우며 비용은 줄지 않습니다."

이에 흰사슴 가죽의 사방 한 자에 가선을 둘러 수를 놓고④ 가죽화폐로 삼아 40만 전의 값으로 통용했다. 왕후 및 종실에서 조회하거나 방문하여 헌상할 때⑤는 반드시 가죽화폐를 벽옥璧玉에 꽂아서 바친 후에 행동하게 했다. 또 은과 주석을 섞어서 백금을 만들었다.⑥

有司言曰 古者皮幣 諸侯以聘享 金有三等 黃金爲上 白金爲中 赤金爲下① 今半兩錢法重四銖② 而姦或盜摩錢裏取鋊③ 錢益輕薄而物貴 則遠方用幣煩費不省 乃以白鹿皮方尺 緣以藻④績 爲皮幣 直四十萬 王侯宗室朝覲聘享⑤ 必以皮幣薦璧 然後得行 又造銀錫爲白金⑥

① 黃金爲上～赤金爲下황금위상～적금위하

집해 《한서음의》에서 말한다. "백금은 은이고, 적금은 단양丹陽의 구리이다."

漢書音義曰 白金 銀也 赤金 丹陽銅也

색은 《설문》에 "동은 적금이다."라고 했다. 주석에서 말한다. "단양의 구리는《신이경》에 '서쪽의 금산金山에는 단양의 구리가 있다.'라고 했다."

說文云 銅 赤金也 注云 丹陽銅者 神異經云西方金山有丹陽銅也

② 半兩錢法重四銖반량전법중사수

집해 위소가 말했다. "반량이라고 새겼으나 실제의 무게는 4수銖이다."

韋昭曰 文爲半兩 實重四銖

③ 鋊욕

집해 서광이 말했다. "鋊은 '용容'으로 발음한다." 여정이 말했다. "그릇 만드는 법을 욕鋊이라고 이른다."

徐廣曰 音容 呂靜曰 冶器法謂之鋊

④ 藻조

집해 서광이 말했다. "조藻는 다른 판본에는 '자紫'로 되어 있다."
徐廣曰 藻 一作紫也

⑤ 聘享빙향

신주 빙聘은 제후 간에 서로 사절을 보내는 것을, 향享은 천자에게 공물을 바치는 것을 말한다.

⑥ 造銀錫爲白金조은석위백금

집해 여순이 말했다. "은과 주석을 섞어서 주조해 백금을 만든다."
如淳曰 雜鑄銀錫爲白金也

하늘에서 쓰이는 것으로는 용만 한 것이 없고① 땅에서 쓰이는 것으로는 말만 한 것이 없으며② 사람에게 쓰이는 것으로는 거북만 한 것이 없다③고 여겼으므로 백금으로 된 화폐 세 종류를 만들었다. 그 첫 번째는 무게가 8량兩으로 둥글게 만들었고 용무늬④가 있는데 '백선白選'⑤이라고 이름했고 3,000전의 값⑥이다. 두 번째는 무게를 약간 줄여서 4각형으로 만들었고⑦ 말무늬⑧가 있는데 500전의 값이다. 세 번째는 더 작은 타원형으로 만들었고⑨ 거북무늬⑩가 있는데 300전의 값이다.
以爲天用莫如龍① 地用莫如馬② 人用莫如龜③ 故白金三品 其一曰重八兩 圜之 其文龍④ 名曰白選⑤ 直三千⑥ 二曰以重差小 方之⑦ 其文馬⑧ 直五百 三曰復小 橢之⑨ 其文龜⑩ 直三百

① 天用莫如龍천용막여용

색은 《역》에서 말한다. "하늘을 가는 것은 용만 한 것이 없다."

易云行天莫如龍也

② 地用莫如馬지용막여마

색은 《역》에서 말한다. "땅을 가는 것은 말만 한 것이 없다."

易云行地莫如馬也

③ 人用莫如龜인용막여귀

색은 《예》에서 말한다. "제후는 거북을 보배로 삼는다."

禮曰 諸侯以龜爲寶也

④ 文龍문룡

색은 고씨가 살펴보니 《전보》에 "그 무늬는 용을 양각했고 둘레와 구멍이 모두 둥글며, 무늬는 또 5색 구름 모양으로 만들었다."라고 했다.

顧氏案 錢譜 其文爲龍 隱起 肉好皆圜 文又作雲霞之象

⑤ 白選백선

색은 이름이 백선이다. 소림은 "選의 발음은 '선택'의 선選이다."라고 했다. 포개와 유씨는 "음이 '선[息戀反]'이다."라고 했다. 《상서대전》에서 "하후씨는 죽이지 않으면 형벌을 주지 않았고 죽을죄에는 2천 선饌의 벌금을 내게 했다."라고 했다. 마융은 "선은 6량이다."라고 했다. 《한서》에는 '선撰' 자로 되어 있고 발음은 같다.

名白選 蘇林曰 選音 選擇之選 包愷及劉氏音息戀反 尚書大傳云 夏后氏不殺不刑 死罪罰二千饌 馬融云 饌 六兩 漢書作撰 音同

신주 옛 화폐 단위의 하나가 선選이다.

⑥ 直三千치삼천

색은 진작이 살펴보니 《황도》에는 3천 2백의 값이라고 했다.

晉灼按 黃圖直三千二百

⑦ 以重差小方之이중차소방지

색은 8량兩에 차등을 두어 3품品을 만들었는데, 이는 무게 6량과 아래로 또 무게를 조금 줄인 4량을 이른다. 무게를 약간 줄였다는 것은 반량을 무게로 삼았다는 것을 이른다. 그러므로 약간 줄인 6량의 무게이며 그 형상은 네모이다.

謂以八兩差爲三品 此重六兩 下小隋重四兩也 云以重差小者 謂半兩爲重 故差小重六兩 而其形方也

⑧ 文馬문마

색은 《전보》에서 말한다. "둘레와 구멍이 다 네모지고 말의 형상을 양각했으며, 둘레와 구멍의 아래에는 구슬을 꿰어놓은 무늬가 있다."

錢譜 肉好皆方 隱起馬形 肉好之下又是連珠文也

⑨ 復小撱之부소타지

색은 더 작고 타원형으로 만들었다. 撱는 음이 '톼[湯果反]'이다. 《이아》 주석에는 "타隋는 좁고 긴 것이다."라고 했다. 길고 모가 졌으나 4각角의 모서리를 제거한 것을 말한다.

復小隋之 湯果反 爾雅注隋者 狹長也 謂長而方 去四角也

⑩ 文龜문귀

색은 《전보》에서 말한다. "둘레는 둥글고 구멍은 네모졌으며, 귀갑문이 양각되어 있다."

錢譜 肉圓好方 爲隱起龜甲文

현관縣官에게 명령을 내려 반량전半兩錢을 녹여 다시 3수전三銖錢[①]을 주조하되 그 무게대로 문양을 새기게 했다. 금전을 몰래 주조하면 모두 사형에 처했으나, 관리나 백성들 중 몰래 백금을 주조하는 자가 이루 다 헤아릴 수 없을 정도였다. 이에 동곽함양東郭咸陽[②]과 공근孔僅을 대농승으로 삼아 소금과 철의 사업을 관장하게 했고, 상홍양桑弘羊은 이해득실을 따져 사업을 시행함으로써 시중이 되었다. 함양은 제나라에서 대량으로 소금 굽는 사람이었으며, 공근은 남양군에서 대량으로 철을 다루는 사람이었다. 모두 수천 금의 생업을 이룬 까닭으로 정당시가 그들을 추천한 것이다. 그리고 상홍양은 낙양의 상인 아들인데, 계산에 능해서 13세에 시중侍中이 되었다. 이 때문에 3명이 이익 되는 일을 말할 때는 매우 미세한 것까지 분석했다.[③]

令縣官銷半兩錢 更鑄三銖錢[①] 文如其重 盜鑄諸金錢罪皆死 而吏民之盜鑄白金者不可勝數 於是以東郭咸陽[②] 孔僅爲大農丞 領鹽鐵事 桑弘羊以計算用事 侍中 咸陽 齊之大煮鹽 孔僅 南陽大冶 皆致生累千金 故鄭當時進言之 弘羊 雒陽賈人子 以心計 年十三侍中 故三人言利事析秋豪矣[③]

① 三銖錢삼수전

신주 전한의 효무제 원수 3년(서기전 120)에 시행되었다. 액면 금액을 3수로 표시하고 실제 무게도 3수(1/8냥)로 했다. 이전까지는 액면 표시와 무게가 달랐으나 이때부터 같아졌다.

② 東郭咸陽동곽함양

색은 동곽은 성이고 함양은 이름이다. 살펴보니 《풍속통》에 동곽아는 제나라 대부이고 함양은 그의 후손이라고 했다.

東郭 姓 咸陽 名也 按 風俗通東郭牙 齊大夫 咸陽其後也

③ 三人言利事析秋豪矣삼인언리사석추호의

색은 살펴보니 온갖 사물의 가는 털과 꺼끄러기는 가을에 이르면 모두 아름답고 섬세해진다는 말이다. 지금 상홍양 등 3인이 이로운 일의 섬세한 것을 말하여, 가을의 터럭도 분석할 수 있다는 말이다.

按 言百物毫芒至秋皆美細 今言弘羊等三人言利事纖悉 能分析其秋毫也

법이 더욱 엄격해지자 관리들이 많이 면직되었다. 전쟁이 자주 일어나자 많은 백성이 돈으로 부역을 면하고 오대부의 작위를 사서 징발하는 군사들이 더욱 적어졌다. 이에 천부와 오대부들을 제수하여 관리로 삼았는데, 관리를 원하지 않으면 말을 바치게 했다. (면직된) 옛 관리들은 모두 상림원上林苑에 가서 가시나무를 베거나[①] 곤명지昆明池[②]를 파도록 명했다. 그 다음해에 대장군(위청)과 표기장군(곽거병)이 대거 나가 호를 공격해[3] 수급과 포로 8~9만을 얻고 상으로 50만 금을 하사받았다. 한나라 군대의 죽은 말이 10여만 필이었는데, 수륙 수송비와 갑옷의 비용은 포함하지 않은 것이다. 이때 재정이 바닥나 병사들이 녹봉을 받지 못하는 일이 많았다.

法既益嚴 吏多廢免 兵革數動 民多買復及五大夫 徵發之士益鮮 於是除千夫五大夫爲吏 不欲者出馬 故吏皆(通)適令伐棘上林[1] 作昆明池[2] 其明年 大將軍 驃騎大出擊胡[3] 得首虜八九萬級 賞賜五十萬金 漢軍馬死者十餘萬匹 轉漕車甲之費不與焉 是時財匱 戰士頗不得祿矣

① 伐棘上林벌극상림

집해 위소가 말했다. "말을 내게 하려고 했으나 말이 없는 자는 가시나무를 베게 했다."

韋昭曰 欲令出馬 無馬者令伐棘

색은 옛 관리들이 모두 가시나무를 베러 갔다. 앞서 면직된 옛 관리는 모두 가서 상림원에서 가시나무를 베게 하였음을 이른 것이지, 말이 없는 자를 이른 것은 아니다. 위소의 설명은 옳지 않다.

故吏皆適伐棘 謂故吏先免者 皆適令伐棘上林 不謂無馬者 韋說非也

② 昆明池곤명지

색은 살펴보니 《황도》에서 말한다. "곤명지는 둘레가 40리이고 수전을 익히는 곳이다." 또 순열이 말했다. "곤명의 자제들은 전하滇河의 안에 거처했다. 그러므로 수전을 익혀 정벌했다."

按 黃圖云 昆明池周四十里 以習水戰 又荀悅云 昆明子居滇河中 故習水戰以伐之也

③ 擊胡격호

집해 서광이 말했다. "원수 4년이다."
徐廣曰 元狩四年也

담당 관리가 삼수전은 가볍고 위조하기 쉽다고 말했다. 이에 다시 여러 군국에 청해서 오수전①을 주조했다. 테두리와 밑부분을 둘러싸 갈아서 구리가루를 취할 수 없게 했다.
有司言三銖錢輕 易姦詐 乃更請諸郡國鑄五銖錢① 周郭其下 令不可磨取鋊焉

① 五銖錢오수전

신주 무제 원수 5년에 처음 주조한 화폐로 삼수전이 너무 가볍고 위조하기가 쉽다는 관리들의 주청에 따라 새로 시행했는데, 이 화폐는 한나라가 망하고서도 700년 후인 당나라 무덕武德 4년(서기 621)까지 통용되다가 폐지되었다.

대사농이 주상께 염철승 공근과 동곽함양의 건의를 올려서 말했다. "산과 바다는 천지의 보관창고이니 모두 마땅히 소부少府[①]에 소속되어야 합니다. 그러나 폐하께서는 사사로이 하지 마시고 대사농에 소속시켜 조세에 보태게 하십시오. 또 바라건대 스스로 비용을 조달할 백성을 모으고, 관부의 기구로 소금을 구워 만들게 하되, 관부에서 뇌분牢盆[②]을 주게 하십시오. 식록이 많은 제후들[③]은 산과 바다의 재화를 제멋대로 관장해서[④] 넘치는 부를 이루고 이익만을 위해 가난한 백성을 부리고 있습니다. 그들이 이 일을 저지해야 한다는 논의가 있었다는데,[⑥] 모두 들어줄 만한 것이 없습니다. 감히 사사로이 철기를 주조하고 소금을 굽는 자는 왼쪽 발뒤꿈치에 차꼬를 채우고[⑦] 그 기물들을 몰수해야 합니다. 쇠가 나오지 않는 군은 소철관小鐵官[⑧]을 두고 편의상 군이 소재한 현縣에 소속시키십시오."

大農上鹽鐵丞孔僅咸陽言 山海 天地之藏也 皆宜屬少府[①] 陛下不私 以屬大農佐賦 願募民自給費 因官器作煮鹽 官與牢盆[②] 浮食奇民[③]欲擅管[④]山海之貨 以致富羡[⑤] 役利細民 其沮事之議[⑥] 不可勝聽 敢私鑄鐵器煮鹽者 釱左趾[⑦] 沒入其器物 郡不出鐵者 置小鐵官[⑧] 便屬在所縣

① 少府소부

색은 위소가 말했다. "천자가 개인적으로 경비를 하사하는 곳이다. 공적으로 대사농에 소속시켜 사용하라는 것이다."

韋昭云 天子私所賜經用也 公用屬大司農也

② 牢盆뇌분

집해 여순이 말했다. "뇌牢는 녹봉이다. 옛날에는 늠廩을 뇌牢라고 했다. 분盆은 소금을 굽는 대야이다."

如淳曰 牢 廩食也 古者名廩爲牢也 盆者 煮鹽之盆也

색은 뇌분牢盆을 주는 것이다. 살펴보니 소림은 "뇌牢는 값이니, 오늘날 사람들이 '손품을 팔아 대야를 만드는 품삯'이라고 하는 것이다."라고 했는데, 진작은 소림의 말이 옳다고 했다. 악산은 뇌牢는 분盆의 명칭이라고 하여, 그 설명이 다르다.

予牢盆 按 蘇林云 牢 價直也 今代人言雇手牢盆 晉灼云蘇說是 樂產云 牢乃盆名 其說異

③ 浮食奇民부식기민

색은 기奇를 포개는 '기羈'로 발음했다. 기奇는 제후로, 농민이나 기술자의 무리가 아니므로 기奇라고 말했다.

奇 包愷音羈 諸侯也 非農工之儔 故言奇也

신주 부식浮食은 공덕에 비해 식록이 많은 것이고, 기민은 제후이니, 곧 공덕에 비해 식록이 많은 놀고먹는 제후를 가리킨다.

④ 擅管천관

집해 장안이 말했다. "사람이 창고의 열쇠를 가진 것과 같다. 혹자는 관管은 '고固'의 의미라고 했다."

張晏曰 若人執倉庫之管籥 或曰管 固

색은 천관擅筦이다. 筦은 '관管'으로 발음한다. 앞 글자는 '선善'으로 발음한다.

擅筦 音管 上音善

⑤ 羨선

색은 羨은 '언[弋戰反]'으로 발음한다. 선羨은 '넉넉하다'이며 '넘치다'와 뜻이 동일하다.

弋戰反 羨 饒也 與衍同義

⑥ 沮事之議저사지의

색은 저沮는 '막다'이다. 공근孔僅 등이 산이나 바다에 저장된 것은 마땅히 대농大農에 속해야 한다고 말했다. 제후들이 이익을 제멋대로 하려고 반드시 저지해야 한다는 의논이 있었으나, 이것은 들어줄 수 없다는 뜻이다.

沮 止也 僅等言山海之藏宜屬大農 奇人欲擅利 必有沮止之議 此不可聽許也

⑦ 釱左趾체좌지

집해 《사기음은》에서 말한다. "체釱(차꼬)는 '데[徒計反]'로 발음한다." 위소가 말했다. "체釱는 쇠로 만들어 왼쪽 발에 부착해서 발꿈치를 대신한다."

史記音隱曰 釱音徒計反 韋昭曰 釱 以鐵爲之 著左趾以代刖也

색은 살펴보니 《삼창》에서 "체釱는 족쇄로서 발에 채우는 차꼬이다."라고 했다. 《자림》에서 '데[徒計反]'로 발음한다고 했다. 장비의 《한진율서》에서 "모양이 족의足衣와 같고 왼쪽 발아래에 부착하며 무게는 6근이다. 다리를 자르는 벌로 대신하는데, 위무제魏武帝(조조) 때에 이르러 발을 자르는 벌로 대신하도록 고쳤다."라고 한다.

按 三蒼云 釱 踏腳鉗也 字林徒計反 張斐漢晉律序云 狀如跟衣 著(足)〔左〕足下重六斤 以代臏 至魏武改以代刖也

⑧ 小鐵官소철관

집해 등전이 말했다. "소철관은 옛날 쇠를 주조했다."

鄧展曰 鑄故鐵

공근과 동곽함양으로 하여금 역참의 수레를 타고 돌면서 천하의 철과 소금과 관련된 일을 널리 집행하는 관부官府를 만들게 했다. 또 이전에 염철업으로 부자가 된 자를 제수하여 관리로 삼았다. 이에 벼슬길이 더욱 복잡해지고 관리 선발제도가 없어져 장사꾼들이 많아졌다. 장사꾼들은 화폐 제도 개혁에 편승해서 많은 재물을 쌓아 이익을 챙겼다.

이에 공경들이 건의했다.

"군국에서 재해를 많이 입자 가난한 백성 중 산업을 잃은 자를 모집해서 개간하지 않은 넓고 풍요로운 지역으로 옮겼습니다. 폐하께서도 반찬을 줄이시어 비용을 절약하셨습니다. 궁 안의 돈을 내어 백성을 진휼하시고 대여료와 조세도 관대히 해주셨습니다. 그러나 백성은 아울러[①] 남쪽의 경지로 나가지 않아 상인들만 더욱 많아졌습니다. 가난한 자들은 저축해 둔 것이 없어 모두 조정만 바라봅니다. 이전에[②] 초거세軺車稅[③]나 상인들의 민전세緡錢稅[④]를 부과할 때 모두 차등을 두었으니 옛날과 같이 부과하기를 청합니다.

使孔僅 東郭咸陽乘傳舉行天下鹽鐵 作官府 除故鹽鐵家富者爲吏 吏道益雜 不選 而多賈人矣 商賈以幣之變 多積貨逐利

於是公卿言 郡國頗被菑害 貧民無產業者 募徙廣饒之地 陛下損膳省用 出禁錢以振元元 寬貸賦 而民不齊①出於南畝 商賈滋衆 貧者畜積無有 皆仰縣官 異時②算軺車③賈人緡錢④皆有差 請算如故

① 齊제

집해 이기가 말했다. "제齊는 '모두'이다."

李奇曰 齊 皆也

② 異時이시

색은 이시는 '옛 시절'과 같다.

異時猶昔時也

③ 算軺車산초거

색은 《설문》에서 "초軺는 작은 수레이다."라고 했다. 《부자》에서 "한나라 때는 초軺를 타는 것을 천하게 여겼으나 지금은 귀하게 여긴다."라고 했다. '초거에 세금을 매긴다.'라고 한 것은 초거가 있으면 세금 1산算이나 2산을 내게 했다.

說文云 軺 小車也 傅子云 漢代賤乘軺 今則貴之 言算軺車者 有軺車使出稅一算二算也

④ 緡錢 민전

집해 이비가 말했다. "민緡은 '실'이며 돈을 꿰는 것이다. 1관은 1,000전錢이고 (세금) 20산을 낸다. 《시경》에 '실은 오로지 돈 꿰는 끈'이라고 했다." 여순이 말했다. "호공胡公이 돈을 민緡이라고 이름한 것은 《시경》에서 '어수룩한 저 백성, 베를 안고 실을 사러 왔다네.'라고 했으므로 민緡이라고 일렀다."

李斐曰 緡 絲也 以貫錢也 一貫千錢 出二十算也 詩云 維絲伊緡 如淳曰 胡公名錢爲緡者 詩云 氓之蚩蚩 抱布貿絲 故謂之緡也

색은 緡은 '민旻'으로 발음한다. 민緡은 명주실로 꼰 노끈이며 돈을 꿴다. 1,000전은 20산을 낸다.

緡音旻 緡者 絲繩以貫錢者 千錢出二十算也

> 모든 상공업자인 임대업자, 매매업자, 매점매석업자[①]와 장사로 이익을 취하는 자는 비록 시적市籍(영업등록증)이 없더라도 각각 스스로 재물을 조사하여 신고하게 해서[②] 대략 민전緡錢 2천에 세금 1산을 내게 하십시오.[③] 여러 수공업자와 주조업자[④]는 모두 민전 4천에 1산을 내게 하십시오. 관리와 버금가는 삼로三老와 북쪽 변방의 기사騎士가 아닌데도[⑤] 초거가 있으면 1산을, 상인들은 초거 1대에 2산을,[⑥] 배의 크기가 5장 이상이면 1산을 내게 하십시오. 숨기고 스스로 신고하지 않거나 신고를 다하지 않으면[⑦] 1년 동안 변방을 지키게 하고 민전을 몰수하십시오. 이를 고발하는 자에게는 절반을 주십시오. 상인 중 등록증을 둔 자와 그 가속에 이르기

까지 모두 자기 명의의 밭을 소유하지 못하게 해서[8] 농민에게 편익을 주고, 감히 법령을 어기면 전답과 동복을 몰수하십시오.[9]"

諸賈人末作貰貸賣買 居邑稽[1]諸物 及商以取利者 雖無市籍 各以其物自占[2] 率緡錢二千而一算[3] 諸作有租及鑄[4] 率緡錢四千一算 非吏比者三老 北邊騎士[5] 軺車以一算 商賈人軺車二算[6] 船五丈以上一算 匿不自占 占不悉[7] 戍邊一歲 沒入緡錢 有能告者 以其半畀之 賈人有市籍者 及其家屬 皆無得籍名田[8] 以便農 敢犯令 沒入田僮[9]

① 稽계

색은 계稽는 '멈춤'이며 '머무르다'이고, 곧 윗글에서 이른바 매점매석이다.

稽者 停也 留也 即上文所謂 廢居居邑也

② 其物自占기물자점

색은 살펴보니 곽박은 "점占은 스스로 몰래 헤아리는 것이다."라고 했으니, 각각 몰래 그 재물의 많고 적은 것을 조사하고 문부文簿를 만들어 관청에 보내는 것을 이른다. 만약 모두 기록하지 않으면, 모두 관청에서 몰수했다. 占은 '점[之贍反]'으로 발음한다.

按 郭璞云 占 自隱度也 謂各自隱度其財物多少 爲文簿送之官也 若不盡 皆沒入於官 音之贍反

③ 緡錢二千而一算민전이천이일산

집해 신찬이 말했다. "이 민전은 돈을 꿰미에 꿰어 쌓아 둔 것이다. 그러므로 그 사용처에 따라 베풀어지는 것이니, 이익이 무거운 곳에 베풀어지면 그 산算이 또한 많아진다."

瓚曰 此緡錢爲是儲緡錢也 故隨其用所施 施於利重者其算亦多

④ 諸作有租及鑄제작유조급주

집해 여순이 말했다. "수공업으로 만들어서 판매하는 것이다."

如淳曰 以手力所作而賣之

⑤ 非吏比者三老北邊騎士비리비자삼로북변기사

집해 여순이 말했다. "관리가 아니나 관리에 비할 수 있는 자이며 삼로三老나 북방의 기사騎士를 이른다. 누선장군이 변방 군에 영을 내려 부유한 자를 선발해 거기사車騎士로 삼았다."

如淳曰 非吏而得與吏比者 官謂三老 北邊騎士也 樓船令邊郡選富者爲車騎士

⑥ 商賈人軺車二算상고인초거이산

집해 여순이 말했다. "상인이 초거가 있으면 2산을 내게 하는데 그 세금이 무겁다."

如淳曰 商賈有軺車 使出二算 重其賦也

⑦ 占不悉점불실

색은 실悉은 '다함'이며 '모두'이다. 만약 집안의 재산을 통틀어 다 신고하지 않으면, 벌로 한 해 동안 변방을 지킨다.

悉 盡也 具也 若通家財不周悉盡者 罰戍邊一歲

⑧ 無得籍名田무득적명전

색은 상인 중에 영업등록증이 있으면 자기 명의로 밭을 점유하는 것을 허락하지 않는다는 말이다.

謂賈人有市籍 不許以名占田也

⑨ 沒入田僮몰입전동

색은 만약 상인이 다시 밭을 점유하면 그 전답과 동복들을 몰수해 모두 관청으로 들인다.

若賈人更占田 則沒其田及僮僕 皆入之於官也

재정 조달을 위한 혹정

무제는 이에 복식卜式의 말을 생각하고 그를 불러서 제수하여 중랑中郞으로 삼았다. 또 좌서장左庶長의 작위와 경지 10경頃[①]을 하사하고 천하에 선포해 밝게 알렸다. 애초에 복식은 하남군 사람으로 농사와 목축을 했다. 부모는 돌아가셨는데 복식에게는 어린 동생이 있었다. 동생이 장성하자 복식은 자신이 벗어나 분가해 나오면서 단지 기르던 100여 마리의 양만을 취하고, 밭과 집과 재물들은 모두 동생에게 주었다.

복식이 산으로 들어가 목축을 한 지 10여 년 만에, 양이 천여 마리에 이르고 밭과 집을 매입했다. 그리고 그의 동생이 사업에 실패하여 다 없어질 때마다 복식은 번번이 다시 동생에게 나누어 준 것이 여러 차례였다. 이때 한나라에서 자주 장수를 보내 흉노를 칠 때였는데, 복식이 글을 올려 재산의 절반을 조정에 바쳐서 변방을 돕기 원한다고 했다.

天子乃思卜式之言 召拜式爲中郎 爵左庶長 賜田十頃[①] 布告天下 使明知之 初 卜式者 河南人也 以田畜爲事 親死 式有少弟 弟壯 式脫身出分 獨取畜羊百餘 田宅財物盡予弟 式入山牧十餘歲 羊致千餘頭 買田宅 而其弟盡破其業 式輒復分予弟者數矣 是時漢方數使將擊匈奴 卜式上書 願輸家之半縣官助邊

① 十頃십경

신주 고대 중국에서는 경전 1경이 100무에 해당하고, 사방 6척이 1보步, 100보가 1무畝였다. 그러나 진秦나라 이후는 240보를 1무로 정하였기 때문에 한고조도 이에 따라 1무는 240보, 1경은 100무로 정했다.

> 천자가 사자를 보내서 복식에게 물었다.
> "관리가 되고 싶은가?"
> 복식이 말했다.
> "신은 어려서부터 목축만 하고 관리의 일을 익히지 않아서 원하지 않습니다."
> 사자가 물었다.
> "집안에 무슨 원한이 있다거나 말하고 싶은 일이 있는가?"
> 복식이 대답했다.
> "신은 살아오면서 남과 분쟁이 없었습니다. 저는 우리 읍邑의 가난한 자에게는 베풀고 착하지 않은 자는 가르쳐 따르게 하였으므로 여기에 사는 사람들이 모두 저를 따르는데, 제가 무슨 까닭으로 남에게 원한이 있겠습니까? 말하고 싶은 것이 없습니다."
> 사자가 말했다.
> "진실로 이와 같다면 그대는 무엇 때문에 그렇게 하였는가?"
> 복식이 대답했다.
> "천자께서 흉노를 주벌하시니 현량한 자는 마땅히 변방에서 죽음으로써 절의를 지키고 재물이 있는 자는 마땅히 창고로 재산을 보내야 한다고 생각했습니다. 이렇게 하면 흉노는 소멸될 수 있을 것입니다."

사자가 그의 말을 자세히 기록하고 들어와 천자에게 아뢰었다.
天子使使問式 欲官乎 式曰 臣少牧 不習仕宦 不願也 使問曰 家豈有冤欲言事乎 式曰 臣生與人無分爭 式邑人貧者貸之 不善者教順之 所居人皆從式 式何故見冤於人 無所欲言也 使者曰 苟如此 子何欲而然 式曰 天子誅匈奴 愚以爲賢者宜死節於邊 有財者宜輸委 如此而匈奴可滅也 使者具其言入以聞

무제가 이 일을 승상 공손홍에게 의논하니 공손홍이 말했다.
"이것은 일반적인 사람의 마음이 아닙니다. 그리고 제 법도를 따르지 않는 신하는 교화할 수 없게 하고 법을 어지럽히니, 원컨대 폐하께서는 허락하지 마십시오."
이에 무제는 오랫동안 복식에게 (벼슬할 것을) 묻지 않았고, 여러 해 만에야 복식을 놓아주었다. 복식은 돌아와서 다시 농사와 목축을 했다. 한 해 남짓 되어 때마침 군대가 자주 출동하자 혼야왕渾邪王 등이 항복했으나, 조정의 비용이 많이 들어 창고가 텅 비었다. 그 다음해에 가난한 백성이 많이 옮겨와서 모두 관청에서 주는 것만 바라보았으나, 넉넉하게 다 줄 수가 없었다. 복식은 가지고 있던 20만 전을 하남태수에게 주어 이주한 백성에게 대주게 했다.
天子以語丞相弘 弘曰 此非人情 不軌之臣 不可以爲化而亂法 願陛下勿許於是上久不報式 數歲 乃罷式 式歸 復田牧 歲餘 會軍數出 渾邪王等降 縣官費衆 倉府空 其明年 貧民大徙 皆仰給縣官 無以盡贍 卜式持錢二十萬予河南守 以給徙民

하남태수가 가난한 자들을 도운 부자들의 명부를 올렸는데, 천자가 복식의 이름을 발견하자 그를 알아보고 말했다.
"이 사람은 진실로 지난날에도 그의 가산의 절반을 보내서 변방을 도우려 했다."
이에 복식에게 변방을 수자리하는 자① 400명을 하사했다. 그러나 복식은 또 모두를 관청으로 다시 보냈다. 이때 부호들은 모두 다투어 재산을 숨겼는데, 오직 복식은 더욱 보내서 경비에 보태고자 했다. 무제는 이에 복식을 마침내 덕망이 있는 사람으로 여겼다. 그러므로 지위를 높이고 이름을 드러나게 해서 백성을 깨우치도록 했다.
河南上富人助貧人者籍 天子見卜式名 識之曰 是固前而欲輸其家半助邊 乃賜式外繇①四百人 式又盡復予縣官 是時富豪皆爭匿財 唯式尤欲輸之助費 天子於是以式終長者 故尊顯以風百姓

① 外繇외요

집해 《한서음의》에서 말한다. "외요는 변방에서 수자리하는 것을 말한다. 1인당 300전을 내는 것을 과경過更이라고 이른다. 복식은 해마다 12만전을 얻은 것이다. 일설에는 요역繇役에서 제외됨이 있어 400명분의 부역을 면제받았다고 한다."
漢書音義曰 外繇謂戍邊也 一人出三百錢 謂之過更 式歲得十二萬錢也 一說在繇役之外得復除四百人

애초에, 복식은 낭관이 되는 것을 원하지 않았다. 주상이 말했다.
"나에게 상림원에 양이 있는데 그대가 길렀으면 하네."
복식이 이에 낭관에 제수되어 베옷에 짚신[1]을 신고 양을 길렀다. 한 해 남짓 되어 양이 살찌고 번식했다. 무제가 지나가다가 양을 보고 칭찬했다. 복식이 말했다.
"유독 양뿐만이 아닙니다. 백성을 다스림도 또한 이와 같습니다. 제때에 활동하게 하고, 병들어 나쁜 것은 바로 제거해서 무리에게 전염되지 않도록 해야 합니다."
무제가 복식을 기특하게 여겨 하남군 구지緱氏 현령으로 제수하여 그를 시험하였는데 구지 사람들이 편안하게 여겼다. 자리를 옮겨 하남군 성고成皐 현령으로 삼으니 조운을 다스리는 데 최고였다. 이에 무제는 복식이 소박하고 충성스럽다고 여겨 제왕齊王의 태부太傅로 제수했다.

初 式不願爲郎 上曰 吾有羊上林中 欲令子牧之 式乃拜爲郎 布衣屩[2]而牧羊 歲餘 羊肥息 上過見其羊 善之 式曰 非獨羊也 治民亦猶是也 以時起居 惡者輒斥去 毋令敗群 上以式爲奇 拜爲緱氏令試之 緱氏便之 遷爲成皐令 將漕最 上以爲式朴忠 拜爲齊王太傅

① 屩갹

집해 위소가 말했다. "갹은 짚신이다."

韋昭曰 屩 草扉

공근은 천하의 철을 주조하는 자들에게 기구를 제작토록 지휘해서 3년이 된 해에 대사농에 제수되어 9경의 반열에 올랐다.① 상홍양은 대농승이 되어 모든 회계의 일을 관장하고 차차로 균수령均輸令②을 두어 화물을 소통시켰다. 처음으로 하급관리에게 곡물을 헌납하게 하여 관직에 보임했는데, 낭郞의 벼슬이 600섬에 이르렀다.
而孔僅之使天下鑄作器 三年中拜爲大農 列於九卿① 而桑弘羊爲大農丞 筦諸會計事 稍稍置均輸② 以通貨物矣 始令吏得入穀補官 郎至六百石

① 列於九卿 열어구경

집해 서광이 말했다. "원정 2년(서기전 115)으로, 이때는 병인년이다."
徐廣曰 元鼎二年 時丙寅歲也

② 均輸 균수

집해 맹강이 말했다. "마땅히 관청에 보내야 할 여러 것은 모두 그 땅에서 많이 나는 것으로 하여 그 당시의 물가를 안정시키고, 관청에서는 다시 다른 곳에 판매한다. 수송하는 자에게는 편익이 되었고 관청에는 이익이 있었다.《한서》〈백관표〉에는 대사농의 속관에 균수령均輸令이 있다."
孟康曰 謂諸當所輸於官者 皆令輸其土地所饒 平其所在時價 官更於他處賣之 輸者既便而官有利 漢書百官表大司農屬官有均輸令

신주 균수법은 한무제 때 시행된 재정 정책 중 하나이다. 국가가 가격이 싼 지방의 물품을 조세 대신 받아 두었다가 비쌀 때 팔아서 물가를 조절하는 방법이다. 균수령은 이를 담당하는 관리이다.

백금과 오수전을 주조한 지 5년이 지나서, 관리와 백성 중에 금전을 몰래 주조하여 사형의 처분을 받은 수십만 명을 사면했다. 그 일이 발각되지 않아서 (죄가) 상쇄된 자도 이루 다 헤아릴 수가 없었다. 자수하여 사면받은 자만 100여만 명이었다. 그러나 자수한 자는 절반도 되지 않았다. 천하의 사람들이 대부분 아무런 생각 없이[①] 모두 금전을 주조했기 때문이다. 법을 어긴 자가 많아서 관리가 다 처형할 수 없었다. 이에 박사 저대褚大와 서언徐偃 등을 파견하고, 무리를 나누어[②] 군국을 순행하게 해서 금력金力과 토지를 겸병한 무리와 서로 이익이 되는 것만 손에 넣으려는 자들을 검거했다.

自造白金五銖錢後五歲 赦吏民之坐盜鑄金錢死者數十萬人 其不發覺相殺者 不可勝計 赦自出者百餘萬人 然不能半自出 天下大抵無慮[①]皆鑄金錢矣 犯者衆 吏不能盡誅取 於是遣博士褚大 徐偃等 分曹[②]循行郡國 舉兼并之徒守相爲利者

① 大抵無慮 대저무려

색은 抵는 '저抵'로 발음한다. 저는 '돌아가다'이다. 유씨는 "대저는 대략과 같다."라고 했다. 살펴보니 '대저 생각이 없다.'라는 것은 대략 다시 돈을 주조함에 마음을 돌리고, 다시 다른 일을 따를 생각이 없다는 말이다.

抵音氐 抵 歸也 劉氏云 大抵猶大略也 案 大抵無慮者 謂言大略歸於鑄錢 更無他事從慮

② 分曹분조

집해 복건이 말했다. "관청의 직분을 나누어 조사했다."

服虔曰 分曹職案行

그리고 어사대부 장탕張湯은 바야흐로 성대하고 귀해져 권세를 부렸다. 감선減宣과 두주杜周 등은 어사중승이 되었다. 의종義縱, 윤제尹齊, 왕온서王溫舒 등은 준엄하고 가혹하게 법을 적용함으로써 9경이 되었다.① 그리고 수의직지繡衣直指② 하란夏蘭의 무리가 처음으로 나왔다.

而御史大夫張湯方隆貴用事 減宣 杜周等爲中丞 義縱 尹齊 王溫舒等用慘急刻深爲九卿① 而直指②夏蘭之屬始出矣

① 減宣～爲九卿감선～위구경

신주 여기에 등장하는 인물들은 모두 〈혹리열전〉에 나온다.

② 直指직지

신주 한무제 때 황제의 명을 받고 민정을 시찰하던 일종의 비밀 경찰이다. 그들이 수의繡衣를 입고 활동을 한 까닭으로 무제는 '수의사繡衣使', '수의어사御史', '수의직지直指' 등으로 불렀다.

대사농 안이顔異가 처형되었다. 애초에 안이는 제남군의 정장亭長이었는데 청렴하고 강직하여 차차로 9경에 이르렀다. 무제가 장탕과 함께 흰 사슴 가죽으로 화폐를 제조하고 나서 안이에게 물으니, 안이가 대답했다.

"지금 왕이나 제후들이 조회를 하면서 푸른 벽옥으로 하례를 하는데 가치가 수천입니다. 그러나 푸른 벽옥에 꽂아서 올리는 가죽이 도리어 40만 전이니 본말이 서로 맞지 않습니다."

무제가 불쾌하게 여겼다. 또한 장탕이 안이와 틈이 있었는데, 어떤 사람이 안이에게 다른 뜻이 있다고 고변을 하자 사건을 장탕에게 내려 안이를 치죄하게 했다. 안이가 손님과 이야기를 나누었는데, 손님이 처음에 조령을 내린 것에 불편한 점이 있다고 말했다.② 안이가 응대하지는 않았으나 미세하게 입술을 씰룩거렸다. 그러자 장탕이 주청하여, 마땅히 안이는 9경으로 조령이 불편한 것을 보고도 들어와서 말하지 않고 속으로 비난했으니, 사형으로 판결한다고 했다.

이러한 일이 있은 뒤로는 복비腹誹③의 법이 생기니, 이에 견주어 공경과 대부들이 대부분 아첨하는 안색을 가지게 되었다.

而大農顔異誅① 初 異爲濟南亭長 以廉直稍遷至九卿 上與張湯既造白鹿皮幣 問異 異曰 今王侯朝賀以蒼璧 直數千 而其皮薦反四十萬 本末不相稱 天子不說 張湯又與異有郤 及有人告異以它議 事下張湯治異 異與客語 客語初令下有不便者② 異不應 微反脣 湯奏當異九卿見令不便 不入言而腹誹 論死 自是之後 有腹誹③之法(以此)〔比〕 而公卿大夫多諂諛取容矣

① 顔異誅안이주

집해 서광이 말했다. "원수 4년으로, 이때는 임술년이다."

徐廣曰 元狩四年 時壬戌歲也

② 客語初令下有不便者객어초령하유불편자

집해 이기가 말했다. "안이가 손님과 이야기하는데, 조령을 처음 내린 방법에 불편한 곳이 있었다는 뜻이다."

李奇曰 異與客語 道詔令初下 有不便處也

③ 腹誹복비

신주 입으로는 말하지 않고 속으로는 비웃는 것을 말한다. 《한서》 〈식화지〉에는 '복비腹非'로 되어 있다.

천자가 이미 민전령을 내리고 복식을 존중하도록 했으나, 백성들은 끝까지 재산을 나누어 조정을 도우려고 하지 않았다. 이에 민전을 제멋대로 한 자들을 고발했다. 군국에서는 간교하게 돈을 주조한 것들이 많아① 돈의 무게가 가벼워졌다. 그래서 공경들이 수도의 종관鍾官에게 적측전赤側錢②을 주조케 하라고 청했다. 1개당 5전으로 하고 세금이나 관에서 쓰는 것은 적측전③이 아니면 통하지 않게 했다. 백금 값도 점점 떨어져 백성들이 보배로 사용하지 않자, 조정에서는 명령을 내려 금지시켰으나 이익이 없었다. 한 해 남짓 지나자 백금을 끝내 없애고 쓰지 않았다. 이 해에 장탕이

죽었으나④ 백성은 그를 사모하지 않았다.⑤

天子既下緡錢令而尊卜式 百姓終莫分財佐縣官 於是(楊可)告緡錢縱矣 郡國多姦鑄錢① 錢多輕 而公卿請令京師鑄鍾官赤側② 一當五 賦官用非赤側③不得行 白金稍賤 民不寶用 縣官以令禁之 無益 歲餘 白金終廢不行 是歲也 張湯死④而民不思⑤

① 多姦鑄錢다간주전

색은 간교함이 많아 아연과 주석을 섞은 것을 이른다.

謂多姦巧 雜以鉛錫也

② 鍾官赤側종관적측

집해 여순이 말했다. "적동으로 그 둘레를 만들었다. 지금 돈에 붉은 테두리가 있는 것이 보이는데, 제작법을 모른다고 함은 무엇인가?"

如淳曰 以赤銅爲其郭也 今錢見有赤側者 不知作法云何

색은 종관은 적측전을 주관하여 만들었다. 위소는, 측은 가장자리라고 했다. 그래서 진작은 "적동으로 테두리를 했다. 지금 돈에 붉은 테두리가 있는 것이 보인다."라고 했다.

鍾官掌鑄赤側之錢 韋昭云 側 邊也 故晉灼云 以赤銅爲郭 今錢見有赤側者

③ 赤側적측

집해 《한서음의》에서 말한다. "세속에서 말하는 자감전이다."

漢書音義曰 俗所謂紫紺錢也

④ 張湯死장탕사

집해 서광이 말했다. "원정 3년이다."

徐廣曰 元鼎三年

⑤ 民不思민불사

색은 악산이 말했다. "여러 가지를 없애고 일으켜서 위에 붙어 아래를 곤경에 빠뜨렸는데, 모두 장탕에서 비롯되었다. 그러므로 사람들이 그를 사모하지 않았다."

樂產云 諸所廢興 附上困下 皆自湯 故人不思之也

신주 장탕은 천하의 혹리酷吏로 유명했다. 계속 신임을 얻고 권력이 커지자 모함을 당했고, 이를 불명예로 여긴 장탕은 자살했다. 이후 무제는 그의 집안을 우대했고, 아들 장안세張安世를 등용시켜 중용했다. 이후 장안세는 곽광霍光 이후에 실권을 잡았으며, 집안은 계속 명문가를 유지했다. 〈혹리열전〉에 자세하다.

그 2년 뒤에 적측전의 값어치가 떨어지고 백성은 법을 교묘하게 사용하니 불편하여 또 폐지했다. 이에 군국에서 돈을 주조하는 것을 모두 금지시키고 오로지 상림上林의 3관官①에서만 주조하게 했다. 돈이 이미 많은지라, 3관에서 주조한 돈이 아니면 천하에 유통하지 못하게 했다. 각 군국에서 예전에 주조한 돈은 모두 폐기해 녹이고 그 구리만을 3관으로 보내게 했다. 이로써 백성이 주조하는 돈이 더욱 줄어들었는데, 그 비용을 따졌을 때 돈의 가치가 서로 맞지 않았기 때문이다. 오직 재주가 매우 간교한 자들만이 몰래 돈을 만들었다.

其後二歲 赤側錢賤 民巧法用之 不便 又廢 於是悉禁郡國無鑄錢 專令上林三官①鑄 錢既多 而令天下非三官錢不得行 諸郡國所前鑄錢皆廢銷之 輸其銅三官 而民之鑄錢益少 計其費不能相當 唯真工大姦乃盜爲之

① 上林三官상림삼관

집해 《한서》〈백관표〉에서 말한다. "수형도위는 무제 원정 2년에 처음 설치하여 상림원을 관장하고 속관으로 상림균수, 종관, 변동령辨銅令이 있었다." 그렇다면 상림의 3관은 이 3령인가?

漢書百官表 水衡都尉 武帝元鼎二年初置 掌上林苑 屬官有上林均輸 鍾官 辨銅令 然則上林三官 其是此三令乎

복식은 제나라 재상이 되었다. 양가楊可가 온 천하에 두루 고민령告緡令①을 내리자 중산층 이상은 대부분 고발되었다. 두주杜周가 치죄를 함에 판결이 뒤집히는 일은 적었다.② 이에 어사, 정위, 정감을 나누어 파견하고, 무리를 나누어③ 가게 해서 군국의 민전을 다스리게 했다. 그래서 백성에게 걷은 재물은 억億을 헤아렸고, 노비는 천만을 헤아렸다. (몰수한) 밭이 큰 현에서는 수백 경이었고, 작은 현에서는 1백여 경이었으며, 주택 또한 이와 같았다.

이 때문에 중산층 이상의 상인은 대부분 파산했다. 백성들은 몰래 맛있는 음식에 좋은 옷을 찾고 비축하는 산업을 일삼지 않았다. 그러나 조정은 염철鹽鐵이나 민전緡錢의 일이 있었기 때문에 그 재정이 더욱 풍요로웠다. 함곡관을 더욱 넓히고④ 좌우에 보도위補都尉를 두었다.

卜式相齊 而楊可告緡①偏天下 中家以上大抵皆遇告 杜周治之 獄少反者② 乃分遣御史廷尉正監分曹③往 即治郡國緡錢 得民財物以億計 奴婢以千萬數 田大縣數百頃 小縣百餘頃 宅亦如之 於是商賈中家以上大率破 民偷甘食好衣 不事畜藏之產業 而縣官有鹽鐵緡錢之故 用益饒矣 益廣關④ 置左右輔

① 楊可告緡양가고민

집해 신찬이 말했다. "상인이 쌓아놓은 것과 공예품은 잠업이나 농업으로 생산된 것이 아니므로 민緡(돈꿰미)이라고 일렀다. 《무릉중서》에 민전緡田의 노비가 있다고 한 것이 이것이다."

瓚曰 商賈居積及伎巧之家 非桑農所生出 謂之緡 茂陵中書有緡田奴婢是也

색은 성은 양楊이고 이름은 가可이다. 여순이 말했다. "고민이란 양가楊可를 시켜 민을 다 신고하지 않은 자를 고발하게 한 것이다."

姓楊 名可 如淳云 告緡者 令楊可告占緡之不盡者也

신주 고민령은 한나라에서 시행했던 세법으로 탈세 행위를 강하게 제재한 것이다. 한고조 유방은 억상抑商정책을 실시해 대상인들에게 많은 액수의 산민算緡, 즉 재산세를 거두었다. 이 제도는 혜제와 여후 때 일시 폐지되었다가 무제가 즉위하면서 흉노, 남월, 조선 정벌 등을 위해 막대한 재정이 필요해지자 장탕張湯과 상홍양桑弘羊 등에게 다시 실시하게 했다. 무제는 원광 6년(서기전 129) '초산상거령初算商車令'을 내려 상인들이 갖고 있는 수송 수단에 대해 과세했고, 원수 4년(서기전 119)에는 '초산민전령初算緡錢令'을 내려 상인들의 재산에 중과세했다.

상인들이 이에 반발해 재산 규모를 속이자 원정 3년(서기전 114) '고민령'을 내려 백성들에게 탈세를 고발하게 해서 탈세액의 절반까지 포상으로 주었다. 양가楊可가 고민령을 내리자 천하 사람들이 고발에 나서 '백성들에게 얻은 재물이 억을 헤아리고, 노비가 천만에 달했다'고 하는 상황이 되었다. 고민령으로 몰수한 토지가 큰 현은 수백 경이었고, 작은 현도 100여 경에 달해서 중등 이상의 상인들이 대거 파산하자 무제는 원봉 원년(서기전 110) 이후 고민령을 점차 중지시켰다. 고민령은 고조가 시행했던 억상책을 계승한 것으로, 조정의 수입이 늘어나면서 중앙집권화를 공고하게 했지만, 상인 세력이 큰 타격을 입으면서 상품경제 발전에는 장애가 되었다.

② 獄少反者옥소번자

집해 여순이 말했다. "돈꿰미를 숨기는 죄를 다스려 그 죄가 뒤집히는 일이 적었다."

如淳曰 治匿緡之罪 其獄少有反者

색은 反은 '번番'으로 발음한다. 反은 반대로 가벼운 벌을 따르게 함을 이른다. 살펴보니 유덕劉德이 경조윤이 되어 매양 현에 가서 뒤집어 판결한 바가 많다고 한 것이 이것이다.

反音番 反謂反使從輕也 案 劉德爲京兆尹 每行縣 多所平反是也

③ 分曹분조

색은 여순이 말했다. "조曹는 '무리'이다. 무리를 나누어 사자로 내보내는 것을 이른다."

如淳云 曹 輩也 謂分曹輩而出爲使也

④ 益廣關익광관

집해 서광이 말했다. "원정 3년 정묘년에 함곡관을 신안 동쪽 경내로 옮겼다."

徐廣曰 元鼎三年 丁卯歲 徙函谷關於新安東界

처음에 대사농은 염철관鹽鐵官을 관장해서 돈이 많아지자[①] 수형도위水衡都尉를 설치해 소금과 철을 주관하도록 하고자 했다. 그러나 양가의 고민령에 의해 돈꿰미가 들어와 상림원에 재물이 많아지자 수형도위가 상림원을 주관토록 명했다.
상림원은 이미 몰수한 재물로 가득 차서 더 확장을 했다. 이때에 월나라가 배를 이용해 한나라와 전쟁을 하려고 하자[②] 이에 곤명지昆明池를 크게 수리하고 궁실을 지어 주위를 두르게 했다. 그리고 누선樓船을 만들었는데 높이는 10여 장이고 그 위에 깃발을 달아놓으니 아주 장관이었다.[③] 이에 천자가 감탄하고 곧 백량대柏梁臺를 지었는데 높이가 수십 장이었다. 또 궁실도 보수하여 이로써 날마다 화려해졌다.

初 大農筦鹽鐵官布多[①] 置水衡 欲以主鹽鐵 及楊可告緡錢 上林財物衆 乃令水衡主上林 上林既充滿 益廣 是時越欲與漢用船戰逐[②] 乃大修昆明池 列觀環之 治樓船 高十餘丈 旗幟加其上 甚壯[③] 於是天子感之 乃作柏梁臺 高數十丈 宮室之修 由此日麗

① 布多포다

색은 포布는 화폐를 말한다.

布謂泉布

신주 돈이 많다는 뜻이다.

② 戰逐전축

집해 위소가 말했다. "전투에서 달리고 쫓는 것이다."

韋昭曰 戰鬭馳逐也

③ 昆明池～甚壯곤명지～심장

색은 대개 처음에 곤명지를 팔 때 전왕滇王과 싸우려고 했는데 지금은 다시 크게 수리해 장차 남월의 여가呂嘉와 싸워 쫓아내려고 했다. 그러므로 누선을 만들고 이에 양복楊僕에게 장군의 호칭을 주었다. 또 아래에 이르기를 "남쪽의 누선장군이 병졸 20여만 명으로 남월을 쳤다."라고 했다. 곤명지에는 예장관豫章館에 있다. 예장(오늘날 강서성 일대)은 지명인데, 장차 군대를 예장으로 출동시킨다는 말이다.

蓋始穿昆明池 欲與滇王戰 今乃更大修之 將與南越呂嘉戰逐 故作樓船 於是楊

僕有將軍之號 又下云 因南方樓船卒二十餘萬擊南越也 昆明池有豫章館 豫章地名 以言將出軍於豫章也

> 또 민전을 여러 관부에 분배하여 수형도위, 소부, 대농, 태복 등에 각각 농관農官을 두고, 이따금 군과 현에 나아가 몰수한 밭①을 조사해서 농사를 짓게 했다. 몰수된 노비들은 여러 원苑으로 분산시켜 개, 말, 새, 짐승을 기르게 하고 (이것들을) 여러 관부에도 보냈다. 여러 관부에서 잡다한 부서를 두어 관원이 많아졌고② 이주한 노비도 많아졌다. 이에 하수의 뱃길을 따라 400만 섬을 나르고③ 관청에서 직접 식량을 사서 공급해야 충족할 수 있었다.④
>
> 乃分緡錢諸官 而水衡少府大農太僕各置農官 往往即郡縣比沒入田①田之 其沒入奴婢 分諸苑養狗馬禽獸 及與諸官 諸官益雜置多② 徒奴婢衆 而下河漕度③四百萬石 及官自糴乃足④

① 沒入田몰입전

색은 예전에 몰수했던 밭에 버금간다.

比昔所沒入之田也

② 諸官益雜置多제관익잡치다

집해 여순이 말했다. "수형, 소부, 태복, 사농에 모두 농관農官을 두었으니, 이것이 많아진 것이다."

如淳曰 水衡少府太僕司農皆有農官 是爲多

③ 度도

색은 악산이 말했다. "도度는 '옮기다'와 같다."

樂產云 度猶運也

④ 自糴乃足자적내족

색은 살펴보니 천자가 창고에서 대주는 식량이 많다는 말이다. 그러므로 관청에서 직접 식량을 사야 충족되는 것이다.

按 謂天子所給廩食者多 故官自糴乃足也

> 소충所忠[①]이 건의했다.
> "세가[②]의 자제들과 부자 중 어떤 이는 닭싸움이나 개와 말의 경주, 사냥과 도박을 즐겨서 일반 백성[③]을 어지럽히고 있습니다."
> 이에 여러 법령을 어긴 자들을 징계했는데 연루된 자들이 수천 명이었다. 이들을 주송도株送徒[④]라고 명명했다. 재물을 바치는 자는 낭郎에 보임했는데, 이때부터 낭을 선출하는 제도가 쇠퇴했다.
> 所忠[①]言 世家[②]子弟富人或鬭雞走狗馬 弋獵博戲 亂齊民[③] 乃徵諸犯令 相引數千人 命曰株送徒[④] 入財者得補郎 郎選衰矣

① 所忠소충

색은 소충은 사람의 성명이다. 복건이 말했다. "옛 관직을 관장했다는 것은 사마상여의 글에서 취했는데, 《사기》 〈봉선서〉에서 공손경이 소충으로 인해 보정을 말했다고 한 것이 이것이다." 오직 요찰이 홀로 '소환所患'이라고 주장한 것은 잘못이다.

人姓名 服虔云 掌故官 取書於司馬相如者 封禪書公孫卿因所忠言寶鼎是也 唯姚察獨以爲所患 非也

② 世家세가

집해 여순이 말했다. "세가는 대대로 녹봉을 받는 집안이다."

如淳曰 世世有祿秩家

③ 齊民제민

색은 진작이 말했다. "중국에서 교육을 받은 단정한 사람이다."

晉灼云 中國被敎整齊之人也

④ 株送徒주송도

집해 응소가 말했다. "주株는 근본이다. 송送은 '이끌다'이다." 여순이 말했다. "주는 본바탕이다. 여러 도박하는 일에 연좌된 것을 해결하려는 무리는 돈을 납입하면 낭郞에 보임되었다. 어떤 이는 먼저 이른 자가 근根이라고 했다."

應劭曰 株 根本也 送 引也 如淳曰 株 根蔕也 諸坐博戲事決爲徒者 能入錢得補郎也 或曰 先至者爲根

색은 이기가 말했다. "먼저 이른 자가 괴주魁株(큰 뿌리)가 되었다." 응소는 "주株는 근본이다. 송送은 마땅히 '선選' 자가 되어야 하며 선은 인引이다."라고 했다. 응소와 이기가 두 발음이라고 한 것이 옳다. 먼저 이른 사람이 명령해 서로 이끌어, 그 뿌리와 근본을 얻는 것이고 가지와 잎사귀는 스스로 다한 것과 비슷하다. 그러므로 '주송도'라고 했다.

또 문영이 말했다. "무릇 닭싸움에서 승리한 자가 주가 된다." 전하는 말로는 "양구陽溝의 닭은 3년이면 주가 된다."라고 한다. 지금 닭싸움과 말달리기에 그것을 사용한다. 그래서 본래는 투계에서 승리했을 때의 이름이다. 그러므로 '주송도'라고 일렀다.

李奇云 先至者爲魁株 應劭云 株 根本也 送 當作選 選 引也 應 李二音是 先至之人令之相引 似若得其株本 則枝葉自窮 故曰 株送徒 又文穎曰 凡鬪雞勝者爲株 傳云 陽溝之雞 三歲爲株 今則鬪雞走馬者用之 因其鬪雞本勝時名 故云株送徒者也

평준을 완성한 상홍양

당시에 산동지방은 황하의 수해를 입었다. 이 때문에 해마다 수년에 걸쳐 흉년이 들자 사람들이 간혹 서로를 잡아먹는 일이 사방 1,000~2,000리에 걸쳐 있었다. 천자가 이를 애처롭게 여겨 조서를 내려 말했다.

"장강 남쪽은 화경수누火耕水耨①하는 곳이다. 굶주린 백성으로 하여금 강수와 회수 사이로 식량을 구하러 가는 것을 허락하고, 머무르고 싶은 자들은 그곳에 머물도록 하라."

그리고 사신을 보냈는데, 갓과 수레 덮개가 길에서 서로 이어질 정도였다. 이들을 보살피고 파와 촉의 곡식을 내려 구휼했다.

是時山東被河菑 及歲不登數年 人或相食 方一二千里 天子憐之 詔曰 江南火耕水耨① 令飢民得流就食江淮間 欲留 留處 遣使冠蓋相屬於道 護之 下巴蜀粟以振之

① 火耕水耨화경수누

집해 응소가 말했다. "풀을 태우고 물을 내려서 벼를 심으면 풀과 벼가 함께 자라 높이가 7~8치가 된다. 이때 다 베어 다시 물을 대면 풀은 죽고 벼만 홀로 자라는 것이 이른바 '화경수누'이다."

應劭曰 燒草 下水種稻 草與稻並生 高七八寸 因悉芟去 復下水灌之 草死 獨稻長 所謂火耕水耨也

그 다음해에 천자가 처음으로 군국을 순시했다. 동쪽으로 황하를 건넜는데, 하동태수는 행차가 이를 것을 생각하고 있지 않았으므로 대비하지 못해 자살하고 말았다. 서쪽으로 행차하여 농산을 넘었는데, 농서태수도 갑작스러운 행차에① 수행원들을 대접하지 못하고 자살했다. 이에 주상이 북쪽의 소관蕭關으로 나갔으며 수만 명의 기병들이 따라 신진중新秦中에서 사냥하고 변방의 군사를 사열하고 돌아왔다.

신진 지역 안에는 더러 1,000리에 이르러도 망루나 초소가 없어서② 이에 북지태수 이하를 처형했다. 그리고 백성으로 하여금 변방의 현에서도 목축을 하도록 했다.③ 관부에서는 어미 말을 빌려주고 3년에 한 번 돌려받았는데, 그 이자는 번식한 열 마리당 한 마리를 바치게 했다. 고민령告緡令을 없애서 신진 안을 채우는 데 사용했다.④

其明年 天子始巡郡國 東度河 河東守不意行至 不辨 自殺 行西踰隴 隴西守以行往卒① 天子從官不得食 隴西守自殺 於是上北出蕭關 從數萬騎 獵新秦中 以勒邊兵而歸 新秦中或千里無亭徼② 於是誅北地太守以下 而令民得畜牧邊縣③ 官假馬母 三歲而歸 及息什一 以除告緡 用充仞新秦中④

① 踰隴～以行往卒유농～이행왕졸

집해 《한서음의》에서 말한다. “유踰는 ‘건너다’이다. 졸卒은 ‘갑자기’이다.”
漢書音義曰 踰 度也 卒 倉卒也

② 無亭徼무정요

집해 여순이 말했다. “요徼는 또한 졸병이 도둑의 무리를 찾는 것이다.” 진작이 말했다. “요는 새塞(초소)이다.” 신찬이 말했다. “망루가 없는 데다 또 순찰도 하지 않아서 변방을 지킬 대비가 없는 것이다.”
如淳曰 徼 亦卒求盜之屬也 晉灼曰 徼 塞也 瓚曰 旣無亭候 又不徼循 無衛邊之備也

③ 令民得畜牧邊縣영민득축목변현

집해 《한서음의》에서 말한다. “백성들에게 변방의 현에서 목축을 하게 했다.” 신찬이 말했다. “이보다 앞서 신진중 천 리에는 백성은 없고 도적이 두려워 감히 목축을 못하므로 망루나 초소를 설치하도록 했다. 그러므로 백성이 목축을 할 수 있었다.”
漢書音義曰 令民得畜牧於邊縣也 瓚曰 先是 新秦中千里無民 畏寇不敢畜牧 令設亭徼 故民得畜牧也

④ 官假馬母～新秦中관가마모～신진중

집해 이기가 말했다. “변방에 관마官馬가 있으면 지금 백성에게 관청의 어미 말을 기르게 하고 3년을 채우면 돌려주게 했다. 번식함이 있으면 마땅히 세금을 내고 모두 다시 신진중에 거처하도록 해서 또 보충해서 그곳을 채웠다. 백성에게 어미 말을 주어서 말의 종자를 만들게 한 것이다. 열 마리의 어미 말을 주어서 관청에는 한 마리의 망아지가 돌아오게 하면 이것이 10분의 1의 번식이 되는 것이다."

신찬이 말했다. "앞에서 변방의 쓸 것이 부족했다. 그러므로 고민령을 두어 망루와 초소를 설치해 변방의 백성이 경계하지 않고 모두가 농사와 목축을 할 수 있게 했다. 신진중이 이미 충실하였으므로 고민령을 없애고 다시 백성에게 취하지 않았다."

李奇曰 邊有官馬 今令民能畜官母馬者 滿三歲歸之也 及有蕃息 與當出緡算者 皆復令居新秦中 又充仞之也 謂與民母馬 令得爲馬種 令十母馬還官一駒 此爲息什一也 瓚曰 前以邊用不足 故設告緡之令 設亭徼 邊民無警 皆得田牧 新秦中已充 故除告緡 不復取於民也

보정을 얻고 나서 후토사后土祠와 태일사太一祠①를 세우고 공경들이 봉선의 일을 의논했다. 그래서 천하의 군국이 모두 미리 도로와 다리를 정비하고 옛 궁전을 수리했다. 천자가 거동할 치도에 해당하는 현에서는 현의 관저를 정비했으며 연회에 쓸 모든 기구들을 마련하고 살펴서 행차를 기다렸다.

既得寶鼎 立后土 太一祠① 公卿議封禪事 而天下郡國皆豫治道橋 繕故宮 及當馳道縣 縣治官儲 設供具 而望以待幸

① 后土太一祠후토태일사

집해 서광이 말했다. "원정 4년에 후토사를 세우고 5년(서기전 112)에 태치를 세웠다."

徐廣曰 元鼎四年立后土 五年立泰畤

그 다음해 남월이 반란하고 서강西羌이 변방을 침략해 흉흉했다. 이에 천자는 산동이 넉넉하지 못하므로 천하의 죄수들을 사면했다. 남쪽을 따라 누선장군의 병졸 20여만 명으로 남월을 공격하고,① 수만 명을 징발해 삼하(하동, 하내, 하서) 서쪽으로 기병을 보내서 서강을 공격했다.② 또 수만 명은 황하를 건너서 영거③에 성을 쌓았다. 그리고 처음으로 장액군과 주천군을 설치했다.④ 상군, 삭방, 서하, 하서 지방의 개전관開田官과 보초를 서는 변방의 병졸⑤ 60만 명이 수자리를 하면서 농사를 짓게 했다.

其明年 南越反 西羌侵邊爲桀 於是天子爲山東不贍 赦天下〔囚〕因南方樓船卒二十餘萬人擊南越① 數萬人發三河以西騎擊西羌② 又數萬人度河築令居③ 初置張掖酒泉郡④ 而上郡朔方西河河西開田官 斥塞卒⑤ 六十萬人戍田之

① 二十餘萬人擊南越이십여만인격남월

신주 원정 5년, 이때 누선장군 양복이 직접 거느린 병졸은 10만이었다. 한나라는 네 방향으로 공격했는데, 아마 모두 합쳐 20만이 되었을 것이다. 그러나 총 10만 명을 잘못 썼을 가능성이 많다.

② 數萬人發三河以西騎擊西羌수만인발삼하이서기격서강

신주 《한서》〈무제기〉에 따르면, 원정 6년에 관중 서쪽인 농서군, 천수군, 안정군에서 기병을 징발하고 하남, 하내 등 삼하 지방에서 병졸 10만을 징발하여, 장군 이식李息과 낭중령 서자위徐自爲를 보내 서강을 쳤다고 나온다.

③ 令居영거

색은 令은 '영零'으로 발음한다. 요씨는 '연連'으로 발음한다고 했다. 위소가 말했다. "영거는 금성현이다."

令音零 姚氏音連 韋昭云 金城縣

신주 오늘날 감숙성 성도인 난주시蘭州市이다. 한나라 때 금성군 중심으로, 서쪽 하서회랑과 남쪽 농서로 통하는 길목이었다. 따라서 황하 상류지역을 통제하는 핵심이었다.

④ 張掖酒泉郡장액주천군

집해 서광이 말했다. "원정 6년(서기전 111)이다."

徐廣曰 元鼎六年

신주 원수 2년, 흉노 휴도왕 등이 투항함에 따라 하서회랑 지대에 무위군과 주천군을 둔다. 그러다가 이때 원정 6년에, 무위군을 나누어 장액군을, 주천군을 나누어 둔황군을 둔다.《한서》〈무제기〉에도 그렇게 나온다. 따라서 금성군 서쪽으로 이어진 하서회랑은 무위→장액→주천→둔황군 순서로 간다.

⑤ 斥塞卒척새졸

집해 여순이 말했다. "변방에서 보초와 순찰을 서는 졸병이다."

如淳曰 塞候斥卒

신주 이렇게 변방을 지키면서 농사를 짓는 것을 둔전이라고 한다. '개전관'은 둔전을 관리하는 관청이다.

중국(관중과 삼하 일대)에서는 도로를 보수하고 군량미를 수송하는데 먼 곳은 3,000리이고 가까운 곳은 천여 리인데 모두 대사농에게 공급을 바랐다. 변방의 병기가 부족하면 이에 무기고의 공관이 병기를 내어 부족한 것을 채웠다. 수레나 타는 말이 부족했지만, 조정의 자금이 모자라서 말을 사기가 어려웠다. 이에 법령을 만들어 봉군 이하 300섬 이상의 관리들에게 차등 있게 천하의 정亭(鄕 아래의 행정 단위)에서 암말을 내게 했다. 정에서는 암말을 기르도록 하고 해마다 번식한 것을 심사했다.

中國繕道餽糧 遠者三千 近者千餘里 皆仰給大農 邊兵不足 乃發武庫工官兵器以贍之 車騎馬乏絕 縣官錢少 買馬難得 乃著令 令封君以下至三百石以上吏以差出牝馬天下亭 亭有畜牸馬 歲課息

> 제나라 재상 복식이 글을 올려서 말했다.
> "신은 군주가 걱정을 하면 신하가 욕을 당하는 것이라고 들었습니다. 남월이 반란을 일으켰으니 신의 부자가 제나라의 배에 익숙한 자들과 함께 가서 죽기를 원합니다."
> 천자가 조서를 내려 말했다.
> "복식은 비록 몸소 농사를 짓고 가축을 길렀으나 이익만을 생각하지 않고 여유가 있으면 번번이 현관縣官의 비용을 도왔다. 지금 천하가 불행하게도 위급한 일이 생기니, 복식이 발분해서 부자가 함께 죽기를 원하고 있다. 비록 아직 전쟁에 나가지는 않았으나 의가

안으로 드러났다고 말할 수 있다. 관내후(봉토가 없는 제후)의 작위와 황금 60근과 밭 10경을 하사하노라."
이 일을 천하에 선포했으나 천하 사람들은 호응하지 않았다. 제후의 반열에 있는 자가 수백 명이었는데도① 종군해서 강과 월나라를 치려고 하는 자가 전혀 없었다.
齊相卜式上書曰 臣聞主憂臣辱 南越反 臣願父子與齊習船者往死之 天子下詔曰 卜式雖躬耕牧 不以爲利 有餘輒助縣官之用 今天下不幸有急 而式奮願父子死之 雖未戰 可謂義形於內 賜爵關內侯 金六十斤 田十頃 布告天下 天下莫應 列侯以百數① 皆莫求從軍擊羌越

① 列侯以百數 열후이백수

색은 유씨가 말했다. "그 많음을 백百으로 셈했다는 말이다. 그러므로 주금에 걸려 제후의 지위를 잃은 자가 106명이었다고 하였다."
劉氏言其多以百而數 故坐酎金失侯者一百六人

주금酎金을 올릴 때 소부에서 금을 살폈는데① 열후들 중 주금에 걸려 지위를 잃은 자가 1백여 명이었다.② 이에 복식을 제수하여 어사대부로 삼았다.③
복식이 어사대부의 자리에 오르고 나자, 군국에서 현관이 염철을 제작하는 것에 대해 많이 불편해 하는 것을 보았다. 철기가 거칠어 좋아하지 않았고④ 가격이 비쌌으며, 간혹 백성에게 강제로 매매했기 때문이다. 그리고 배는 세금이 있어 거래가 적었으며 값도 비쌌다. 이에 따라 공근孔僅을 통해 배의 세금에 관한 일을 건의했다. 무제가 이 때문에 복식을 좋아하지 않았다.

至酎 少府省金① 而列侯坐酎金失侯者百餘人② 乃拜式爲御史大夫③ 式既在位 見郡國多不便縣官作鹽鐵 鐵器苦惡④ 賈貴 或彊令民賣買之 而船有算 商者少 物貴 乃因孔僅言船算事 上由是不悅卜式

① 少府省金소부성금

집해 여순이 말했다. "제후들이 금을 내는데 가벼운지 무거운지를 살핀 것이다. 어떤 이는 종묘의 제사에서 순주를 마시며 맛볼 때 소부에서 그 금의 많고 적음을 살피는 것이라고 하였다."

如淳曰 省視諸侯金有輕有重也 或曰 至嘗酎飮宗廟時 少府視其金多少也

신주 주금은 한나라 때 제도이다. 천자가 햇곡식으로 빚은 순주醇酒를 종묘에 올릴 때 제후들이 금을 바치고 그 술을 마셨다. 이때 바친 금의 분량이 적거나 질이 나쁘면 제후의 봉토를 삭감하거나 지위를 박탈했다. 특히 원정 5년에 대거 제후들이 지위를 빼앗겼다.

② 失侯者百餘人실후자백여인

집해 여순이 말했다. "《한의주》에는 왕자는 제후가 되는데, 제후는 해마다 호구戶口에 따라 황금을 한나라의 종묘에 바치면 황제가 임하여 바친 금을 받아서 제사를 돕는다. 대제삿날 술을 마시는데, 술을 마실 때 금을 받는다. 금이 적어서 근량이 부족하거나 금빛이 나쁘면, 왕은 현을 삭감당하고 제후는 국가가 없어진다."

如淳曰 漢儀注王子爲侯 侯歲以戶口酎黃金於漢廟 皇帝臨受獻金以助祭 大祀日飮酎 飮酎受金 金少不如斤兩 色惡 王削縣 侯免國

③ 拜式爲御史大夫배식위어사대부

[집해] 서광이 말했다. "원정 6년(서기전 110)이다."

徐廣曰 元鼎六年

④ 鐵器苦惡철기고악

[집해] 신찬이 말했다. "철기를 제작하는데 백성은 거친 것을 걱정하여 그것을 좋아하지 않았다는 말이다."

瓚曰 謂作鐵器 民患苦其不好

[색은] 철기가 거칠고 좋지 않았다는 것이다. 苦는 '고楛'로 발음한다. 철기가 좋지 않아서 매매하는데 괴롭다는 말이다. 철기가 거칠고 좋지 않아 괴로워했다는 말이다. 무릇 그러한 철기를 근심한 것을 고苦라 이른다. 窳는 '유庾'로 발음하는데, 그 이야기는 본기에도 나타나 있다. '고苦' 자는 글자대로 풀이해도 통한다.

器苦惡 苦音(苦)楛(反) 言苦其器惡而買賣也 言器苦窳不好 凡病之器云苦 窳音庾 語見本紀 苦如字讀亦通也

한나라는 연이어 3년 동안 군사를 일으켜 강羌을 토벌하고 남월을 멸망시켜 반우番禺(오늘날 광동성)에서부터 서쪽 촉의 남쪽에 이르기까지 처음으로 17개의 군[①]을 설치했다. 또 옛 풍속을 따라 다스려 세금도 거두지 않았다.
남양과 한중은 기존의 군으로서 그 지역에 인접하고 있는 처음 설치한 군에 물자를 공급하여[②] 관리와 군졸의 봉급[③]과 음식과 화폐와 물자를 자기 군에 버금가도록 했고, 역참의 수레와 말에 입히는 장구를 갖추도록 했다.
漢連兵三歲 誅羌 滅南越 番禺以西至蜀南者置初郡十七[①] 且以其故俗治 毋賦稅 南陽 漢中以往郡 各以地比給初郡[②] 吏卒奉[③]食幣物 傳車馬被具

① 初郡十七초군십칠

집해 서광이 말했다. "남월이 9개 군이 되었다." 살펴보니 진작은 "원정 6년 월 땅을 평정하고 남해군, 창오군, 울림군, 합포군, 교지군, 구진군, 일남군, 주애군, 담이군을 만들었다. 서남이를 평정하고 무도군, 장가군, 월수군, 침리군, 문산군을 만들었다. 〈지리지〉와 〈서남이전〉에는 "건위군, 영릉군, 익주군 등을 설치해 총 17개 군이다."라고 했다.
徐廣曰 南越爲九郡 駰案 晉灼曰 元鼎六年 定越地 以爲南海 蒼梧 鬱林 合浦 交趾 九真 日南 珠崖 儋耳郡 定西南夷 以爲武都 牂柯 越嶲 沈犂 汶山郡 及地理志 西南夷傳所置犍爲 零陵 益州郡 凡十七也

② 以往郡～給初郡이왕군～급초군

색은 比는 '비鼻'로 발음한다. 남양과 한중은 기존의 군으로, 각각 그 지역에 인접하고 있는 처음 설치한 군에 물자를 공급했다. 처음 설치한 군은 곧 서남이에 처음 설치한 군이다.

比音鼻 謂南陽漢中已往之郡 各以其地比近給初郡 初郡 即西南夷初所置之郡

③ 奉봉

색은 奉은 '봉[扶用反]'으로 발음한다. 포씨도 동일하게 말했다.

扶用反 包氏同

그러나 처음 설치한 군에서 때때로 작은 반란이 일어나 관리들을 죽였다. 이에 한나라는 남쪽의 관리와 군졸들을 징발해 가서 처단하니, 한 해 사이 동원된 병력이 1만여 명이 되었다. 비용은 모두 대사농에 의뢰해서 공급했다. 대사농은 균수하고 염철을 조절해서 보탠 부세 때문에 넉넉할 수 있었다. 그러나 병사들이 거쳐 가는 현들은 재물을 공급하는 것이 모자라지 않게 해야 한다고 여겼을 뿐 감히 법에 정한대로 세금을 거두겠다는 말은 하지 못했다.①

而初郡時時小反 殺吏 漢發南方吏卒往誅之 間歲萬餘人 費皆仰給大農 大農以均輸調鹽鐵助賦 故能贍之 然兵所過縣 爲以訾給毋乏而已 不敢言擅賦法矣①

① 擅賦法矣 천부법의

집해 서광이 말했다. "천擅은 다른 판본에는 '경經'으로 되어 있다. 경은 '일정하다'이다. 오직 취해서 사용하기에 족할 뿐이고 정상적인 법칙을 돌아볼 겨를은 없었던 것이다."

徐廣曰 擅 一作經 經 常也 惟取用足耳 不暇顧經常法則也

그 다음해 원봉 원년, 복식이 좌천되어 태자태부가 되었다. 상홍양은 치속도위가 되어[1] 대사농을 겸직하면서, 공근을 대신해 천하의 소금과 철을 관장했다. 상홍양은 여러 관부에서 제각기 시장을 열고 서로 경쟁하여 물가가 뛰어올라 천하의 공물을 수송하는 데 더러 그 품삯도 치를 수 없다고 하며[2] 이에 대사농 아래의 부서에 승丞 수십 명을 두고 부서를 나누어 군국을 주관하게 하고, 각 현에도 간혹 균수관과 염철관을 두어야 하며, 먼 지방에서 각각 그곳의 물가가 비쌀 때에 상인들이 돌아다니며 판매하는 것에도 세금을 부과해서 서로 유통되도록[3] 해야 한다고 청하였다.

其明年 元封元年 卜式貶秩爲太子太傅 而桑弘羊爲治粟都尉[1] 領大農 盡代僅筦天下鹽鐵 弘羊以諸官各自市 相與爭 物故騰躍 而天下賦輸或不償其僦費[2] 乃請置大農部丞數十人 分部主郡國 各往往縣置均輸鹽鐵官 令遠方各以其物貴時商賈所轉販者爲賦 而相灌輸[3]

① 爲治粟都尉 위치속도위

신주 치속도위는 한나라 초기에만 있었다. 상홍양이 지낸 직위는 무제 때 설치한 수속도위搜粟都尉이다. 《한서》의 여러 곳과 《염철론》에도 상홍양이 수속도위를 지냈다고 나온다.

② 僦費추비

색은 품삯도 치르지 못한다는 것에 대해 복건이 말했다. "고용한 일을 추僦(고용하다)라고 하는데, 나른 물건이 그 고용한 비용을 치르는 데 부족했다는 말이다." 僦는 '쥐[子就反]'로 발음한다.

不償其僦 服虔云 雇載云僦 言所輸物不足償其雇載之費也 僦音子就反

③ 灌輸관수

신주 '유통流通'의 뜻이다. 매매차익에 대해 소득세를 부과한다는 개념으로, 재화를 유통시키되 폭리를 취하지 못하게 하여 물가를 안정시킨다는 뜻이다.

또한 평준관을 수도에 두어 천하에서 수송해 온 것을 모두 받고, 공관工官을 불러서 수레나 여러 기물을 수리하게 하며 모두 대사농에게 의뢰해서 공급해야 한다고 했다. 대사농에 소속된 여러 관부는 천하의 화물을 모두 장악해서 비싸면 팔고 싸면 사들이게 해야 하며, 이와 같이 하여 부유한 상인이나 큰 장사치들이 큰 이익을 얻지[1] 못하면 본업(농업)으로 돌아가고 모든 물가가 오르지 않으므로 천하의 물가를 억제하니 이름하여 '평준'이라고 할 수 있다고 하였다.

무제는 옳다고 여기고 허락했다. 이에 천자는 북쪽으로 삭방에 이르고 동쪽으로 태산에 이르렀다. 바닷가를 순회하여 북쪽의 변방을 아우르고 돌아왔다. 지나는 곳마다 상을 내려, 비단은 1백여만 필을 쓰고 돈은 거만금을 헤아렸는데, 모두 대농에서 취해 충족시켰다.

置平準于京師 都受天下委輸 召工官治車諸器 皆仰給大農 大農之諸官盡籠天下之貨物 貴即賣之 賤則買之 如此 富商大賈無所牟[①]大利 則反本 而萬物不得騰踊 故抑天下物 名曰平準 天子以爲然 許之 於是天子北至朔方 東到太山 巡海上 並北邊以歸 所過賞賜 用帛百餘萬匹 錢金以巨萬計 皆取足大農

① 牟모

집해 여순이 말했다. "모牟는 '얻다'이다."

如淳曰 牟 取也

상홍양은 또 주청해서 하급관리가 곡식을 납입하면 관리로 보임하고 죄인들은 속죄하도록 했다. 백성이 감천궁에 곡식을 납입하면 각각의 차등을 두어 부역을 종신토록 면제하고, 고민령도 적용하지 않았다. 이리하여 다른 군의 각각 긴급한 곳에 곡식을 수송했는데,[①] 여러 농가에서 각각 곡식을 헌납하여 산동에서 조운이 늘어 해마다 600만 섬이 되었다. 이로써 1년 내에 태창과 감천창이 가득 찼다. 변방에서도 곡식과 여러 물자에 여유가 있어서 균수均輸해서 얻은 비단이 500만 필이나 되었다. 백성에게 세금을 늘리지 않고도 천하의 비용이 풍요했다. 이에 상홍양은 좌서장의 작위와 다시 황금을 거듭 100근씩 받았다.

이 해에 조금 가물어 주상이 관부에 비를 기원하게 했다. 복식이 말했다.

"조정에서는 조세의 수입만으로 먹고 입어야 합니다. 그런데 지금 상홍양은 관리들에게 시장에 점포를 벌여놓고 앉아서② 물건을 팔아 이익을 추구하게 합니다. 상홍양을 제물로 바치면 하늘에서 비가 내릴 것입니다."③

弘羊又請令吏得入粟補官 及罪人贖罪 令民能入粟甘泉各有差 以復終身 不告緡 他郡各輸急處① 而諸農各致粟 山東漕益歲六百萬石 一歲之中 太倉 甘泉倉滿 邊餘穀諸物均輸帛五百萬匹 民不益賦而天下用饒 於是弘羊賜爵左庶長 黃金再百斤焉 是歲小旱 上令官求雨 卜式言曰 縣官當食租衣稅而已 今弘羊令吏坐市列肆② 販物求利 亨弘羊 天乃雨③

① 輸急處수급처

색은 다른 군이 곡식을 납입할 수 있게 해서 급하고 필요한 곳에 수송함을 이른다.

謂他郡能入粟 輸所在急要之處也

② 坐市列肆좌시열사

색은 시장의 줄에 앉는다는 것은 관리가 시장 점포의 행렬 안에 나앉는 것을 이른다.

坐市列 謂吏坐市肆行列之中

③ 縣官當食～天乃雨현관당식～천내우

신주 오늘날에도 국가가 시장에 직접 개입하는 것이 적절한가에 관한 논쟁이 있다. 이 구절은 인류 역사에서 국가의 시장 개입 타당성에 관한 최초의 논쟁이라고 할 수 있다.

태사공은 말한다.

"농업, 공업, 상업이 교역交易하는 길이 열리니, 거북, 조개, 금, 엽전, 칼, 베 등의 화폐가 여기에서 생겨났다. 그 유래는 정말 오래되어 고신씨 이전에도 있었지만 오래되어 분명하게 기록하고 있는 것이 없다. 이런 까닭에 《서경》에는 당唐(요임금)과 우虞(순임금)의 시대를 말했고, 《시경》에는 은殷과 주周의 세상을 기술하였다. 세상이 편안하면 학교를 세우고 본업(농업)을 우선하며 말업(상공업)을 배척하여, 예의로써 이익을 추구하는 것을 막았다고 한다. 일이 변하고 까닭이 많아지면 또한 이와 반대가 된다. 이로써 사물이 왕성해지면 곧 쇠약해지고, 시대[①]가 다하면 형세가 바뀌며, 한때 질박하면 한때 화려해지니, 끝나고 시작하는 변화이다.

太史公曰 農工商交易之路通 而龜貝金錢刀布之幣興焉 所從來久遠 自高辛氏之前尙矣 靡得而記云 故書道唐虞之際 詩述殷周之世 安寧則長庠序 先本絀末 以禮義防于利 事變多故而亦反是 是以物盛則衰 時[①]極而轉 一質一文 終始之變也

① 時시

집해 서광이 말했다. "시時는 다른 판본에는 '쇠衰'로 되어 있다."
徐廣曰 時 一作衰

《서경》〈우공〉에 의하면 9주로 나눠 각각 그 토지의 형편과 작황, 백성의 많고 적음에 따라 공물을 바쳤다. 탕왕과 무왕은 이어받은 폐단을 바꾸고 변화시켜 백성이 게으르지 않게 하고, 각각 이를 경계한 까닭으로 잘 다스렸다. 그러나 점점 쇠퇴하고 미약해졌다. 제환공은 관중의 계책을 써서 경중의 술수[①]에 통달하고 산과 바다의 사업을 잘 경영해서[②] 제후들을 조회하게 했다. 또 자그마한 제나라를 잘 다스려서 패업을 달성하고 명성을 드러냈다. 위魏나라는 이극李克(이회가 맞음)을 등용하고[③] 농업을 매우 발전시켜 강한 군주가 되었다.

이 뒤로부터 전국시대에 천하는 다투게 되니, 거짓된 힘을 중요시하고 인의를 천하게 여겼다. 그리고 부유한 것을 우선하고 남을 추천하고 남에게 양보함을 뒤로 했다. 이 때문에 서민 중 부자는 누만금을 모으기도 했지만, 가난한 자는 쌀겨나 술지게미도 배불리 먹지 못하는 경우가 있었다. 강성한 국가는 작은 여러 국가를 합쳐 제후와 신하로 삼기도 했으며, 허약한 국가는 조상의 제사가 끊기거나 세상에서 없어지기도 했다. 진秦나라에 이르러서 마침내 중원을 병탄했다.

禹貢九州 各因其土地所宜 人民所多少而納職焉 湯武承弊易變 使民不倦 各兢兢所以爲治 而稍陵遲衰微 齊桓公用管仲之謀 通輕重之權[①] 徼山海之業[②] 以朝諸侯 用區區之齊顯成霸名 魏用李克[③] 盡地力 爲彊君 自是之後 天下爭於戰國 貴詐力而賤仁義 先富有而後推讓 故庶人之富者或累巨萬 而貧者或不厭糟糠 有國彊者或并群小以臣諸侯 而弱國或絕祀而滅世 以至於秦 卒并海內

① 輕重之權경중지권

집해 《관자》에 〈경중지법〉이 있다.

管子有輕重之法

② 徼山海之業요산해지업

신주 제나라는 관중의 계책을 채용해서 처음으로 광산과 소금을 관리하고 국가에서 전매했다. 염철을 전매하는 방식은 나라가 자금을 대고 민간이 생산을 맡아 생산된 염철을 나라에서 일괄적으로 구매했다.

③ 李克이극

신주 《한서》 〈식화지〉에는 이회李悝로 되어 있고, 《사기지의》에도 이회라고 해야 옳다고 했다. 또 이극은 유가이고 이회는 법가이므로, 둘은 같이 위나라 문후 시대 사람이지만, 이회라고 해야 옳다.

우나라와 하나라의 화폐는 금을 삼품三品[1]으로 삼아 어떤 것은 황금, 어떤 것은 백은, 어떤 것은 적동이었다. 또 어떤 것은 엽전, 어떤 것은 베,[2] 어떤 것은 칼,[3] 어떤 것은 귀갑龜甲이나 패각貝殼[4]이었다. 진秦나라에 이르러 중국이 하나의 나라가 되어 전국의 화폐는 두 등급이 되었으며, 황금으로 일鎰[5]의 명칭을 사용해 상급 화폐로 삼았다. 동전에 반량半兩이라고 새기고 무게를 그 글자와 같게 해서 하등 화폐로 삼았다. 주옥, 귀갑, 패각, 은, 주석의 종류들은 기물이나 장식품이나 진귀한 보배로 간직했고, 화폐로 삼지 않았다. 그러나 각각은 시대에 따라 경중이 일정하지 않았다.

虞夏之幣 金爲三品[1] 或黃 或白 或赤 或錢 或布[2] 或刀[3] 或龜貝[4] 及至秦 中一國之幣爲(三)〔二〕等 黃金以溢[5]名 爲上幣 銅錢識曰半兩 重如其文 爲下幣 而珠玉龜貝銀錫之屬爲器飾寶藏 不爲幣 然各隨時而輕重無常

① 三品삼품

색은 곧 아래에, 혹은 황, 혹은 적, 혹은 백이라고 했는데, 황은 황금이고 백은 백은이며 적은 적동이다. 모두《한서》〈식화지〉에 보인다.

即下 或黃 或赤 白 黃 黃金也 白 白銀也 赤 赤銅也 並見食貨志

② 布포

집해 여순이 말했다. "민간에서 나는 베이다."

如淳曰 布於民間也

③ 刀도

집해 여순이 말했다. "돈의 이름이 도刀란 것은 그것이 백성에게 날카롭다는 것이다."

如淳曰 名錢爲刀者 以其利於民也

④ 或龜貝혹귀패

색은 살펴보니 돈의 본래 명칭은 천泉(샘)으로 재물이 샘과 같이 흐르는 것을 말한다. 그러므로 주나라에는 천부관이 있었다. 경왕에 이르러 크게 돈을 주조했다. 포布는 재물이 흘러 퍼지는 것을 말한다. 그러므로《주례》에 이부포가 있다. 〈식화지〉에는 화포는 머리 길이는 8푼, 족지는 8푼이라고 했다. 도刀는 돈으로서 〈식화지〉에는 계도와 착도가 있는데 모양은 칼과 같고 길이는 2치이며 값어치는 5,000이다. 그 모양은 칼과 같아서 '도'라고 하는데 사람에 날카로운 것이다.

또 옛날에는 패貝를 화폐로 삼고 귀龜를 보배로 삼았는데, 〈식화지〉에는 십붕오패十朋五貝가 있어 모두 화폐로 사용했고 그 각각 많고 적음이 있었다. 원귀元龜의 가치는 10패貝이다. 그러므로 가치는 2,160이고 이하 각각 차등이 있었다.

按 錢本名泉 言貨之流如泉也 故周有泉府之官 及景王乃鑄大錢 布者 言貨流布 故周禮有二夫之布 食貨志貨布首長八分 足支八分 刀者 錢也 食貨志有契刀 錯刀 形如刀 長二寸 直五千 以其形如刀 故曰刀 以其利於人也 又古者貨貝寶龜 食貨志有十朋五貝 皆用爲貨 其各有多少 元龜直十貝 故直二千一百六十 已下各有差也

신주 《설문해자》와 그 주석에 고대 화폐에 관한 내용이 나온다. 거기서 5패를 1붕으로 삼았다고 한다. 원귀元龜의 가치는 10패라는 것은 〈식화지〉에 왕망王莽 시대의 귀화龜貨 4품에 있는 내용이다. 원귀는 대패大貝 10붕, 공귀公龜는 장패壯貝 10붕, 후귀侯龜는 요패幺貝 10붕, 자귀子龜는 소패小貝 10붕이다. 10붕 5패에 관해 더 자세한 것은 〈식화지〉를 찾아보기 바란다.

⑤ 溢일

집해 맹강이 말했다. "20량이 일이 된다."

孟康曰 二十兩爲溢

이때에 밖으로 이민족을 물리치고 안으로 사업을 일으켰으므로 천하 남자들이 힘써 밭을 갈아도 식량이 부족하고, 여자들이 길쌈을 해도 의복이 부족했다. 옛날에는 일찍이 천하의 재물을 다해서 군주를 받들었지만, (위에서는) 오히려 스스로 부족하다고 여겼다. (이는) 별다른 이유가 있어서가 아니라 일의 형세가 물 흐르듯 서로 부딪혀 그렇게 된 것이니, 어찌 괴상하다고 하겠는가?"

於是外攘夷狄 內興功業 海內之士力耕不足糧饟 女子紡績不足衣服 古者嘗竭天下之資財以奉其上 猶自以爲不足也 無異故云 事勢之流 相激使然 曷足怪焉

색은술찬 사마정이 펼쳐서 밝히다.

평준이 세워지고 천하에 화폐가 유통되었다. 조정에 헌납하고 나니, 더러

화하를 구휼했다. 화폐를 도폐와 포폐라 이름하고 엽전에는 용과 말의 무늬를 새겨 넣었다. 고민령의 시행으로 수효를 더해서 많은 것을 덜어 부족한 것에 채워 넣었다. 상홍양은 암산을 잘했고 복식은 뛰어난 사람이었다. 도성 안이 채워지니 도성 밖도 넉넉하구나!

平準之立 通貨天下 既入縣官 或振華夏 其名刀布 其文龍馬 增算告緡 裒多益寡 弘羊心計 卜式長者 都內充殷 取贍郊野

찾아보기

인명

관중 15, 41~43, 51, 349, 350

지명

ㄱ

기타

《신주 사마천 사기》〈서〉를 만든 사람들

한가람역사문화연구소 사기연구실

이덕일(한가람역사문화연구소 소장, 문학박사)
김명옥(문학박사)
송기섭(문학박사)
이시율(고대사 및 역사고전 연구가)
정　암(지리학박사)
최원태(고대사 연구가)

한가람역사문화연구소는 1998년 창립된 이래 한국 사학계에 만연한 중화사대주의 사관과 일제식민 사관을 극복하고 한국의 주체적인 역사관을 세우려 노력하고 있는 학술연구소이다. 독립운동가들의 역사관 계승 작업을 꾸준히 진행하는 한편《사기》본문 및 '삼가주석'에 한국 고대사의 진실을 말해주는 수많은 기술이 있음을 알고 연구에 몰두했다. 지난 10여 년간 '《사기》원전 및 삼가주석 강독(강사 이덕일)'을 진행하는 한편 사기연구실 소속 학자들과《사기》에 담긴 한중고대사의 진실을 찾기 위한 연구 및 답사도 계속했다.《신주 사마천 사기》는 원전 강독을 기초로 여러 연구자들이 그간 토론하고 연구한 결과의 집대성이라고 할 수 있다. 한가람역사문화연구소는《신주 사마천 사기》출간을 시작으로 역사를 바로세우기 위해 토대가 되는 문헌사료의 번역 및 주석 추가 작업을 꾸준히 이어갈 계획이다.

전문 감수

역서　박창보(국학박사)
천관서　박석재(전 한국천문연구원 원장)
평준서　허성관(전 광주과학기술원 총장)

한문 번역 교정

유정님　김효동　변원균

《사기》를 지은 사람들

본문_ 사마천

사마천은 자가 자장子長으로 하양(지금 섬서성 한성시) 출신이다. 한무제 때 태사공을 역임하다가 이릉 사건에 연루되어 궁형을 당했다. 기전체 사서이자 중국 25사의 첫머리인 《사기》를 집필해 역사서 저술의 신기원을 이룩했다. 후세 사람들이 태사공 또는 사천이라고 높여 불렀다. 《사기》는 한족의 시각으로 바라본 최초의 중국민족사라고 할 수 있는데 여기서 사마천은 동이족의 역사를 삭제하거나 한족의 역사로 바꾸기도 했다.

삼가주석_ 배인·사마정·장수절

《집해》 편찬자 배인은 자가 용구龍駒이며 남북조시대 남조 송(420~479)의 하동 문희(현 산서성 문희현) 출신이다. 진수의 《삼국지》에 주석을 단 배송지의 아들로 《사기집해》 80권을 편찬했다.

《색은》 편찬자 사마정은 자가 자정子正으로 당나라 하내(지금 하남성 심양) 출신인데 굉문관 학사를 역임했다. 사마천이 삼황을 삭제한 것을 문제로 여겨서 〈삼황본기〉를 추가했으며 위소, 두예, 초주 등 여러 주석자의 주석을 폭넓게 모으고 자신의 견해를 덧붙여 《사기색은》 30권을 편찬했다.

《정의》 편찬자 장수절은 당나라의 저명한 학자로, 개원 24년(736) 《사기정의》 서문에 "30여 년 동안 학문을 섭렵했다"고 썼을 정도로 《사기》 연구에 몰두했다. 그가 편찬한 《사기정의》에는 특히 당나라 위왕 이태 등이 편찬한 《괄지지》를 폭넓게 인용한 것을 비롯해서 역사지리에 관한 내용이 풍부하다.